KB182281

소쇄원의 역사와
인문활동 연구

호남한문학연구총서 ②

# 소쇄원의 역사와
# 인문활동 연구

권 수 용

景仁文化社

# 알찬 연구 성과를 기리며

소쇄원은 조선시대 우리나라의 대표적 원림의 하나이다. 1500년대에 양산보梁山甫(1503~1557)가 호남의 명산이라 이르는 무등산 기슭(담양군 남면 지곡리 소재)에서 조영하기 시작하여 약 500년을 걸쳐 명원으로서 널리 알려져 온 소중한 문화유산이다. 문화유적으로서의 가치가 크게 평가되어 1983년에는 국가지정 문화재 사적 304호로 등록되기도 하였다. 그 동안 학계에서는 각 분야에서 이에 대한 연구가 비교적 활발하게 전개되어 왔다. 연구의 초기에는 주로 조경학 분야에서 원림의 형태적 분석에 치중해온 편이었다. 그러나 점차 접근의 시야는 다양하게 나타났다. 그중의 하나는 권박사가 석사학위 논문으로서 이루어놓은 「『소쇄원사실瀟灑園事實』을 통한 소쇄원 연구」이다.

주지하는 바와 같이 어느 분야에서의 접근이든 소쇄원 경영의 역사와 그 실상을 탐지하려면 사실기事實記로 전하는 이 전적의 올바른 판독과 심층적 이해가 필수적이다. 여기에는 당초 소쇄원의 주인이던 양산보 이후, 그의 후손이 5대에 걸쳐 원림을 경영해 오는 동안 그곳에 출입한 시인 90여 명의 작시(550여 수)를 전하고 있어, 이는 우리나라 원림문학園林文學 연구의 대표적 자료라는 점에서 권박사의 글을 흥미 있게 읽은 바가 있다. 특히 이 전적은 7년 전 내가 소장도서를 담양에 있는 한국가사문학관에 기증할 때에 함께 보낸 희귀본인데, 이렇게 연구 대상으로 활용되어 더욱 흐뭇한 마음 금치 못하겠다. 게다가 전적의 문헌적 접근을 통해 문화재文化財로서의 가치구명까지 겸하여 주어서 감사하다. 금번 권박사가 박사학위 논문으로서 이루어낸 「소쇄원의 역사와 인문 활동 연구」는 이같은 진지하고도 지속적인 탐구가 있었기 때문에 드디어 결실을 본

vi

연구의 큰 성과라 할 수 있다.

　권박사는 원래 대학교 재학시절 한국문학을 전공해온 국문학과 출신이다. 연구를 통해 주장하는 이론과 논리의 정연성이 비교적 돋보임은 그때부터 닦아온 바탕이 있었기 때문이다. 평소 학문하는 자세가 탐구적이고 우수하여 아껴오던 제자인데, 결혼하여 가정에서 자녀들을 보살피다가 십 수 년 후에야 다시 전남대학교 대학원의 문화재학 협동과정에 진학한 것이다. 충실한 가정주부의 임무를 수행하느라고 학업을 일시 중단하기는 했지만, 평소의 삶에 흐트러짐이 없이 다시 학문의 열의를 실천할 수 있었다는 데에 우선 그의 남다른 의지와 노력에 찬사를 보내려니와, 일부러 대학원에서 문화재학을 전공하여 다양한 안목을 키움으로써 이같은 연구 논문의 작성에 기여하였음을 뜻 깊게 여기지 않을 수 없다. 생각건대 그의 이번 연구는 대학원 과정을 이수하면서 발견한 주제라기보다 평소 소쇄원에 대한 관심이 컸던 나머지, 문학연구에서 더 나아가 문화재학의 과정까지 겸함으로써 이루어낸 업적이 아닌가도 싶다.

　이 연구는 먼저 소쇄원의 역사를 제1기부터 제4기까지로 설정하여 이를 구체적으로 고찰하였으되, 우리나라 누정원림樓亭園林의 가장 큰 특징이 형태적 꾸밈보다는 정신세계의 지향에 있다는 데에 착안하여 소쇄원에서 이루어진 인문활동人文活動의 특성과 의의를 심층적으로 구명한 점이 크게 주목된다. 즉, 문학·철학·역사적인 특성과 의의를 탐색하여 인문학적 실상을 심도 있게 밝힌 그 성과가 우리의 관심을 끌게 한 것이다.

    또한 이 정도로 세심한 분석력과 깊이 있는 안목, 그리고 학문적 수준을 겸비한 경우라면 권박사에게 앞으로 추진해야할 바람도 적지 않다. 소쇄원 원림문학의 범위에서 더 나아가 무등산권은 물론 넓게는 호남권 원림문학을 총체적으로 정리하고 체계화하여, 그 특성과 의의를 종합적으로 제시해 주었으면 하는 기대감을 갖게 한다. 이 방면의 계속적인 연구와 발표를 권하는 바다.



                                        전남대학교 명예교수 문학박사

                                            박 준 규

# 서 문

우리나라 대표적인 개인 원림인 소쇄원瀟灑園은 수많은 사람들이 찾고 있는 곳이다. 그런데 잘 알다시피 소쇄원에 대한 연구는 건축이나 조경 분야에서 주로 이루어져 왔고, 문학 분야에서는 매우 소략하였다.

일찍이 이종건 교수가 〈소쇄원48영〉을 소개하며 연구한 후로, 산발적 으로 연구논문이 몇 편 쓰였을 뿐이고, 별 진척이 있지 않았다. 나 또한 전남대학교에 부임한 직후에, 소쇄옹 양산보의 후손인 방암 양경지에 의 하여 〈소쇄원30영〉이라는 또 다른 작품이 창작된 것을 알고, 그에 대하 여 간단한 글을 쓴 적이 있었다. 그런데 소쇄원에 대한 일반인들의 관심 에 비하여, 그곳에서 일어난 문학 활동에 대한 연구가 이처럼 부족한 것 이 늘 아쉬웠다.

우리나라에서 누정이나 원림은 호남 지역이 중요한 위치를 차지한다. 따라서 관련되는 많은 수의 한시문漢詩文들이 만들어졌음은 물론이다. 이 들을 이른바 누정제영樓亭題詠이라고 부르고 있다. 이들 누정에 있는 제영 들을 조사하는 일은 전남대학교 연구자들에 의하여 전국에서 가장 먼저 시작되었다. 당시 전남대 호남문화연구소 이름으로 이루어진 광주, 전 남, 전북의 각각의 누정들에 대하여 현전하는 제영을 오랜 기간에 걸쳐 서 조사한 것이다. 그 성과는 당시 『호남문화연구』라는 논문집에 실려 서 많은 정리가 이루어졌는데, 이는 근년 누정원림 문화 연구사에서 가 장 의미 있는 일이었다고 할 수 있다. 그렇지만 이러한 조사는 호남 지 역이라는 지역적인 단위에서만 본격적으로 이루어졌다는 사실이나, 그 조사 연구가 종합적으로 완결되지 못하였다는 점 외에도, 몇 가지 아쉬 움이 더 남아있다.

그중 한 가지는 호남 지역의 누정 제영에 대하여 현존하는 문집 등 문헌자료에 대한 조사가 시작되지 못하였다는 것이다. 언젠가는 호남문화연구소의 현전하는 누정에 대한 제영 조사 작업에 더하여, 개인 문집을 중심으로 한 고문헌 등에 수록된 관련 작품을 모두 조사하여 좀 더 완전한 누정원림 관련 작품집이 이루어지게 되기를 바라고 있다. 그렇게 되면 우리가 지금까지 알고 있는 작품의 수보다 몇 배는 더 새롭게 작품 목록을 만들어 나갈 수 있게 될 것이다.

이러한 전남대학교의 누정 조사를 이어받아, 전국적으로 누정에 대한 관심과 조사가 산발적으로 이루어지게 되었다. 최근에는 연구자들에 의하여 누정제영에 대한 DB 구축에도 나서고 있다. 그러나 각각의 누정이나 원림에 대한 연구가 좀 더 진척이 되고, 또한 각 지역의 문집 등이 좀 더 정리 된 후라야, 이러한 연구들이 바람직한 성과를 얻게 될 것이라 생각한다.

우리나라에는 많은 누정들이 있지만, 호남 지역의 누정은 비교적 많은 문학작품이 창작되었다는 것이 주목할 만한 특징이다. 남원의 광한루에는 누각을 가득 메운 시판들이 걸려있는 등, 지금도 호남지역에서는 누정에 걸린 많은 작품들을 만나게 된다. 이러한 누정과 누정 제영의 발달은 한문 문학뿐만 아니라, 이 지역에서 시조나 가사 문학 등의 발달을 가져오게 되었다고 생각한다.

누정이나 원림은 옛날 선비들의 만남과 교류의 장이었듯이, 오늘날에도 문화를 사랑하는 많은 사람들에 의하여 종합적인 문화공간으로 발전되어 나갈 것이라 보인다. 이웃나라 중국이나 일본 등이 각각 원림과 정원을 소중하게 아끼고 연구하듯이, 우리도 각 지역에 산재되어 있는 누정이나 원림들에 대한 문학 작품 연구를 비롯한 인문학적 연구를 중심으로 종합적인 연구가 이루어져 나갈 것으로 생각한다.

　이 책은 소쇄원의 역사와 문학을 중심으로 한 인문 활동에 대하여 연구한 저자의 학위 논문을 바탕으로 이루어졌다. 소쇄원의 창건 이후 각 시기마다 어떠한 문학 활동이 있었는가를 통시적으로 다룬 저서이다. 따라서 소쇄원에 대한 문학적인 연구로는 최초의 저서로 기록될 것이다. 앞으로도 더욱 더 저자의 연구가 심화되어 소쇄원을 비롯한 우리나라 여러 누정과 원림에 대한 깊은 연구가 이루어지기를 바란다.

전남대학교 국어국문학과 교수, 호남한문학연구소 소장

김 대 현

# 서 문

소쇄원瀟灑園은 500년에 가까운 긴 역사를 가지고 있어서 많은 문화적인 자산이 축적되어 있는 곳이다. 이곳은 형태적인 면에서나 내용적인 면에서 모두 한국 원림을 대표할만하다. 즉 건축 · 조경적인 면에서 우리나라 전통 원림의 고유성을 띨 뿐만 아니라, 이곳에서 이루어진 인문활동들도 원림문화園林文化의 전범을 이루고 있다. 그러므로 이러한 특징을 지니고 있는 공간을 다각적으로 살펴서 한국 원림의 특징을 도출해낼수 있다.

소쇄원은 처음 만든 사람의 활동도 중요하지만, 이를 지켜간 후손들의 노력도 중요하다. 이들이 있었기에 오늘날까지 그 원형이 고스란히 유지될 수 있다고 본다. 그래서 초축자와 후손들의 활동을 시기별로 고찰했으며, 주로 문사철의 측면에서 살폈다.

먼저 소쇄원의 건축이나 조경이 어떠한 사상을 함의하고 있으며, 이러한 사상은 시대가 흐르면서 어떻게 변모되어 왔는가를 알아보았다. 소쇄원에는 그 전체적인 모습을 잘 담고 있는 작품으로 〈소쇄원48영瀟灑園四十八詠〉과 〈소쇄원30영瀟灑園三十詠〉이라는 연작제영連作題詠과 〈소쇄원도瀟灑園圖〉라는 그림이 남아 있다. 시대를 달리해서 창작된 위 작품들을 통해서 원림에 담긴 사상이 시대 상황에 따라 변화 또는 심화과정이 있었음을 알 수 있다.

또한 오랜 역사를 지니고 있는 소쇄원이 지역사회에서 어떤 역할을 하였는가도 살펴보았다. 소쇄원이 무등산 자락에 건립된 후에 많은 사람들이 모여들 수 있는 교유의 장이 마련되었으며, 담론이 형성되고 여론을 이끌어가게 되었다. 후대에도 소쇄원은 문화의 중심지가 되어서 지역

문화를 선도해 나갔음을 볼 수 있다.

이밖에도 소쇄원에는 긴 세월동안 창작된 문학작품이 『소쇄원사실』
이라는 책자로 집적集積되어 있어서 이를 통해서 원림문학의 특성을 도
출해낼 수 있다. 소쇄원의 문학 활동은 그동안 중단된 적이 없이 지속되
었고, 또 주인만 향유하지 않고 주변의 명망가들과 함께 하였으며, 한
세대에만 그치지 않고 계속 이어졌다. 이곳에서 창작된 문학 작품은 그
어디에서 찾아볼 수 없을 만큼 많은 사람이 참여하였고, 그 양도 풍부하
다. 이러한 문학작품을 살펴보면 한국 원림문학의 특성과 그 변모과정도
살필 수 있다.

이때 소쇄원을 왕래하였던 인물들은 대부분 소쇄원과 한 지역에 거주
하는 사람들이거나 친인척간, 또는 학적 관계가 있는 사람들이 대부분이
다. 이들은 대대로 인맥人脈을 형성하여 지역에서 영향력을 행사하기도
하였다. 이밖에도 인근고을에 부임해 왔던 관리들이나 유람 중이던 유자
儒者들이 소쇄원을 왕래하는 경우도 있었다. 이는 소쇄원이 지역문화의
중심에 있었음을 의미한다.

이처럼 소쇄원에서 펼쳐진 다양한 인문 활동을 살핀다는 것은 지역
문화의 동향을 아는 일이 되기도 하고, 원림문화의 특성을 이해하는 길
이 되기도 한다. 소쇄원은 역사적으로나 철학적으로, 또는 문학적으로도
한국 원림문화의 전범이 되는 곳임을 알 수 있다.

이 책은 박사학위논문을 거의 그대로 출판한 것임을 밝힌다. 그래서
좀 더 재미있게 재구성하지 못한 것을 독자들께 미안하게 생각한다.

이 자리를 빌어서 논문이 나올 수 있게 도와주신 모든 분들께 깊이

감사드린다. 학위논문 심사위원장을 맡으셨고 또한 필자의 영원한 은사이신 박준규 교수님, 그리고 지도교수임과 동시에 젊고 유능하신 김대현 교수님, 지금은 고인이 된 소쇄원의 양처사님, 그밖에도 셀 수없이 많은 사람들께 은혜를 입었다. 그리고 졸고가 책으로 나올 수 있게 해주신 경인문화사 사장님과 임직원 분 모두에게도 감사드린다. 모든 분께 삼배를 올린다.

호남한문학연구소 만희당에서
저자 권 수 용

차 례

# 서 론

## 1. 연구목적

소쇄원은 우리나라의 대표적인 전통민간원림이다. 여기에서 원림園林이란, 경치 좋은 곳에 누정 등의 건물만을 축조하는 데에 그치지 아니하고, 이를 중심으로 계획적인 구도 하에 최소한의 인위적인 힘을 이용하여 자연물을 조성함을 일컫는 말이다. 이러한 원림이 조성되면 원림 경영자와 관계를 가진 많은 사람들이 이곳을 왕래하며 함께 강학이나 시회 등의 활동을 하게 되는데, 그 속에서 이루어진 문학 활동의 소산물을 '원림문학'1)이라고 말할 수 있다.

소쇄원은 형태적인 면에서 우리나라 전통 원림의 원형을 유지하고 있

---

1) '원림문학園林文學'이라는 개념은 사용된 지 얼마 되지 않았다. 이에 앞서 박준규는 누정에서 이루어진 문학을 '누정문학樓亭文學'이라고 명명하여, 지금은 널리 사용되는 용어가 되었다(박준규, 「식영정의 창건과 식영정기」 『호남문화연구』14집, 호남문화연구소, 1985). 여기에 대하여 원림에서 이루어진 문학을 '원림문학'이라 하였으며, 좀 더 포괄적인 개념으로 사용하고자 하였다.

을 뿐만 아니라, 내용적인 면에서 500년 가까운 세월동안 끊임없이 문학
을 중심으로 한 인문활동[2]이 축적되어 원림문화의 전범을 이루어 온 곳
이다. 더군다나 몇 대에 걸쳐 교유했던 사람들의 시문을 모아놓은『소쇄
원사실瀟灑園事實』[3]이라는 문학 작품집이 있어서 이곳에서 이루어진 인문
활동을 한눈에 살펴볼 수 있다.

　형태를 가진 어떤 문화재가 현존한다는 것은 주변 환경과 잘 조화되
어 있으면서, 여기에 역사·문학·철학 등이 함께 녹아 있음을 의미한다.
때문에 문화재에 접근하기 위해서는 어느 한 부분에만 치중되어서는 안
되고, 종합적이고 총체적인 관점을 가져야 할 필요성이 있다. 그러나 지
금까지 이루어진 소쇄원 관련 연구들은 조경·건축·관광 등의 형태적인
면에 집중되었고, 그 속에서 이루어진 인문 활동에 대해서는 소홀히 다
루어왔다. 문화재의 가치는 가시적인 형태만 가지고 판단하는 것보다는
내재되어 있는 의미까지를 충분히 드러내었을 때 올바로 평가받을 수 있
다고 생각한다.

　우리나라, 특히 호남지방에는 그동안 수없이 많은 누정·원림이 세워
졌다가 사라져 갔다.[4] 그러나 소쇄원은 오늘날까지도 원형을 유지한 채

---

2) 인문 활동은 인간이 행하는 문화 활동을 총칭한다. 본고에서는 주로 문학·역사·
　철학적인 면에서의 인문활동으로 그 의미를 축소시켜 사용하였다.

3)『소쇄원사실瀟灑園事實』에는 모두 5대의 글이 실려 있는데, 이 문집은 양산보를 중
　심으로 만들어졌으며, 그 이하는 부록의 형태로 붙어 있다. 이 중 1~3대까지의
　글은 행장이나 묘문까지를 갖춘 문집형태로 실려 있고, 나머지 5~6대의 글은 소
　쇄원에서 이들과 수창한 시문만이 실려 있다. 이 문집은 양진태가 중심이 되어
　1700년경에 초고를 완성시켰으며, 이후 서문을 윤봉조(1731)에게 받고, 발문은 양
　학겸(1755)이 써서 1755년에 목판으로 판각되었다. 이것은 다시 150년 후인 1903
　년에 재간되어서, 현재 두 간행본이 전하고 있고, 내용은 크게 달라진 점이 없다.
　본고에서는 특별한 명기가 없는 한 1903년 간행본을 사용한다.

4) 호남문화연구소에서는 1985~1991년 동안 전남지역의 누정을 조사한 적이 있다.
　이러한 누정 조사는 전국에서 최초로 이루어졌다(호남문화연구소, 「전남지방누정조사보
　고서 I~Ⅶ」『호남문화연구』 14~20집, 1985~1991). 이때 집계된 누정의 총수는 1688개동이
　고, 그중 현존 누정 수는 639개 동뿐이었다.

잘 전해지고 있다. 이는 소쇄원이 형태적인 아름다움 때문에 일반인에게 애호되어 지켜진 까닭도 있겠지만, 그보다는 선대 사람들의 훌륭한 활동과 정신을 구현하려고 노력한 후손들의 쉼 없는 노력이 있었기에 가능하였다.

그래서 본고에서는 소쇄원을 처음 조영한 사람의 철학이나 문학적인 면에서부터 후손들의 각종 활동과 보존 노력까지를 시대별로 살피고자 한다. 그리고 아울러 축조 당시부터 근현대까지 전시기에 걸쳐 이루어진 소쇄원과 관련된 내·외부 인사들의 작품들도 전반적으로 고찰하려고 한다. 소쇄원이 훌륭한 문화 공간으로 남을 수 있었던 까닭은 주인만이 전유하지 않고, 주변의 문사들과 그 공간을 공유했기 때문이라고 생각한다. 이와 더불어 소쇄원이 지역사회에서 그토록 오랫동안 공감 받을 수 있었던 이유는 무엇인가도 밝히고자 한다.

소쇄원에 대한 연구는 그동안 정동오의 논문을 시작으로 하여 조경·건축·관광·문학·철학·역사 등 여러 방면에서 있어 왔다. 이러한 일련의 활동은 우리나라 대표 원림인 소쇄원의 정체성을 밝히고, 그 원형을 보존하고자하는 노력에서 이루어졌다고 생각한다. 그 가운데에서 건축이나 조경적인 측면5)의 연구는 대부분 〈소쇄원48영瀟灑園48詠)〉이나 〈소쇄

---

5) 정동오, 「양산보의 소쇄원에 대하여」『한국조경학회지』 2권, 한국조경학회, 1973.
　　　　, 「소쇄원의 조경식물」『호남문화연구』 9집, 호남문화연구소, 1977.
　 한재수, 「별서 소쇄원에 표상된 자연현상과 건축미학적 체계에 대한 연구」『대한건축학회지』125호, 대한건축학회, 1985.
　 김현, 「소쇄원도와 시문분석을 통한 소쇄원의 경관특성에 관한 연구」, 성균관대학교대학원 석사학위논문, 1993.
　 정기호, 「소쇄원의 경관과 건축」『월간건축과환경』, 1994.
　 천득염·한승훈, 「소쇄원도와 48영을 통하여 본 소쇄원의 구성요소」『건축역사연구』, 1994.
　 천득염, 『한국의 명원 소쇄원』, 서울: 발언, 1999.
　 유재은, 「소쇄원의 조경식물에 대한 고찰」『자연과학논문집』 18집, 자연과학연구소, 1999.

원도〈瀟灑園圖〉를 바탕으로 하여 조경식물의 종류를 고찰하거나, 소쇄원 구성요소들을 공간 특성별로 분석하고 있는 점이 특징이다.

그리고 문학적인 입장6)에서는 주로 김인후가 쓴 〈48영〉의 연구에 그치고 마는 아쉬움이 있다. 이종건은 〈소쇄원48영〉을 낱낱이 분석하고는 김인후의 시를 도학적인 관점에서 쓴 시라고 풀이하였고, 박욱규는 여기에서 더 나아가 〈48영〉이 단순한 도학시라는 관점에서 탈피하여 소쇄원의 풍경과 자신의 심경을 노래하면서 자연과 도학적 이념을 융화하고 형상화하여 새로운 면모로 시적 경지를 이루었다고 보고 있다. 한편으로는 김대현에 의해서 〈30영〉에 대한 연구7)가 이루어지기도 하였는데, 그동안의 연구가 초기의 문학에 집중되어 있었음에 반해, 소쇄원이 이후에도 왕성한 문학 창작공간으로서의 역할을 하였다는 사실을 알게 하였다.

철학 및 사상적인 면8)에서는 소쇄원을 세운 양산보에 대한 인물 연구가 이루어졌는데, 오종일은 호남의 도학이 조선조 도학의 정통성을 이룰 수 있었던 것은 양산보와 같은 도학과 의리를 실천하는 사람들을 통해서 이루어지게 되었다고 보고 있고, 이향준은 소쇄원을 양산보의 소쇄한 기

　　박익수, 「소쇄원의 경관분석에 대한 연구」『산업기술연구논문집』8집, 2000.
　　강영조, 「소쇄원48영에 보는 경관체험과 평가의 원천」『한국정원학회지』19집, 한국정원학회, 2001.
6) 이종건, 「소쇄원사십팔영고」, 마산대학교논문집, 제6권, 1984.
　　김태희, 「소쇄원의 가단형성과 48영소고」『동국어문학』8집, 동국어문학회, 1996.
　　박욱규, 「소쇄원48영의 자연관 수용양상」『서강정보대학논문집』17집, 1998.
　　박명희, 「하서 김인후의 소쇄원48영고」『우리말글』25집, 우리말글학회, 2002.
　　정기호, 『소쇄원 긴담에 걸린 노래』, 서울: 태림문화사, 1998.
　　박준규, 『시와 그림으로 수놓은 소쇄원사십팔경』, 서울: 태학사, 2001.
7) 김대현, 「방암 양경지의 <소쇄원30영>연구」『한국언어문학』제45집, 한국언어문학회, 2000.
8) 박거루, 「자연과 조선선비의 올곧음 스민 소쇄원」『도시문제』31, 1996.
　　오종일, 「소쇄원 양산보의 의리사상」, 소쇄처사 탄신500주년 기념 학술대회, 전남대학교, 2003.
　　이향준, 「양산보의 소쇄기상론」『호남문화연구』33집, 호남문화연구소, 2003.

상이 흐르는 곳으로 정의하고, 그 사상의 연원을 주돈이周敦頤와 도잠陶潛으로 보고 있다. 그러나 이와 같은 연구들은 각각의 분야에서는 나름대로의 성과를 올렸지만, 역사적인 흐름 속에서 소쇄원을 총체적으로 파악하는 데에는 한계가 있었다고 판단된다.

이밖에 소쇄원을 관광의 자원화로 보는 입장9)에서 조사가 이루어진 적도 있으며, 최근에는 소쇄원을 역사적인 입장10)에서 다룬 연구서도 출간되어, 소쇄원에 대하여 다양한 접근 방법이 있음을 보여 주었다. 한편 필자는『소쇄원사실』의 분석을 통하여 소쇄원을 종합적인 관점에서 다루고자하는 연구를 시도하였다.11) 이『소쇄원사실』은 소쇄원에서 이루어진 인문 활동의 소산물이기 때문에 소쇄원을 연구하기 위해서는 먼저 기본적으로 분석이 이루어져야 했다. 그러나 이 문집은 앞 몇 세대 인물들의 시문만을 모은 것이어서 소쇄원 전 세대에 걸쳐 이루어진 작품은 살펴볼 수 없었다.

한편 우리나라 누정제영에 대한 연구는 많이 이루어지고 있는 편이다.12) 전남대학교 호남문화연구소의 누정제영 조사13)에 이어서 여러 문

---

9) 「무등산권 시가유적의 복원·보존 및 관광자원화 방안의 연구」, 전남대학교 인문과학연구소, 1998.
   「소쇄원 및 주변 보존 종합 계획 연구보고서」, 담양군, 1999.
   「광주호 주변 무등산권 문화유산 기초조사 보고서」, 광주 북구, 2000.
10) 김덕진, 『소쇄원 사람들』, 서울: 다홀미디어, 2007.
11) 권수용, 「『소쇄원사실』을 통한 소쇄원연구」, 전남대학교대학원 석사학위논문, 2005.
12) 박준규, 「나주지방의 누정제영 조사연구」『나주지방 누정문화의 종합적 연구』, 호남문화연구소, 1988.
    정용수, 「합천지역의 누정문학고」『석당논총』21집, 1995.
    김신중, 「전남의 누정제영연구」『호남문화연구』24집, 호남문화연구소, 1996.
    박준규, 「조선전기 전북의 누정제영고」『호남문화연구』25집, 호남문화연구소, 1997.
    허경진, 『대전지역 누정문학연구』, 서울: 태학사, 1998.
    박기용, 「거창지방 누정문학연구」『진주문화』15집, 1999.

화원에서도 자기 지역의 누정제영들을 모아 책으로 엮어내는 작업을 진행했다. 이러한 연구가 발판이 되어서 앞으로는 개별적인 연구보다 주변과의 연계성과 전체적인 맥락을 살피면서 종합적인 연구가 이루어져야 하겠다.

본고에서는 위와 같이 기왕에 이루어진 연구를 토대로 하여, 소쇄원에는 어떠한 사상이 담겨져 있으며, 또한 지금까지 500년 가까운 세월동안 사라지지 않도록 하기 위해서 후손들은 어떤 노력을 하였는지, 소쇄원이 향촌사회에서 행한 역할은 무엇인지, 그리고 그 속에 면면히 흐르는 정신은 어떠한 것인가를 그동안 남겨진 시문을 중심으로 살피고자 한다. 아울러 이 속에서 이루어진 인적 교유망과 그 문학소산물은 어떠한가도 밝혀내고자 한다.

## 2. 연구방법 및 범위

원림 문화재는 종합예술 장르이기 때문에 현상적인 공간뿐만 아니라 그 속에 내재되어 있는 의미까지를 파악할 수 있어야 한다. 즉 원림 속에는 각종 인문 활동들이 축적되어 있음을 간과해서는 안 된다. 그동안 소쇄원에 대한 연구는 주로 실존하는 공간에 대한 형태적인 면에 치중해왔다. 때문에 본고에서는 소홀히 다루어왔던 인문 활동에 대해서 고찰하고자 하며, 이를 통해서 소쇄원의 인문적인 특성을 밝힐 수 있으리라 생각한다. 이를 위해서는 먼저 자료의 확보가 중요하기 때문에 주변의 여

오용원, 「안동지방 누정문학연구」, 『어문학』 83집, 2004.
황민선, 「누정연작제영 <식영정20영> 연구」, 전남대학교대학원 석사학위논문, 2006.
13) 4)번 각주 참조.

러 문적 속에서 흩어진 자료를 모으고, 묻혀있는 자료를 발굴하는 활동을 선행 작업으로 하였다.

소쇄원 원림의 가장 큰 특징 중 하나는 500년에 가까운 역사를 가지고 있다는 점이다. 다른 유명한 원림이나 누정이 몇 대를 넘기지 못하고 없어지거나 주인이 바뀌어간 반면에, 소쇄원은 오늘날까지도 잘 보전되고 있다. 소쇄원이 도중에 사라지지 않고 존속될 수 있었던 원동력은 최초 조영자造營者의 활동에도 있지만, 이곳을 왕래하였던 훌륭한 교유인물들의 문예 활동과 이를 지켜내고자 한 후손들의 노력에도 있다고 본다. 그래서 여기에서는 먼저 초축자 양산보梁山甫 및 그 후손들의 활동과 교유인물들이 남긴 시문에 대하여 살펴보기로 한다. 현재 이러한 사실들을 살필 수 있는 기초 자료로는 『소쇄원사실』과 『방암유고方菴遺稿』 및 『석초문집石樵文集』 등이 있으며, 여기에 『제주양씨족보濟州梁氏族譜』와 『호남창평지湖南昌平誌』, 그리고 주변사람들의 문집 등을 보조 자료로 삼았다.

소쇄원 원림의 특징 중 또 다른 하나는 인문 활동 가운데 문학 활동이 어느 한 시기나 특정 인물로 한정되지 않고, 축조 당시부터 현대까지 계속되었다는 점이다. 여기에는 많은 인사들이 문학 활동에 참여하였으며, 또 그것에 대한 결과물이 『소쇄원사실』이라는 문학 작품집으로 남게 되었다. 그러나 전 시기에 걸쳐 이루어진 결과물의 집적은 이루어지지 않아서 한눈에 전체적인 모습을 살피기가 어렵다. 그래서 여기에서는 소쇄원과 관련되어 이루어진 전 시기의 시문을 대상으로 연구를 시도하여 전체적인 모습을 살피고자 한다. 이를 통하여 한 공간에서 이루어진 문학이 시대적 여건에 따라 어떻게 변모되는가도 살필 수 있으며, 그것의 시대사상적인 흐름도 한 눈에 알 수 있으리라고 판단된다. 또한 소쇄원의 문학·철학·역사공간을 연구함으로써 한 지역의 현상을 이해하는 정도에만 그치지 않고, 우리나라 전체의 사회 문화사적인 맥락까지도 파악할 수 있으리라고 본다. 소쇄원에서의 인문 활동이 충분히 규명되었을 때 소쇄원의 정체성이 제대로 밝혀질 것이며, 그 가치 또한 올바로 인정받게 될 것이다.

소쇄원의 전 시기 인문 활동을 살펴보기 위해서 역사적인 전개과정에 따라 4기로 나누어 보았다. 제1기는 소쇄원을 처음 만들고 이를 가꾸어간 시기로, 양산보 시대부터 그 손자 대까지를 보았으며, 역사적 시기는 16세기 초반부터 17세기 초반까지가 해당된다. 제2기는 사회적으로 임병양란과 사화 등을 겪으며 침체되어 있던 소쇄원을 다시 부흥시킨 중흥 활동기로, 소쇄원의 제4대부터 제6대까지를 보았으며, 대략 17세기 초반부터 18세기 초반까지가 이에 해당된다. 제3기는 소쇄원을 선양시키고자 노력한 시기로, 소쇄원 제7대부터 제10대까지가 해당되며, 18세기 초반부터 19세기 중반까지가 이에 속한다. 제4기는 존폐의 위기에 처한 소쇄원을 보존하고자 노력하는 시기로, 제11대부터 제14대까지를 살펴보았으며, 19세기 중반부터 20세기 중반까지로 한정지었다. 여기에서 세대표현은 양산보를 제1대로 계산하여 그 자손들은 소쇄원 제2대·제3대 등으로 표시한다.

그 전개과정에 따른 서술 내용을 부연하자면, 제1기에서는 초기 원림의 형태와 그 형성과정을 먼저 살피고, 양산보가 소쇄원을 건립하게 된 배경과 그 철학은 무엇이며, 이어서 소쇄원을 가꾸어간 제2·3대들의 역할은 어떤 것이었는가를 살피도록 하였다. 또한 소쇄원에서 처음으로 교유의 장이 형성되는 모습과 그것이 유지되는 과정, 그리고 여기에 참여한 인물들과 이들이 남긴 시문의 특성을 살피고자 한다. 이밖에도 이 시기를 대표하는 〈소쇄원48영〉을 살펴서 소쇄원에서 구현하고자 하는 정신이 무엇인가 등도 구명하려고 한다.

제2기에서는 소쇄원의 영역에 대한 인식이 초기에 비해 확장되었다는 사실과, 양진태梁晉泰와 양경지梁敬之를 중심으로 펼쳐진 소쇄원의 중흥 활동을 살펴보고자 한다. 이 시기에는 양경지의 『방암유고』[14]가 남아 있

어서 이들의 활동을 살피기에 많은 도움이 된다. 한편 양산보의 후손들
은 기호계열 학자 문하에서 학문을 하였다. 때문에 교유인물들이 외부까
지 확산되는 경향이 있는가 하면, 주로 서인 또는 노론계 사람들로 한
정되는 면이 보인다. 이때 이들과 맺은 끈끈한 유대관계는 후대에까지
지속적으로 이어지게 된다. 이밖에도 소쇄원의 경관을 〈소쇄원30영瀟灑
園30詠〉으로 집경해서 읊은 연작제영이 나타난 시기이기도 하다. 그래서
이를 중심으로 해서 다른 연작제영과의 비교를 시도하여 〈소쇄원30영〉
이 어떤 특징을 가지고 있으며, 〈소쇄원48영〉과는 경관을 읊는 과정에
서 무엇이 달라졌는지도 밝혀내고자 한다.

　　제3기는 소쇄원의 후기에 해당하며, 소쇄원을 선양시키기 위해 후손
들이 대내외적으로 어떤 활동을 하였는지 고찰해보려고 한다. 이 시기에
는 자료가 거의 남아 있지 않아서 주로 주변사람들의 문집을 통해서 그
활동들을 엿볼 수밖에 없다. 『제주양씨족보』나 『호남창평지』에 유고가
있다고 기록되어 있는 사람들도 현재는 문집이 남아있지 않은 상황이고,
또한 이 시기에는 주변 사람들의 문집도 많이 전해지지 않아서 고찰에
한계가 있다. 그러나 서간문이 주변 인물의 가문에 조금 남아 있어서,
이를 통해서 소쇄원가 후손들의 활동을 유추할 수 있다. 그리고 소수이
긴 하지만 인근 지역 문인들이 남긴 소쇄원 관련 시문을 통해 이들의
문학이 앞 시기와 비교해서 어떻게 달라졌는지 살필 수 있다.

　　제4기에는 소쇄원을 중수한 내용을 다룬 중수기가 몇 편 남아 있어서
이 시기의 소쇄원 모습을 좀 더 쉽게 추정할 수 있다. 여기에서는 주로
쇠퇴의 기로에 선 소쇄원을 지켜내고자 노력했던 후손들의 활동에 대해
고찰해보고자 한다. 이때의 인문 활동은 양종호梁宗鎬의 『석초문집』이 남

---

14) 『방암유고方菴遺稿』 : 양경지梁敬之의 문집이다. 이 책은 필사본으로 전하던 것을 한
　　국고문연구회에서 1987년에 영인 간행하였다. 2권 1책의 구성을 보이며, 그의 8
　　세손인 양승종이 발을 쓰고, 변시연이 묘표를 찬하여 붙였다. 이 책은 소쇄원의
　　중기상황을 알 수 있게 하는 귀중한 자료이다.

아 있어서 이것을 토대로 하여 살펴볼 수 있다. 또한 이 시기에는 주변 사람들의 문집도 다수 전하고 있어서 이들의 시문을 통해서 소쇄원의 상황과 원림에 대한 그들의 사유방식을 알 수 있다.

종합 장에서는 이상에서 살펴보았던 인문 활동에 대한 연구를 바탕으로 하여 소쇄원의 인문적인 특성과 의의를 문학·철학·역사적인 면에서 정리하고자 한다. 소쇄원은 초축 시기부터 끊임없이 문학이 창작되는 산실역할을 해왔기 때문에 문학사적인 흐름을 한 눈에 볼 수 있는 곳이다. 또한 원림에서 추구하는 사상이나 철학이 소쇄원에 축조된 건축물이나 조경물에 잘 표현되어 있기도 하다. 그리고 오랜 역사를 지내오면서 주도적인 위치에서 지역 문화를 선도하고 소통의 장을 형성해왔다. 이러한 제 특성을 가진 소쇄원은 하나의 작은 공간에서만 의미가 있는 것이 아니라, 한 지역 또는 전체적인 맥락 속에서도 의의를 갖는다.

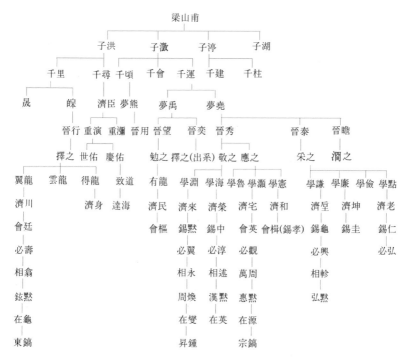

양산보의 가계도

※ 〈양산보의 가계도〉는 본문에서 필요한 인명만을 수록하였기 때문에
매우 생략화된 가계도임을 밝힌다.

# 제1기, 소쇄원의 건립과 교유망의 형성

## 1. 소쇄원의 초기 형태

전라남도 담양군 남면 지석리에는 우리나라 대표 원림인 소쇄원이 자리하고 있는데, 그 역사가 500년에 가깝다. 그동안 사라지거나 남에게 팔린 적이 없이 그 원래의 모습을 유지하면서 오늘에까지 이르고 있다. 이곳은 초축기부터 현재까지 왕래하는 사람들의 발길이 끊이지 않고 이어지고 있다.

소쇄원을 건립한 양산보(1503~1557)의 생애에 대해서는 다음 항에서 자세히 다루기로 하고, 여기에서는 그가 원림을 건립할 당시의 모습과 아들과 손자 대에는 어떤 모습을 하였는가를 살펴보도록 하겠다. 누정은 대부분이 관직생활을 청산한 후에 여생의 소요처로 건립한 경우가 많은데, 이 무렵에는 몇 차례의 사화를 겪으면서 아예 출사를 포기하고 일찌감치 산림에 묻혀 자신을 수양하거나 은둔을 위한 장으로 건립하는 경우도 많이 나타난다. 양산보도 기묘사화의 여파로 인해 출사를 단념하고 평생을 자연 속에서 자수自修하기 위해 건립한 경우에 해당된다.

소쇄원의 경영은 양산보의 젊은 시절에 시작되어 만년까지 계속되었다. 처음에는 '소쇄정瀟灑亭'만을 짓고 지내다가 몇 년 후부터는 본격적으로 원림을 조성해나가기 시작하였다. 그것은 김인후金麟厚(1510~1560)가 쓴 〈소쇄정즉사瀟灑亭卽事〉1)를 통해서 추정할 수 있는데, 이때의 간지가 무자년戊子年(1528)으로 나오기 때문이다. 이 무렵이 소쇄원의 초기 모습에 해당하며, 김인후도 역시 이때 동복에 귀양와있던 최산두崔山斗(1483~1536)에게 수학하러 다닐 때이다. 그렇다면 적어도 1528년에는 소쇄원이 들어서게 될 자리에 이미 소쇄정이 자리하고 있었고, 주인의 나이는 26세 때라고 정리할 수 있다. 그 후 송순宋純(1493~1582)도 또한 〈종제양언진소쇄정從弟梁彦鎭瀟灑亭〉이란 제목의 시를 4수 잇달아 읊었는데, 이때는 1534년으로, 역시 초기에 해당한다. 이 시를 통해서 아직 원림으로 조성되기 이전의 모습을 짐작할 수 있다.

〈從弟梁彦鎭瀟灑亭(嘉靖甲午)〉
종제 양언진의 소쇄정에서(1534)

| | |
|---|---|
| 緣崖開一逕 | 벼랑 따라 작은 길 하나 나 있는데, |
| 臨澗閉雙扉 | 시냇가의 사립문은 닫힌 채 있네. |
| 巖老苔平鋪 | 오래된 바위에는 이끼 가득 끼어있고, |
| 亭深竹亂圍 | 깊숙한 정자에는 대나무 빼곡히 둘러있네. |
| | (중략) |
| 境遠塵常絶 | 경계가 아득하여 속진을 항상 단절하고, |
| 心閑事亦稀 | 마음은 한가하여 일 또한 드물다네. |
| 臨溪仍待月 | 시냇가에 임해서 달을 기다리노라니, |

---

1) 『소쇄원사실瀟灑園事實』 권4 「소쇄원제영瀟灑園題詠」, <소쇄정즉사瀟灑亭卽事(가정무자 嘉靖戊子)>

| | |
|---|---|
| 竹外風淸耳 | 溪邊月照心 |
| 深林傳爽氣 | 喬木散輕陰 |
| 酒熟棄微醉 | 詩成費短吟 |
| 數聲聞半夜 | 啼血有山禽 |

雲外暮鐘微　　　　　구름 밖 저녁종소리 은은하게 들려오네.2)
　　　　　　　　　　　　　　(중략)

　이때는 송순이 사간 벼슬에서 잠시 물러나 면앙정俛仰亭을 짓고 난 바로 다음해이다. 여기에서 읊고 있는 초기 소쇄정의 모습은, 벼랑을 따라 나있는 좁은 길을 따라 들어가면 시냇가에 두 짝 사립문이 있고, 이곳을 지나 이끼가 가득히 낀 바위 위를 지나면 대숲 속에 정자가 자리하고 있는 광경이다. 이는 소쇄원의 초기모습으로, 인위적인 손질이 거의 가해지지 않은 자연 상태 그대로인, 속세와는 단절된 느낌마저 들게 하는 곳이다. 그리고 저 멀리서 은은하게 들리는 종소리는 소쇄원의 정황을 더욱 고즈넉하게 만들고 있다.

　이밖에 송순의 문집에는 1542년 양산보의 소쇄원 축조를 도왔다는 기록3)이 나오는데, 그가 전라도 관찰사를 역임하고 있을 때이다. 이를 볼 때, 소쇄원은 1542년 무렵 송순의 도움을 받아서 원림으로서의 면모를 완전히 갖추게 되었다고 추정할 수 있다. 그런데 한편으로 정철鄭澈(1536~1593)은 그의 시 〈소쇄원제초정瀟灑園題草亭〉에서 "내가 태어난 해에 소쇄원이 세워졌다"4)라고 쓰고 있다. 그렇다면 1528년 무렵에는 소쇄정만 존재하고 있다가 1536년에는 소쇄원이 원림의 면모를 갖추어가고 있었고, 그러다가 1542년에 송순의 도움에 의해 소쇄원이 그 규모를 제대로 갖추게 되었다고 정리할 수 있다.

　이후 김인후가 관직을 떠나 고향에 돌아와서 순창 점암촌鮎巖村에 우거할 무렵인 1548년경에 〈소쇄원48영〉을 지었다고 추정되며, 이때는 소쇄

---

2) 『소쇄원사실』 권4 「소쇄원제영」.
3) 『면앙집俛仰集』 권5 「행장行狀」, 임인조壬寅條, "先生五十歲 (중략), 先生無意供職, 爲外弟梁公山甫, 助築瀟灑園"
4) 『소쇄원사실』 권4 「소쇄원제영瀟灑園題詠」 〈소쇄원제초정瀟灑園題草亭〉, "我生之歲 立斯亭, 人去人存四十齡"

원의 건축과 조경 등이 모두 끝마무리 지어진 상황이었다고 본다. 김인
후가 이곳에 남긴 다량의 시는 대부분 이때 지어졌다.

초기의 소쇄원 경물을 가장 짜임새 있게 잘 읊고 있는 시문은 김인후
가 쓴 〈소쇄원48영〉이다. 이 제영은 원림 안의 경점을 48군데로 정하여
각각 그 특색을 찾아내었다. 그리고 계획적인 구도에 의해서 읊어졌기
때문에 그 제목에서나 내용에서 형식의 치밀성을 갖추고 있다. 이 연작
제영이 지어진 시기는 소쇄원이 원림으로써의 면모를 갖추고 난 뒤이다.
그래서 여기에서 읊고 있는 원림의 모습은 양산보가 축조를 끝낸 당시의
모습이라고 할 수 있다. 이 제영의 구체적인 내용에 대해서는 따로 한
항목을 두어 자세히 살피기로 한다.

소쇄원의 모습을 알 수 있게 하는 것으로는, 〈48영〉 외에도 〈소쇄원
도〉가 더 있다. 이 그림은 비록 17세기 후반에 그려져서 1755년에 판각
되었지만, 〈48영〉을 충실히 반영하고 있다. 그러나 이 그림이 모두 초기
의 모습만을 담고 있다고 판단해서는 안 된다. 즉 여기에는 소쇄원의 중
기 모습도 함께 담겨져 있다는 점을 염두에 두어야 한다.

소쇄원의 초기모습에 대해서는 이밖에도 고경명高敬命(1533~1592)이 쓴
『유서석록遊瑞石錄』5)과 양천운梁千運이 쓴 〈소쇄원계당중수상량문瀟灑園溪堂
重修上樑文〉, 그리고 소쇄원에서 읊은 여러 사람의 제영에 의해 알 수 있
다. 이들은 서로 시차를 두고 제작되었기 때문에 이를 관찰하면 원림이
초기에 어떤 변모과정을 거쳐 가고 있는지를 파악할 수 있다. 여기에서
는 우선 〈48영〉과 〈소쇄원도〉를 가지고 소쇄원이 원림으로써 모습을
갖추었을 때의 상황을 살펴보기로 하겠다.

〈48영〉의 모습을 〈소쇄원도〉에 문자와 그림으로 표현하고 있는 경우

---

5) 『유서석록遊瑞石錄』은 고경명이 쓴 기행문으로, 『고제봉유서석록高霽峰遊瑞石錄』이라
고도 한다. 작자가 1574년 4월 20일부터 24일까지 5일간에 걸쳐 광주목사 임훈林
薰 등과 함께 무등산을 관광하며, 산중의 경승, 산사의 연혁, 유적 등을 보고들은
대로 기록하였다. 1631년에 서광계徐光啓의 발문을 붙여 간행하였다.

가 있는데, 문자로만 표현된 경물은 '소정小亭·침계문방枕溪文房·오암鰲巖·
소당小塘·수대水碓·투죽위교透竹危橋·천간千竿·매대梅臺·광석廣石·원규투류垣
竅透流·행음杏陰·가산假山·탑암榻巖·옥추횡금玉湫橫琴·상암床巖·수계산보脩階散
步·괴석槐石·조담槽潭·협로수황夾路脩篁·총균모조叢筠暮鳥·도오桃塢·동대桐臺·
폭포瀑·유정柳汀·산지순아散池蓴芽·자미紫薇·파초芭蕉·풍楓·양단陽壇·장단제영
長垣題詠' 등 30가지가 있고, 그림으로만 표현된 경물은 '위암전류危巖展流·
고목통류刳木通流·복류전배洑流傳盃·단교쌍송斷橋雙松·학저면압壑底眠鴨' 등 5
가지가 있어서, 모두 35가지가 된다. 이중에서 '소당小塘·광석廣石·탑암榻
巖·상암床巖' 등은 절반은 문자로 쓰여 있고, 절반은 사람의 행위가 그림
으로 그려진 경우이다. 도판에 나타나지 않은 부분은 주로 작은 식물의
종류이거나 특별한 장소가 있지 않은 행위 등이어서 도면 안에 적당히
포치하지 못한 듯하다. 대신 〈소쇄원도〉에는 나오나 〈48영〉에는 나오
지 않은 부분도 있다. 즉 담 안에 있는 '난蘭·약작略酌·오곡문五曲門·대봉
대待鳳臺·제월당霽月堂·고암정사鼓巖精舍·부훤당負暄堂·동백冬栢' 등과 담 밖
외원에 있었다고 생각되는 '창암촌蒼巖村·홍교虹橋·황금정黃金亭·행정杏亭·
고암동鼓巖洞·죽림재竹林齋·옹정瓮井' 등이다.

위와 같이 〈소쇄원도〉에는 표현되어 있으면서 〈48영〉에는 나오지 않
은 원인은 제영이 초기 원림의 모습을 다 담아내지 않았을 경우와 제영
이 제작된 후에 축조되었을 경우를 상정해볼 수 있다. 이중에서 제월당·
대봉대·오곡문·동백 등은 〈48영〉제작 이후에 축조되었거나 명명되었을
가능성이 높다. 원림에 대한 사상이 심화되면서 기존의 건축물에 대하여
더 강한 의미부여를 하게 되었고, 여기에 짝을 이루는 물상을 더 배치하
는 등 새로운 질서가 생겨났다고 본다.

예를 들어 '제월당'의 경우는 '광풍각'과 짝을 이룬 건물이다. '광풍각'
은 초기부터 존재하는 건물이었지만, 정자명은 애초부터 있지 않았고,
후에 덧붙여진 이름이다. 그리고 '대봉대' 역시 초기에 축조되었을지라

도 그 이름은 오동나무·대나무와 짝을 이루면서 뒤에 생겨난 이름이다. '동백'의 경우도 '효'를 강조하면서 이를 상징하는 식물로, 애양단과 짝을 이루어 후에 식재되었다. 이러한 작업은 대부분 양천운이 원림을 재건할 때 그 안에 담긴 사상을 더욱 심화시키면서 이루진 것이다. 어떤 유지에 대한 의미부여 작업은 어느 곳에나 있었던 보편적인 일이었다.

한편 '고암정사'나 '부훤당'의 경우는 2대 사람들이 경영했던 공간이기 때문에 당연히 초기 제영에는 들어가지 않게 되었다. '난蘭'의 경우에는 〈소쇄원도〉를 그릴 당시 원림에 심어진 것으로 보인다. 이 난초가 정원 식물로 등장하게 된 것은 17세기 이후로 보고 있는데, 왜냐하면 난초는 홍만선洪萬選(1643~1715)의 『산림경제山林經濟』(1715)에서 처음 나타나기 때문이다.[6] 그리고 '옹정'은 17세기에 송시열이 붙여준 산 이름으로, 소쇄원에서는 큰 의미가 있다.

소쇄원의 초기 모습은 고경명이 쓴 『유서석록』에도 나타난다. 작자는 원림의 모습을 "시냇물이 동쪽으로부터 터진 담을 통해서 들어와 콸콸 소리 내며 흘러가는데, 위에는 약작略約이 있고, 약작의 아래에는 조담槽潭이 있으며, 이것이 폭포를 이룬다. 그리고 조담의 위에는 노송이 반굴하여 있고, 폭포의 서쪽에는 소재小齋가 화방畵舫같이 있으며, 남쪽에는 소정小亭이 돌을 높이 쌓아놓은 위에 있는데 우산을 펼쳐놓은 것 같다. 그리고 그 처마 끝에는 벽오동이 반은 썩어 있고, 정자 아래로는 작은 연못을 파서, 고목刳木을 통해서 시냇물을 끌어들여 여기에 대고 있다. 연못의 서쪽에는 큰 대나무가 백여 그루가 서있어서 마치 옥이 서있는 듯 하고, 또 대나무의 서쪽에는 연지蓮池가 있어서 돌로 물길을 내어 소지小池의 물을 끌어대며, 연지의 북쪽에는 작은 물레방아가 있다. 보이는 것이 모두 소쇄하지 않은 사물이 없고, 하서의 40영이 그것을 다했다"[7]

---

6) 정동오, 「소쇄원의 조경식물」『호남문화연구』9집, 호남문화연구소, 1977, 148쪽.
7) 『유서석록遊瑞石錄』, "瀟灑園乃梁山人某舊業也. 澗水來自舍東 闢墻通流, 漩漩循除

〈궐장통류의 경점〉

라고 표현하고 있다. 여기에서 주요 경물은 '궐장통류闕墻通流·약작·조담·
폭포·노송·소재·소정·벽오碧梧·소지·고목刳木·거죽鉅竹·연지·소대小碓'
등으로, 주로 계류주변의 모습을 상세히 표현하고 있음을 알 수 있다.
그만큼 소쇄원에 있어서 계류는 원림의 중심이 되었음을 추측할 수 있
다. 김인후의 〈48영〉이 '소정'에서부터 시점이 시작되고 있음에 비해,
'궐장통류'에서부터 시작하여, 이 물의 흐름대로 시점이 이동하고 있는
것이 특징이다. 계류를 중심으로 양편에 서 있는 소재와 소정은 바로 광
풍각光風閣과 소쇄정을 일컫는 말이며, 여기에 있는 두 개의 연못은 '소지'
와 '연지'로 불린다는 사실도 알 수 있다.

한국의 원림은 대개 연못을 두고 있는 경우가 많으며, 그중 두 개의

---

下, 上有略彴, 略彴之下, 石上自成科臼, 號曰槽潭. 瀉爲小瀑, 玲瓏如琴筑聲. 槽潭
之上, 老松盤屈, 如偃盖橫過潭面. 小瀑之西, 有小齋宛如畫舫, 其南累石高之翼以
小亭, 形如張傘, 當簷有碧梧, 甚古枝半朽. 亭下鑿小池, 刳木引澗水注之, 池西有鉅
竹百挺 玉立可賞, 竹西有蓮池, 甃以石引小池, 由竹下過 蓮池之北, 又有小碓一區,
所見無非瀟灑物事, 而河西四十詠盡之矣"

연못을 두는 경우도 있는데,[8] 이는 상지上池와 하지下池의 개념이다. 여기에서 상지는 작고, 하지는 크게 만드는 경우가 대부분이며, 상지는 주희朱熹의 〈관서유감觀書有感〉이라는 시에서 말한 '일감一鑑'과 같은 기능, 즉 자신을 성찰하기 위해 만들었고,[9] 하지는 도잠의 〈애련설愛蓮說〉에 따라 연꽃을 식재하여 군자의 도를 본받기 위한 경우이다.

『유서석록』에서는 경관을 계류 중심으로 좁혀 놓아서 경점이 몇 되지 않는다. 여기에서는 〈48영〉에 나오지 않은 '약작'이라는 소재가 새롭게 쓰이고 있다. 〈48영〉에서는 '단교쌍송斷橋雙松'이라고 하여 끊어진 다리를 읊었는데, '약작'을 두어서 서로 끊어진 것을 이어주고 있는 점이 다르다. 그 후 '약작'은 소쇄원의 주요 경점이 되어서 〈소쇄원도〉에도 표기되기에 이르렀다.

위 기행문이 쓰인 시기는 1574년으로, 양산보의 사후 17년이 지난 시점이다. 이는 양자징梁子澂·양자정梁子淳 형제가 원림을 지켜갈 때에 해당된다. 그렇다면 이 무렵 소쇄원은 외부 사람들에게 어떻게 인식이 되고 있었는지를 역시 고경명의 시문을 통해서 추측해보겠다.

---

8) 지당池塘에 대한 연구로는 정동오(「한국정원의 지당형태 및 구성에 대하여」『한국조경학회지』 11권, 한국조경학회, 1978)와 권차경·강영조(「조선시대 민간정원 지당형태의 통시적 분석」『한국조경학회지』 28권, 한국조경학회, 2000)의 연구가 대표적이다. 정동오는 삼국시대부터 조선시대까지의 지당 82개를 형태 유형별로 분류했으며, 그 가운데 두 개의 지당이 있는 경우는 8개가 있음을 밝혀냈다. 권차경·강영조는 조선시대의 민간정원 73개를 대상으로 연구하여 조선초기에는 방지方池가 유행하였으며, 시대가 후대로 갈수록 점점 변형된 형태를 띠고, 또한 섬을 조성하는 경우가 많이 생겨나게 되었음을 밝혔다. 이때 방지 또는 그 변형형태는 60개가 된다.

9) 사라알란은 그의 저서에서 『장자』「덕충부德充符」의 "仲尼曰, 人莫鑒於流水, 而鑒於止水(어느 누구도 흐르는 물을 거울로 삼지 않고, 정지한 물에 자신의 모습을 비춘다)"라는 말을 인용하여, 물은 고요하고 맑을 때 만물을 비추며, 일찍이 상왕조부터 물이 담긴 용기는 종교 의식에서 거울로 사용하였다고 말한다(사라알란 저·오만종 역, 『공자와 노자 그들은 물에서 무엇을 보았는가』, 서울; 예문서원, 1999, 89쪽).

〈瀟灑·棲霞·環碧, 一洞之三勝, 戲吟一絶, 示鄭員外季涵(名澈, 號松江, 時爲吏曹佐郎)〉
소쇄원과 서하당, 그리고 환벽당을 일동의 삼승이라고 하여 재미로 읊어서 정철에게 보이다. (이름은 철, 호는 송강, 이때 이조좌랑이 되었다.)

| | |
|---|---|
| 瀟灑名園處士家 | 소쇄 명원은 처사의 집안인데, |
| 棲霞環碧兩堪誇 | 서하당과 환벽당도 자랑할 만하네. |
| 願將吏部銓衡手 | 원컨대 이조정랑의 솜씨로 |
| 題品溪山定等差 | 계산의 등급을 정해 보게나.10) |

소쇄원이 건립된 후 주변에 서하당과 환벽당이 이어서 지어졌다. 환벽당11)은 김윤제金允悌(1501~1572)가 벼슬살이에서 돌아와 지은 것이라고 알려졌으며, 서하당은 김성원金成遠(1525~1597)12)의 별서로, 1560년경 성산동에 건립되었다.13) 이때부터 소쇄원·환벽당·서하당을 '일동지삼승一洞之三勝'이라고 불렀음을 알 수 있다. 이 삼승 중 서하당이 들어가는 자리에 식영정이 들어가기도 한다. 즉 송순은 〈차김상사성원식영정운次金上舍成遠息影亭韻 2수〉를 남겼는데, 그 제목의 세주에 "1563년 가을에 주인 김군이 임석천을 위하여 새로 이 정자를 지어주니, 석천이 '식영'이라고 이름지었다"14)라고 썼고, 시문 끝의 세주에는 "소쇄원·식영정·환벽당이

─────────────

10) 『소쇄원사실』 권4 「제현영고諸賢詠古」.
11) 환벽당은 김윤제가 벼슬에서 물러난 후에 지었다고 알려졌다. 정확한 연대는 확인할 수 없으나, 정철이 14살 혹은 17살 무렵에 환벽당 아래의 냇가에서 수영하다가 김윤제의 눈에 띠게 되었다는 일화와 신잠이 당호를 지었다는 「유서석록」의 기록 등에 의거해서 1550년 무렵으로 짐작된다.
12) 김성원金成遠(1525~1597) : 호는 서하당棲霞堂이고, 본관은 광산光山이다. 김윤제의 문하에서 정철과 함께 공부했고, 나중에는 김인후의 문인이 되었다. 정유재란 때 어머니를 모시고 피난했는데, 졸연히 왜적을 만나 어머니가 피살되자 어머니를 따라 죽었다. 유집으로는 『서하당유고棲霞堂遺稿』가 있는데, 1876년에 9세손 홍헌洪獻이 편집·간행하였다.
13) 『서하당유고棲霞堂遺稿』 下 「연보年譜」.
14) 『면앙집』 권3, "時嘉靖癸亥秋, 主人金君爲林石川, 新構此亭, 石川扁以息影"

한 골짜기의 세 승지라고 일컬어지는데, 이때 소쇄옹이 이미 죽었기 때문에 말구에 감구의 뜻이 있다"[15]라고 했다. 송순은 '일동지삼승'을 소쇄원·식영정·환벽당으로 보고 있음을 알 수 있다.

식영정과 서하당이 서로 번갈아 쓰이고 있는 점에 대해서 많은 사람들이 의아해하고 있는데, 사실 식영정과 서하당은 김성원이 축조한 것으로, 한 경내에 있다. 즉 소쇄원 내에 제월당과 광풍각이 자리하고 있음과 같은 이치이다. 그런데 임억령을 중심으로 한 식영정에서의 문예 활동이 더 많이 알려지자, 결국 식영정이 서하당을 대표하기에 이르렀다. 한편 위 시에서는 소쇄원을 처사의 가문을 상징하는 곳으로 보고 있는 점이 특징이다. 비록 '일동지삼승'의 하나로 구획되었지만, 그곳에서 추구하는 정신은 차별성이 있음을 내포하고 있다.

이러한 소쇄원은 정유재란을 겪으면서 화마에 휩쓸리는 재앙을 맞이하게 된다. 이때 건물뿐만이 아니라, 전해오던 문적들도 거의 불에 타버렸다. 이러한 일은 비단 소쇄원만의 일이 아니었으니, 주변의 누정이나 사찰 등도 이때 거의 잿더미로 변하였다. 이후 양천운의 재건에 의해 소쇄원은 원래의 모습을 되찾아가고 있었지만, 완벽하게 복구하는 일은 힘들었던 것 같다. 이런 과정에서 형태적으로 큰 변동은 없었을지라도 약간의 변화가 생겼음을 짐작할 수 있다. 다음은 양천운이 쓴 〈소쇄원계당중수상량문〉을 통해서 초축 시기의 소쇄원과 무엇이 달라졌는지 살펴보겠다.

> (중략) 양산보 할아버지는 무이武夷의 승경과 같은 곳에 담을 쌓고 제월당·광풍각·대봉대·관덕사를 짓고, 계단에는 나무를 심었으며, 혹은 매화나 단풍을 심고, 벼랑에 지붕을 얹어 복도를 꾸미고 당堂과 실室을 두었다. 한벽산과 다리에 의지해 있는 소나무, 애양단, 콸콸 계단 따라 흐르는 물, 창암동, 석가산, 상·하

---

15) 앞의 책, 같은 곳, "瀟灑園·息影亭·環碧堂, 以一洞三勝稱之, 時瀟灑翁已歿, 故末句有感舊之意云"

지, 돌길, 마른 오동나무, 백 척도 넘는 담 등이 있다. (중략)16)

위의 내용에서 양천운은 소쇄원을 '무이'의 승경으로 표현했음을 알 수 있다. 그리고 '침계문방枕溪文房'을 '계당溪堂'이라고도 하였으며, 이 시기에 들어서서야 '제월당霽月堂'과 '광풍각光風閣'의 이름이 완벽하게 짝을 맞추어 표현되기에 이르렀고, '대봉대'가 나타나며, '관덕사觀德榭'도 갖추게 된 사실 등을 확인할 수 있다. '관덕사'는 활을 쏘는 사장터로, 옛 선비들은 문무의 겸비를 미덕으로 여겨서 정자 곁에 사장터를 두는 경우가 많았다. 과녁의 가죽을 뚫은 여부로 그 사람의 덕을 본다고 하여 '관덕觀德'이란 말을 사용하였는데, 유학자들의 수양덕목이었다.

여기에서 양천운이 소쇄원을 사상적으로 완벽하게 무장해가고 있음을 볼 수 있다. 그가 주자를 매우 흠모했음을 추측할 수 있는데, 소쇄원을 '무이승경武夷勝景'에 비유했고, 그의 호를 '한천寒泉'이라 불렀으며, 거처하는 곳을 '한천정사'라고 칭하고 있는 점에서도 알 수 있다. 즉 소쇄원을 주희의 무이구곡으로 빗대고 있다. 성범중도 소쇄원과 부용동원림을 함께 연구하면서 두 원림이 상당한 차이점을 가졌음에도 불구하고, 17세기에 이르면 조선사회의 선비들 사이에 주희의 무이구곡을 이상으로 생각하는 원림조성과 경영의 풍조가 일반화됨으로써 두 원림의 지향점도 주자의 원림을 모방하려고 하는 일반적 경향이 있다고 말한다.17)

이번에는 양천운이 주인노릇을 할 때, 외부 사람은 소쇄원을 어떻게 인식하고 있었는지는 백진남白振南18)의 시를 예로 들어서 고찰해보기로

---

16) 『소쇄원사실』권4 <소쇄원계당중수상량문>, "(중략) 王父處士公, 積石爲坳, 築土爲墻, 搆霽月之高堂. 坐飮園中之勝槩, 結光風之小檻, 憑狎石上之寒流, 爰築待鳳之臺, 亦有觀德之榭, 緣階除而種樹 或梅或楓, 架崖厂而開廊有堂有室, 寒碧山下, 蒼蒼倚橋之松. 愛陽壇前, �徊除之水, 蒼巖名洞, 石假有山, 面面題詩, 字字寓意, 泉源走竹水, 注上下之池 (중략)"

17) 성범중, 「16, 17세기 호남지방 원림문학의 지향과 그 변이」 『한국한시연구』 14집, 한국한시학회, 2006, 6쪽.

한다.

〈瀟灑園偶題〉
소쇄원에서 우연히 읊다.

| 平郊十里水雲中 | 평평한 들녘이 십리나 이어진 구름 가운데를 |
| 步入山橋小路窮 | 걸어서 산속 다리로 들어가니 작은 길도 끝나네. |
| 巖畔有臺人不見 | 바위 가에 대臺만 있고 사람 보이지 않은데, |
| 碧桃花落自春風 | 벽도화만 봄바람에 절로 떨어지네.19) |

위 시를 지을 때의 계절은 봄이다. 창평의 들녘을 지나고 산속에 있는 다리를 건너서 좁은 길이 끝나는 지점에 대봉대가 나타난다. 여기에는 다만 대만 있고 사람은 보이지 않는 가운데 벽도화만이 저절로 떨어지고 있는, 선경의 모습이다. 소쇄원을 인간세상과 떨어진 적막한 곳으로 묘사하면서 무릉도원으로 승화시키고 있음을 알 수 있는데, 이러한 경향은 처음 축조 당시 때보다 점점 더 심화된다. 그것은 사회적으로 여러 가지 혼란을 겪으면서 나타나는 공통된 현상이라고 할 수 있다. 즉 임병양란과 몇 차례의 사화를 겪은 조선시대 성리학자들은 대부분이 처사 은둔형으로 전환하는데, 이들은 청한淸閑을 추구하는가 하면, 한편으로는 유가적인 신선사상을 지향하는 경향이 나타난다. 모두 성리학의 변화된 모습이다. 이때 은일자인 처사를 신선화하는 경향이 강하게 나타나는데, 처사가 사는 곳은 무릉도원으로 표현되기도 한다.

지금까지 소쇄원의 초기 모습을 살펴보았는데, 그 과정에서 몇 가지 소쇄원 경관의 특징이 드러난다. 먼저 소쇄원의 형태가 대단히 기하학적

---

18) 백진남白振南(1564~1618) : 호는 송호松湖이고, 본관은 해미海美이다. 백광훈의 아들로, 필적이 뛰어났다. 문집으로『송호집松湖集』이 있으며, 이이와 정철을 스승으로 모시고, 조희일을 친구로 삼았다.

19) 앞의 책, 권4「제현영고諸賢詠古」.

〈계단식 처리방식〉

으로 꾸며져 있음을 알 수 있다. 이는 다음에 예시하고 있는 〈소쇄원도〉
를 보면 더욱 확연히 드러난다. 직선으로 축조된 계단과 언덕, 두 개의
네모난 연못, 직선적인 담 등이 그 예이다. 이는 우리나라 원림이 갖는
고유 특성으로, 자연스러움을 강조하는 우리 민족에게 있어서는 매우 특
이한 현상이다. 여기에 대해서 정동오는 그의 논문에서 우리나라 원림의
입지가 변화 있는 경사지형이기 때문에 축대가 불가피한데, 자연주의적
인 산수생활을 즐기는 입장에서 지형의 변화를 무시하고 일직선으로 처
리하기 좋아하는 것은 한민족의 자연 지형 처리에 대한 하나의 특징인
것 같다고 말한다.[20] 이는 우리나라 지형이 평지보다 산지형이 많다보
니 자연스럽게 생겨난 특징으로 보인다. 그런데도 자연을 위압하거나 눈
에 거슬리지 않고, 정돈됨과 함께 절제된 느낌을 받는다. 그것은 자연을
애써 변형시키거나 인위적으로 지형을 바꾸지 않고, 원래의 모습에 약간

---

20) 정동오, 「조선시대의 정원에 관한 연구」 『한국조경학회지』 3집, 한국조경학회,
    1974, 34쪽.

의 손질만 가하여 자연스러움을 살리는 우리 민족 고유 특성이 있기 때
문이다.

이러한 계단식 처리 방식은 우리나라의 궁원들, 즉 경복궁·창덕궁·덕
수궁 등과 환벽당·다산초당·퇴계서원 및 사찰의 대부분에서 이루어지고
있는 형식이며, 조선시대에 정착한 하나의 양식이다.[21] 한편 소쇄원의
원림은 산지계곡에 조성되어 있기 때문에 입지에 대단히 변화가 많다.
즉 높이가 각각 다른 곳을 단으로 처리하여 각 단마다 활동의 특징이
다르게 나타난다. 높은 단에서는 비교적 느슨한 활동이 일어나고, 낮은
단일수록 더 긴박한 활동이 나타나는데, 계류주변에서는 가장 많은 활동
이 일어나고 있다. 그 사실을 위의 〈소쇄원도〉를 통해서 확인할 수 있
다. 이충기[22]는 소쇄원이 3단으로 구성되어있다고 보고, 상단은 정적인
관조의 단이고, 중단은 통로 구실을 하며, 하단은 동적인 행위의 단이라
고 했다. 즉 제월당과 매대 부근을 상단으로 보고, 광풍각이나 대봉대
또는 애양단 등은 중단으로 보고 있으며, 계류와 그 주변의 바위 등은
하단으로 보고 있는 것이다. 다시 말해 소쇄원은 높이에 변화가 있고,
그것에 따라 활동에도 변화가 있어서, 정과 동이 동시에 존재하는 공간
이라고 정리할 수 있다.

소쇄원 경관 중에서 또 하나의 특색은 바로 원림 가운데로 계류가 통
하고 있어서 원림의 조영이 바로 계류를 중심으로 구도되었다는 점이다.
그래서 이를 중심으로 하여 많은 시문이 창작되기도 하였다. 그런데 이
러한 시문을 살펴보면, 계류 중심이긴 하나 원림의 경관을 바라보는 시
점이 약간 다름을 알 수 있다. 즉 계류의 입수구부터 바라보는 경우와
처음 들어서서 맞이하는 정자부터 시작하는 경우가 있다. 〈소쇄원48영〉

---

21) 김효진, 「한국의 계단식 정원에 관한 연구」, 전남대학교대학원 석사학위논문,
    1986, 4쪽.
22) 이충기, 「별서 소쇄원의 선적 공간분석에 관한 연구」, 연세대학교산업대학원 석사
    학위논문, 1997, 26쪽.

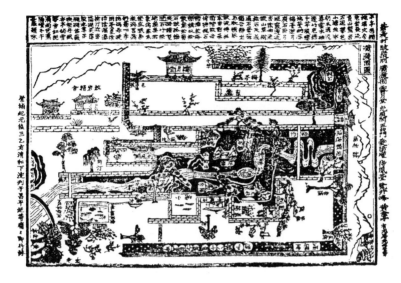

1755년 판각된 〈소쇄원도〉

에서는 제영의 시작을 〈소정빙란小亭憑欄〉이라고 하여, 계류가에 위치한 정자에서부터 시작하고 있고, 『유서석록』의 경우는 담을 통해 들어오는 물에 대한 언급부터 시작하고 있다. 이곳을 왕래한 사람들은 대부분 위 두 가지 경우의 시작점을 가지고 원림을 감상하고 있다. 이때 물은 조선시대 문인들에게는 많은 의미를 내포한다.

〈垣窺透流〉
담을 통해 흐르는 물

| | |
|---|---|
| 步步看波去 | 걸음마다 흘러가는 물줄기 보며, |
| 行吟思轉幽 | 거닐며 읊조리니 생각은 더욱 그윽하네. |
| 眞源人未泝 | 참 근원을 사람들은 찾지도 아니하고, |
| 空見透墻流 | 공연히 담을 통해 흐르는 물만 보네. |

위 시는 소쇄원의 경물을 읊고 있는 〈48영〉 중 14번 째 제영이다. 현재의 오곡문 옆에는 담 밑으로 터진 물길이 있는데, 바로 〈원규투류〉의 경점이다. 돌 몇 개를 대충 쌓아 올려서 담을 떠받들고 물길을 만들어 놓았으며, 이때의 돌기둥 받침은 오랜 세월 동안 허물어진 적이 없었다고 한다. 이러한 신비한 현상 때문에 전설이 남겨지기도 한 경점이다.

여기에서는 주변을 서성이며 물의 근원을 생각하고 있다. 도의 근원을 알기 위해서는 정사精思의 경지에 들어야 한다. 그러나 사람들은 담밖으로 사고를 훌쩍 확장하지 못하고, 공연히 담 안으로 흘러드는 물만 바라보고 있다. 이전에도 물은 사람들에게 도의 근원으로 여겨져서 많은 학자들이 흘러가는 물을 보고 도의 근원을 궁구했다. 『논어』「자한편子罕篇」에서 공자가 흐르는 물을 보고 말한 '서자여사부逝者如斯夫'라고 말한 것과, 『노자』에서 '최고의 선은 물과 같다'고 한 것이 같은 맥락이다. 공자는 물을 우주 자연과 인간 행위의 원리를 이해하는 수단으로 탐구했고, 노자는 도의 개념을 위한 모델로 사용했다.[23] 공자의 이 말이 있은 후부터 물에 대한 유자들의 생각은 더욱더 '도의 근원'으로 관념화되었고, 또 물은 쉼 없는 학문의 탐구를 뜻하는 말이 되기도 하였다.

한편 소쇄원을 읊은 〈48영〉은 주변의 누정에 있는 연작제영과는 그 읊는 범위에 있어서 매우 다르다. 그것은 바로 소쇄원 원림만이 갖는 특징이기도 하다. 주변의 다른 누정들은 원림을 조성하지 않은 대신 주위 경치를 차경借景하고 있는 경우가 많다. 그래서 조망권도 더 넓고, 제영들의 음영 범위도 상당히 크다. 그런데 이곳은 담으로 구획되어 있어서 시야를 내원에 한정시키는 경향이 있으며, 또한 대부분의 정자들이 높은 장소에 입지하고 있는 것과는 달리, 외부와 단절된 듯한 폐쇄적인 장소에 원림이 자리한 특징이 있다. 그래서 전 시대에 걸쳐 읊은 시들 대부분이 담 안의 경물을 읊고 있다.

---

23) 사라알란 저·오만종 역, 앞의 책, 55쪽·189쪽.

또한 소쇄원에는 대나무가 많이 식재되어 있는 점이 특색이다. 현재는 원림 입구 양 옆에 조성되어 있는 대밭이 전부이지만, 초기에는 내원에 대나무가 많이 식재되어 있었고, 그 종류도 다양하였다. 대나무는 그 자체가 곧고 항상 푸른빛을 간직하고 있기 때문에 고절함과 소쇄함의 이미지를 갖는다. 그리고 빽빽하게 옥돌을 세워놓은 듯한 대숲의 모습과, 이곳에 이는 삽상한 바람소리는 문사들의 시상을 일으키기에 충분하였다. 그래서 소쇄원에서 경관을 읊은 많은 시들이 대나무를 소재로 하고 있다.

〈48영〉에 나오는 대나무의 명칭으로는 '천간千竿·총균叢筠·수황脩篁' 등이 있다. 〈소쇄원도〉에 그려진 내용과 비교해서 보면, 천간은 제월당 부근에 있는 대숲으로 바람소리를 표현한 것이고, 총균은 소정 옆의 언덕에 있는 작은 규모의 대숲으로 새들의 보금자리가 되며, 수황은 큰 연못 부근에 심어졌던 키 큰 대나무로, 이 대숲사이로 길이 나 있다. 이밖에 뿌리에 대해 읊은 제영도 있는데, 이는 바위 위로 나온 대 뿌리가 새로운 나무들을 키워낼수록 더 굳세어짐을 표현하고 있다.

이상에서 소쇄원의 초기 모습을 살펴보았다. '제월당'은 〈48영〉의 제작 당시에는 없었던 듯싶고, '광풍각'의 경우는 초기부터 있었지만, 이름은 '제월당'을 명명할 때 함께 짝으로 붙여졌다고 본다. '대봉대'와 '오곡문'도 〈48영〉에 나타나지 않은 경관으로, 제2대 또는 제3대 때에나 이름 붙여진 공간이라고 생각되는데, 앞서 살핀 고경명의 『유서석록』에도 나타나지 않은 것을 보면, 1574년 이전까지는 명명되지 않았음을 짐작할 수 있다. 이는 원림을 좀 더 체계화시키고, 여기에 담긴 사상도 좀 더 심화시키면서 여기에 맞추어 생겨난 이름이거나 건조물인 것이다. 한편 부훤당과 고암정사는 제2대 때 지어진 건물이 확실하다. 이처럼 소쇄원은 2·3대를 거치면서 계속 틀을 잡아갔고, 제3대에 정유재란을 겪으면서 불에 탄 원림을 다시 재건할 때에는 그 속에 담겨진 의미를 좀 더

광풍각과 제월당이 짝을 이루고 있다

부각시키면서 사상의 심화도 함께 이루어졌다.

## 2. 소쇄원의 역사적 배경과 수성守成활동

### 1) 양산보와 원림 건립배경

양산보(1503~1557)의 자는 언진彥鎭이고, 호는 소쇄처사瀟灑處士이다. 그의 가계가 창평으로 옮겨온 시기는 아버지 창암蒼巖 양사원梁泗源 때부터인데, 그의 자부姉夫인 조억曹億을 따라왔다고 한다.24) 양사원은 광주와 나주의 경계지점에 있는 창교滄橋 또는 복룡동伏龍洞으로부터 옮겨왔으며,25)

---

24) 『소쇄원사실』 권2 「처사공處士公」 <실기實記>, "蒼巖公, 從其姉夫曹師傅億, 刱居于此"
25) 앞의 책, 권1 「세계世系」, "泗源 始自光州滄橋, 移昌平之支石洞, 子孫因居焉. 一云自錦城伏龍洞, 移居蒼巖洞. 蒼巖卽支石一號"

지석동支石洞 창암촌蒼巖村에 정착하고는 이곳의 이름을 따서 자신의 호로
삼았다. 그 창암촌은 소쇄원에 들어서기 전에 자리하고 있었다. 한편 양
산보의 후손들은 괸돌양씨라고도 불리웠는데, 이는 소쇄원이 지석동에
자리하고 있기 때문이다.

양산보의 교유관계에 대해서는 그의 행장을 통하여 엿볼 수 있는데,
이민서李敏敍가 쓴 행장에는 "하서河西가 소쇄원에 오면 몇 달 동안 돌아
가기를 잊었다. 같은 때에 명승지라 하여 임석천林石川(1496~1568)·송규암宋
圭菴(1487~1547)·유미암柳眉巖(1513~1577)·이청련李青蓮(1520~1578) 등과 같은 사
람들은 사모하고 기뻐하며 서로 좋아하였는데, 석천이 가장 더했다"[26]
라고 쓰여 있다. 김인후는 소쇄원이나 소쇄원 사람들과 관련된 시를 150
여 수나 지을 정도로 소쇄원에 애정을 가진 사람이다. 송인수宋麟壽나 유
희춘柳希春은 소쇄원에 문적을 남기지 않았으며, 다만 유희춘의 『미암일
기眉巖日記』중 기사년己巳年(1569) 9월 27일의 기록에 "27일에 숙배 후 남대
문 밖을 나왔는데, 직장直長 송해용宋海容이 나와서 전별을 했으며, 이때
이경李璥·이형李衡·양자징梁子澂이 참석하였다"[27]라는 내용이 있을 뿐이
다. 이로보아 비록 소쇄원에 시문은 남기지 않았을지라도 교유가 있었음
을 짐작할 수 있다. 한편 위에 거론된 사람들 외에도 양산보와 많은 교
유가 있었던 사람으로 송순을 들 수 있는데, 양산보와는 인척관계에 있
는 사람이라서 굳이 넣지 않았다고 추측된다.

『소쇄원사실』에는 그와 수창한 사람들의 시가 실려 있는데, 김인후와
송순 이외에도 고경명高敬命·이수李洙·김언거金彦琚·오겸吳謙·김윤정金胤鼎
등이 있다. 그러나 양산보는 병으로 일찍 죽었으며[28], 그에 대한 만시는

---

26) 앞의 책, 권3 「처사공處士公」 <이민서찬李敏敍撰 행장行狀>, "河西至瀟灑園, 輒
數月忘歸, 同時名勝, 如林石川·宋圭菴·柳眉巖·李青蓮諸人, 慕悅相好 而石川最
善"

27) 『미암일기』 권7, "己巳, 二十七日, 肅拜後 (중략), 出南大門外平市, 直長宋海容出
餞, 李璥·李衡·梁子澂亦參"

김인후·송순宋純·임억령林億齡·유사柳泗·양응정梁應鼎·기대승奇大升·고경명 등이 지었고, 고경명이 지은 제문祭文도 있다. 그는 1825년에 명옥헌鳴玉軒 의 뒤에 자리하고 있던 도장사道藏祠에 배향되었다.

양산보는 기묘사화를 계기로 출처 진퇴가 정해졌다. 그는 서울에서 조광조 문하에서 공부하다가 기묘사화로 인해서 스승이 능주로 유배될 때 함께 따라 내려왔으며, 곧 이어 스승이 사사賜死되자 그만 세상에 염 증을 느끼고 평생 관직생활을 단념하고 창평 지석동에 소쇄원을 조영하 기 시작하였다. 그는 스승의 학문을 계승하여 자신을 지키고 도학을 실 현하기 위한 학문의 장으로 원림을 경영하였다. 그러나 그전부터 이미 원림을 세울 자리를 봐두고 복축할 계획을 세우고 있었다.[29] 그는 스승 이 중시했던『소학』[30]을 모든 학문의 근본으로 삼았으며, 특히 역학에 도 조예가 깊었다고 한다.[31] 그가 평생 스승으로 존숭했던 조광조趙光祖 (1482~1519)는 급진 신진사림으로서, 왕도정치를 주장하면서 경학공부를 강조하고 사장詞章은 상지喪志하는 것으로 보아 배격하였다. 양산보도 스 승의 영향을 받아서 평생을 경학공부에 힘쓰고, 사장 학문은 멀리했음을 알 수 있다.

---

28) 『소쇄원사실』권4「제현수증諸賢酬贈」<문양형언진 리질기정聞梁兄彦鎭 罹疾寄呈> 은 김인후가 정사년丁巳年(1557) 봄에 쓴 시로, 양산보가 병에 걸려 있었음을 알 수 있다.

29) 『소쇄원사실』권2「처사공」<실기實記>,"處士公 幼時出遊, 偶見野鴨沿流而下, 公逐流窮源而上, 至一處巖壑幽絶, 瀑流噴灑, 公游泳徘徊樂其奇勝, 頗有卜築之志"

30) 『소학』은 고려후기 성리학의 도입과 함께 유입된 이후 조선왕조 건국과 함께 성 리학이 지배사상이 되면서 더욱 널리 보급·숭상되게 되었다. 그런데 『소학』의 활 발한 보급은 중종 10년경에 중용된 조광조를 비롯한 신진사류들에 의해 주도되었 으며, 이때 그들은 정치의 가장 이상적인 형태를 요순시대의 도덕정치에 두고, 이 러한 정치의 구현과 밀접하게 결부시켜가면서 『소학』실천운동을 전개하였다. (윤 병희, 「조선조 사풍과 『소학』」, 『역사학보』 103집, 역사학회, 1984, 41~42쪽)

31) 『소쇄원사실』권3「처사공處士公」<이민서찬李敏敍撰 행장行狀>,"先生之學, 篤信 小學, 傍及於四書五經, 尤用力於易之剛柔·變化·消長·往來之象, 深有契焉"

조광조의 죽음은 지치주의至治主義를 실현하려는 실천적 노력이 현실
속에서 좌절되었다는 시대 인식과 함께 자신의 스승을 죽음에 이르게 한
권력에 합류해서 그 속에서 관료로서의 삶을 살아갈 수 없다는 의리론적
판단의 근거가 되었다.32) 조광조는 비록 호남 사람은 아니지만, 양산보
를 중심으로 해서 호남 사람들에게 지대한 영향을 끼친 인물이다. 안진
오는 호남의 학문과 그 정신이 기묘사림의 사상을 바탕으로 하여 형성되
었고, 또 이러한 정신들이 오늘날까지 호남인에게 면면히 이어져오고 있
다고 말하고 있다.33) 이렇듯이 기묘사화는 호남지역의 문화형성에 큰
영향을 미쳤다.

그는 도잠과 주돈이를 존경하여 그들의 글을 항상 문방좌우에 붙여놓
을 정도였다고 전해진다.34) 이것은 양산보의 정신적 지향이 위 두 사람
에 연원하고 있음을 드러낸다.35) 도잠의 은일사상은 소쇄원에도 반영되
어서 이곳을 무릉도원으로 줄곧 표현하여 왔다. 그가 광풍각 주변에 도
오桃塢를 만들고 복숭아나무를 심은 것도 바로 도화원과 같은 이상세계
를 펼쳐보고자 해서이다.36) 또한 주돈이의 광풍제월光風霽月과 같은 흉회
쇄락胸懷灑落함은 양산보가 본받고자 하는 평소 모습으로, 그의 스승인 조
광조가 평상시 좋아하였던 인물이기도 하다. 위 사람들은 모두 소쇄한
성품을 가진 사람들로서, 양산보가 그의 정자 이름과 원림 이름, 그리고
자신의 호를 '소쇄'라고 짓게 된 원인이기도 하다.37)

---

32) 이향준, 앞의 논문, 243쪽.
33) 안진오, 『호남유학의 탐구』, 광주; 심미안, 2007, 27쪽.
34) 『소쇄원사실』 권2 「처사공處士公」 <실기實記>, "先生嘗慕陶淵明·周茂叔, 列題歸
　　去來辭·五柳先生傳·山海經·通書·愛蓮說·太極圖等, 篇于文房左右"
35) 이향준, 앞의 논문.
36) 박거루, 앞의 논문, 126쪽.
37) 『소쇄원사실』 권4, 「소쇄원제영」, '소쇄원'이라는 이름은 이후백李後白이 <제하서
　　시후題河西詩後>란 시의 주註에서 김인후가 지은 것이라고 하자, 김인후는 <답이
　　계진答李季眞>이란 시를 통해서 그 이름은 송순에게서 나왔다고 밝히고 있다.

다음에는 양산보가 남긴 글을 통해 그의 사상을 엿보도록 하겠다. 현재 남아 있는 글로는 『소쇄원사실』에 실려 있는 〈효부孝賦〉·〈내형면앙정여김후지공부內兄俛仰亭與金厚之共賦〉(〈면앙정차운시俛仰亭次韻詩〉)와 충청도 거주 후손가에서 필사본 형태로 소장하고 있는 전칭傳稱 양산보 작의 〈복주서覆舟序〉가 있을 뿐이다. 원래부터 저술활동을 전혀 하지 않은 것이 아니었는데, 도중에 거의 유실되었다고 본다. 이 사실을 "일찍이 손수 쓴 고부古賦 한 권이 집에 전해오고 있었으나 불행히도 불에 타버리고, 단지 약간의 글자만 남았다"[38]라는 기록으로 확인할 수 있다.

그의 대표작인 〈효부〉에 대하여 송순이 찬양하면서 발문을 썼는데, "효하는 도리를 깊이 알고서 몸소 행하여 독실이 좋아하는 자가 아니면 어찌 이에 미치랴. 읽어보니 문득 사람으로 하여금 경각심을 갖게 한다. 자식 된 자의 집에는 이 부賦가 없을 수 없다"[39]라고 극찬하고 있다. 김인후도 〈효부〉에 차운을 하였는데, 그 발문에서 "지금의 학자들이 만일 이러한 이치를 알 수 있다면 뜻이 정해지고 이치가 밝아지며 마음과 몸이 편안해져서 가는 데마다 힘쓰지 않을 곳이 없게 된다. 양형의 이 효부는 말마다 효의 이치가 통절하고 곡진하며, 송순의 말이 이를 다했다"[40]라고 평가하고 있다.[41]

---

38) 앞의 책, 권2 「처사공」, <필적筆蹟>, "曾有手書古賦一卷傳于家, 不幸毁于火, 只有若干字"

39) 『면앙집』 권3 <발양제언진효부跋梁弟彦鎭孝賦>, "非深知孝理 而躬行篤好者, 何以及此, 讀之便令人警起, 爲子之家, 不可無此賦也"

40) 『소쇄원사실』 권2 「처사공」 <하서선생자발河西先生自跋>, "今學者 若能知此 則志定理明心一身安, 無所往而不爲用力處矣. 梁兄本賦, 言言痛切, 曲盡孝理, 新平之語盡之矣"

41) 양산보의 <효부孝賦>에 대해서는 근대기의 인물인 조석주曺錫疇(艮菴, 영광출신)의 문집에 <주석소쇄원효부註釋瀟灑園孝賦>라는 제목으로, 구절마다 그 뜻을 주석한 글이 있다. 그는 그 글의 서문에서 "梁公山甫, 字彦鎭, 號瀟灑山人, 所著孝賦一篇, 眞意靄然, 有足以感發人者, 宋俛仰所云, 爲子之家, 不可無此賦者是也. 但其詞旨, 含蓄深奧, 淺學難以盡曉, 故不揆謬妄, 逐句註釋, 以詔群蒙云. 庚辰季春題"라고 밝

한편 원래의 가사는 남아있지 않지만, 양산보는 〈애일愛日〉이라는 가
사歌辭를 지어 부모님의 경삿날에 자제들에게 부르게 했는데, 향리 사람
들은 이 노래를 '효자곡孝子曲'이라고 칭했다고 한다.42) 여기에서 '애일'이
란, 왕안석王安石의 "일일부모양 불이삼공환一日父母養, 不以三公換"이란 글귀
에도 나온 말로, 부모에게 효도를 하기 위해 날을 아낀다는 뜻이다. 이
〈애일가〉는 현재 남아 있지 않지만, 후손 양진태梁晉泰가 그것을 번역하
여 집안사람들에게 경계하는 뜻으로 보여주었다고 하는 내용이 있다. 즉
그의 시 〈근번소쇄고조애일가사 경시일가인謹翻瀟灑高祖愛日歌辭, 警示一家人〉
을 보면 세주에 "그 노래에 이르길, '해 가운데 있는 까마귀야. 가지 말
고 내말을 들어라. 너는 곧 짐승이더라도 새 가운데의 증삼曾參이니라.
부모님께서 북당에 계시니 하늘 한가운데 오래도록 있어다오'라고 운운
했다"43)고 쓰여 있다. 〈애일가〉는 누구라도 쉽게 따라 부를 수 있는 한글
가사로서, 부모님께서 오래 사시길 축수하는 내용이었음을 알 수 있다.

소쇄원의 '애양단愛陽壇'이나 〈효부〉·〈애일가〉 등은 모두 효와 관계된
내용들이다. 양산보가 중시했던 『소학』의 기본덕목인 효는 수신양성修身
養性의 밑거름으로써, 일상시에는 입효入孝하여 경국제세經國濟世의 바탕이
되었다가 국가가 위급한 상황에 처했을 때는 출충出忠으로 나타나고 절
의節義로써 표현된다. 이처럼 효를 옮겨 충을 한다는 말은 『효경孝經』「광
양명장廣揚名章」의 "군자지사친효 고충가이어군君子之事親孝, 故忠可移於君"에
서도 나온다.44) 양산보가 효를 중시하고 이를 실천하고자 했던 점은 일
반적인 조선 성리학자들의 실천윤리이기 때문이다. 소쇄원을 초축한 시

---

히고 있다.(『하성세고夏城世稿』「융산세고隆山世稿」 二.)

42) 『소쇄원사실』 권2 「처사공」 <실기>, "先生作愛日歌, 每於父母慶節, 稱觴上壽,
　　令子弟屬而和之, 以致愉樂 鄕里稱艶之, 爲孝子曲云"

43) 앞의 책, 권13 「제현제영창수諸賢題詠唱酬」 <근번소쇄고조애일가사 경시일가인謹
　　翻瀟灑高祖愛日歌辭 警示一家人>, "其歌曰, 日中烏兮, 勿去而聆我語, 爾卽獸然, 而鳥
　　中之曾參也, 鶴髮在北堂, 長在中天 云云"

44) 임안홍 저·이상임 역, 『유가의 효도사상』, 에디터, 2002, 439쪽.

기부터 강조했던 이 효사상은 바로 『논어』에서 공자가 말하는 '시역위정
是亦爲政'45)인 것이다. 공자가 인용한 서경의 이 구절은 효제孝悌로 능히
한 집안을 다스릴 수 있고, 집안을 다스리는 것 역시 정치하는 것임을
나타낸다.46) 이후로도 양산보의 후손들은 효를 강조하고 이를 실천하기
위해 노력하였으며, 효로써 이름난 사람들이 많이 나타난다.

　현재 양산보가 지은 시로는 면앙정 현판에 걸려 있는 〈면앙정차운시
俛仰亭次韻詩〉47) 두 수 만이 남아 있다.48) 그의 시문이 거의 남아있지 않은
점은 도학자들이 성정의 함양에 힘을 쏟고, 시 짓는 일은 애써 하지 않
은 점에 있음을 추측할 수 있다. 그러나 남아있는 두 수의 시를 통해서
그의 시 경향을 충분히 이해할 수 있다. 이 시는 면앙정에 올라서 주변
의 경관을 읊은 작품인데, 시적 형상화가 소옹邵雍의 시작법에서와 같이
'이물관물以物觀物'의 경지에 올랐다고 할 수 있다. 양산보가 〈면앙정차운

---

45) 『논어論語』「위정편爲政篇」, "或謂孔子曰, '子奚不爲政', 子曰, '書云 孝乎惟孝, 友
　　于兄弟, 施於有政, 是亦爲政. 奚其爲爲政'"
46) 임안홍 저·이상임 역, 앞의 책, 117쪽.
47) 『소쇄원사실』권2「처사공」/『면앙집』권7.
　　〈내형면앙정여김후지공부內兄俛仰亭與金厚之共賦〉, 〈면앙정차운시俛仰亭次韻詩〉
　　崩崩群山混混川　　悠然瞻後忽瞻前
　　田墟曠蕩亭欄斷　　松逕透迤屋砌連
　　大野燈張皆我月　　長天雲起摠人烟
　　淸平勝界堪收享　　綠野東山笑漫傳
　　丹丘何恨訪尋難　　眞界分明此一巒
　　曠占乾坤寬納納　　恢牧山水引漫漫
　　風霜幾歲松筠老　　詩酒當年筆硯乾
　　徒倚曲欄流顧眄　　世緣消息絶來干
48) 양산보의 친필시로 전하는 작품이 데라우치 문고를 정리한 『명현간독』102쪽에 실
　　려 있다. 후대사람이 작자는 '양산보'라고 명기하고 있는데, 아직 사실여부는 미확
　　인되었다. (경남대학교박물관, 『명현간독』1-下, 경남대학교출판부, 2000, 102쪽)
　　〈화자시차선주공공운和子施次仙舟公韻〉
　　平生才德愧仙舟　　晩第如何襲世休
　　始覺天翁若有意　　卯年科甲又今周, 堂叔 山甫.

면앙정에 걸려있는 양산보의 시

시〉를 지은 시기는 면앙정을 개축하고 나서 한 차례 시회를 열었을 때로 추정된다. 면앙정은 송순이 1533년에 사간벼슬에서 잠시 물러나 있을 때 처음 축조하였고, 그 후 복직되어 떠났다가 20년 후인 1553년에 돌아와, 그 당시 담양부사이던 오겸吳謙(1496~1582)의 도움을 받아 다시 중창하였다. 중창이 이루어진 후에 시회가 크게 열리고, 여기에서 〈면앙정차운시〉나 〈면앙정30영〉 등이 읊어졌다고 짐작된다.

이밖에도 양산보가 남겼다고 전하는 〈복주서〉49)를 살펴보면, 〈복주서〉의 제작 연대는 청토靑兔(1555)로 표기되어 있으며, 임금을 배에 비유하고 백성을 물에 비유해서, 임금의 덕화가 널리 미치면 사해가 편안하고 백성들이 와서 조복할 것이요, 그렇지 않으면 민심인 풍랑을 만나서 배가 뒤집히게 되리라는 내용의 산문이다. 즉 "수가재주 우가복주水可載舟, 又可覆舟"라는 고사를 활용한 구절로써 임금이 정치를 잘해나가길 경계

---

49) 충청도 거주 후손가에 전하고 있는 글로서, 집안에 전해오는 편지 등을 『양씨문집대전梁氏文集大全』이란 제목을 붙여서 책의 형태로 꾸며놓기도 했는데, 그 속에는 '처사 소쇄옹이 썼다'라고 나와 있는 <복주서覆舟序>가 들어있는데, "夫治國之道, 有五焉. (중략) 君臣之義, 比之於滄海之一葦, 何則 夫舟者君也, 水者臣也, 舡無維楫 而中流遇風波 則舡必覆矣. 以此推及於君德, 亦可知矣. 何故 人君之政敎隆洽乎. 遐通則 四夷來貢, 民感其德, 誠能若是, 其國安矣. 人君之德惠未及乎 (중략)"

복주서覆舟序

한 내용이다.

대부분 '누정'하면 풍류의 공간을 연상하게 된다. 그만큼 고려시대부터 누정은 풍류의 공간이었다. 그래서 이곳에서 시주를 즐기면서 한가하게 보내는 모습을 일차적으로 떠올리게 된다. 그러나 이러한 누정은 몇 가지 이유로 지어졌다. 처사적인 삶을 살기 위해 지었는가 하면, 치사致仕 후에 한아閒雅한 삶을 위해 경영된 경우도 있고, 정치권에서 밀려나서 은둔을 목적으로 지은 경우도 있다. 이러한 누정은 고려 말부터 지어지기 시작했으며, 16세기에 들어서는 그 수가 매우 많이 불어났다. 이중에서도 사림세력과 훈구세력의 알력에 의한 사림세력의 패배로, 사림세력의 낙향에 의해 지어진 경우가 많은 수를 차지한다. 조선의 성리학자들은 심성론을 강조하여 심성의 수양을 최대의 목표로 삼았기 때문에 출사하기보다는 산림에 은거하여 자신을 수양하는 일을 미덕으로 삼았다.

소쇄원의 경우는 대부분의 성리학자들과 같이 심성 수양과 도학 실현의 공간으로써 축조되었다. 양산보의 역할은 이와 같은 장을 열어서 호남의 사림들이 모여들어 서로 교유하면서 학문을 논하기도 하고, 시문을 읊기도 하는 터전을 만들었다는 데에 보다 더 큰 의의가 있다.

소쇄원 원림은 양산보가 평천장平泉莊 고사를 많이 염두에 두었음을 그가 남긴 유언을 통해서도 알 수 있다. 그는 이덕유李德裕의 평천장 고사[50]

---

50) 이덕유 <평천산거계자손기平泉山居戒子孫記>, "鬻平泉者, 非吾子孫也. 以平泉一樹一石與人者, 非佳士也"

에 따라 자손들에게 나무하나 풀 한포기를 남의 손에 들어가지 말게 하라고 유언을 하였다.51) 그러나 원래의 평천장은 이덕유가 자식들에게 경계를 하고 유언을 했지만, 결국 몇 대 못가서 남의 손에 넘어가고 말았다고 한다. 양산보는 바로 이 점을 경계하여, 자신이 가꾸어 놓은 소쇄원의 풀 한포기 나무 한그루가 아까운 게 아니라, 여기에 부여했던 정신을 절대 잃지 말고 자손대대로 물려가며 살아가라고 유언하였다.

무등산 아래에 소쇄원이 세워진 뒤로 주변에는 환벽당·서하당·식영정·면앙정·풍암정·명옥헌 등이 앞 다투어 생겨나게 되었다. 그는 소쇄원을 건립하고는 그곳에서 은둔만 한 것이 아니라, 양팽손의 문집에도 나와 있듯이, 도를 강마하면서 철저한 자기구도의 자세를 가지고 살았다.52) 양산보가 지녔던 도학의 정신은 소쇄원에 흐르는 정신이 되어서 줄곧 이곳이 바로 도학을 추구하는 공간이 되게 하였다. 그래서 후대 사람들도 소쇄원을 그냥 풍류나 즐기다 돌아가는 곳이 아니라, 콸콸 흘러가는 계곡 물에 때 낀 마음을 씻고, 서걱거리는 댓잎소리에 정신을 청정하게 표백시키는 등 삶을 재충전하고 가는 장소로 여기게 되었다.

## 2) 소쇄원의 수성과 중건重建

양산보에게는 네 명의 아들이 있었지만 큰아들 자홍子洪은 요절하고, 둘째아들 자징子澂53)과 셋째아들 자정子淀이 아버지의 과업을 이어받게

---

51) 『소쇄원사실』 권2 「처사공」 <실기>, "嘗語子弟曰, 一丘一壑, 莫非吾屐痕履迹, 依平泉古事, 勿鬻於人, 亦勿爲不肖支庶之所屬也"

52) 『학포선생문집學圃先生文集』「기묘당금록己卯黨禁錄」, "梁山甫, 彦鎭, 號瀟灑園, 變後絶意仕宦, 築室於瑞石山下, 杜門講道. 學圃再從姪"

53) 양자징梁子澂(1523~1594) : 자는 중명仲明이고, 호는 고암鼓巖이다. 소쇄원의 2대 주인으로, 동생 자정과 함께 소쇄원을 지켜나갔다. 이황의 문인이고, 김인후의 제자이자 사위이며, 고경명·김성원 등과 교의가 두터웠다. 효행으로 천거되어 거창·석성 현감을 지내기도 했다. 지역사회의 인재로서 인품도 뛰어나서 정조 때 필암서

된다. 넷째아들은 측출側出이어서 소쇄원의 경영에는 참여하지 않은 듯하다. 소쇄원은 양산보의 시절보다는 그 아들 대에 더욱 활발한 교유가 이루어졌다. 아버지의 원림 축조와 소쇄한 삶에 의해 소쇄원은 그 명성을 얻어갔으며, 주변의 인재들을 끌어 모으는 구심점이 되었다. 그래서 그 아들들은 이러한 유지를 잘 지켜가는 일을 평생의 과업으로 삼게 되었다.

양자징은 어려서부터 김인후에게 수업을 받았으며, 커서는 그의 사위가 되기에 이르렀다. 김인후가 벼슬을 그만두고 내려와서 순창 점암촌에 이거하여 살 때는 그곳에 가서 배우면서 그와 함께 지은 연구聯句 등도 있다. 이처럼 그의 수업은 김인후의 삶과 밀착되어 있음을 알 수 있다.

그는 선조 경오년庚午(1570)에 효행으로 천거되어 벼슬살이를 시작하였으며, 거창·석성현감까지 역임하였다. 거창현감은 그의 나이 59살인 1581년부터 1584년까지 지냈으며, 석성현감에 재직 중인 1591년에 두 아들 천경千頃54)과 천회千會55)를 신묘사화辛卯士禍의 희생양으로 보내게 되자, 관직을 버리고 집에 돌아와 인사人事를 사절한 것으로 보인다. 한편 이러한 사실에 대하여는 『조선왕조실록』 선조 24년(1591)조에 사헌부가 양자징을 파직시킬 것을 청하여서 왕이 허락한 것으로 나와 있다.56) 두 아들들에 대해서는 김대기金大器가 올린 〈신원상소문伸寃上疏文〉과, 조헌趙憲(1544~1592)이 쓴 〈제문祭文〉이 있다.

조헌은 1591년 9월 27일에 양자징에게 다음과 같이 조문편지를 보내

<hr>

원에 배향되었다.

54) 양천경梁千頃(1560~1591) : 자는 사왕士汪, 호는 석계石溪로 문장으로 이름났다. 조헌趙憲의 문인이다. 신묘사화에 피화되었다.

55) 양천회梁千會(1563~1591) : 자는 사우士遇, 호는 석은石隱으로 1588년 생원이 되었다. 조헌趙憲의 문인이다. 신묘사화에 피화되었다.

56) 『국역조선왕조실록』 선조 24년 9월 16일, "사헌부가 아뢰길, (중략) 석성 현감 양자징은 그의 아들 천회千會가 잡혀온 뒤에 옥바라지를 핑계하고 관고官庫의 물품을 공공연하게 실어 날랐습니다. 파직시키소서하니, 아뢴 대로 하라고 하였다".

어 그를 위로하기도 하였다.

〈양석성에게 조문하는 편지〉

저 조헌은 아룁니다. 뜻하지 않는 화가 문득 당신의 아들들에게 미치게 되었
으니, 이 평화로운 세상에 이와 같은 일은 생각지도 못했던 일입니다. 삼가 생각
건대, 자애로운 부모로서 애통한 마음을 어찌 감당하시는지요? (중략) 저는 혀를
차면서 광야에서 부질없이 스스로 얼굴을 가리고 울기만 할 뿐이니, 이것은 고인
이 말한 '백인伯仁이 나로 인해서 죽었구나'를 오늘에 증험하게 된 것입니다. 더욱
이 세상에 얼굴 들 것이 없습니다. (중략) 일찍이 시 한 수로써 산남에서의 고통
을 토로하였는데, 경경한 심사는 오래되어도 잊기 어렵습니다. 이제 삼가 기록하
여 올리오니, 삼가 다 보신 후에는 한 번 탄식하시고 불살라버리셔서 뜻하지 않
는 소요가 일어나지 않게 되길 바랄 따름입니다. 저 역시 다른 사람에게 보이지
않고, 먼 길을 떠나 운수간으로 들어가고자 합니다.[57]

위 편지는 양천경과 양천회가 사화에 희생되고 난 뒤, 그 전말을 지켜
본 조헌이 양자징에게 보낸 위로편지이다. 조헌은 바로 위 두 사람의 스
승이었기 때문에 편지의 내용처럼 책임을 져야 할 자신이 어떤 힘도 쓸
수 없었음을 자책하고 있다. 별지에 실려 있는 시에서는 아마도 당시의
사건 전말을 알 수 있는 내용이 실려 있거나 혹은 누군가 다치기 쉬운
내용이 실려 있었을 것으로 판단된다.

한편 조헌의 행장 속에는 "호남의 생원 양천회梁千會·양산숙梁山璹 등이
소를 올려 선생의 방환放還을 요청하였던바, 상께서는, '당초에 귀양 보낸
것도 실은 내 뜻이 아니었다'고 하고, 즉시 방환하도록 명하였다"[58]는

---

57) 『소쇄원사실』권10「생원공生員公」부록 <조위양석성서弔慰梁石城書>, "憲啓. 無
妄之禍, 忽及於蘭玉之列, 不圖明時之有是事也. 伏惟慈愛, 素慟悼何堪 (중략). 憲,
咄咄, 廣野徒自掩泣, 古人所謂伯仁由我而死, 實驗今日, 益無顏面於斯世 (중략). 曾
以一詩, 遙痛於山南, 耿耿心事, 久而難忘, 今謹錄上, 伏冀覽畢, 一歎燕之, 勿令續
有意外之撓, 幸甚幸甚. 生亦不以示人 而褰足欲入雲中也"
58) 『송자대전宋子大全』권207「행장」<중봉조선생행장重峯趙先生行狀>, "湖南生員梁

기록이 나와 있다. 앞서 천회가 스승 조헌의 해배를 위해 힘썼음을 알 수 있다.

양자징에 대해서는 조희일趙希逸이 쓴 묘갈명(1635)과 임회林檜가 쓴 묘지명(1595), 그리고 임전任錪이 쓴 제문과 송시열宋時烈이 쓴 행장(1685) 등이 있다. 그에 대한 만장輓章은 김성원金成遠·김언욱金彦勗·조언형曹彦亨·김영휘金永暉·정명호鄭鳴濩·오급吳岌 등이 썼다. 그는 이황李滉·이이李珥·성혼成渾·조헌 등 당대 유명한 학자들과 함께 강마하였으며, 이들의 추중을 받았다고 한다.

양자징은 도학이 고명하다는 평판이 있으며, 〈홍범수도洪範數圖〉를 지었다고 족보에 기록되어 있다. 그런데 현재 이 〈홍범수도〉에 대해서는 『하서선생속집河西先生續集』에 김인후의 이름으로 된 〈홍범수도〉가 기록되어 있고, 또한 여기에 1824년에 양석효梁錫孝가 지은 발문跋文이 첨부되어 있다. 그 내용에는 "하서선생이 고암공을 가르치기 위해 모사한 것이다"[59]라고 했다. 즉 소쇄원에 전해지고 있던 〈홍범수도〉는 김인후가 양자징을 가르치기 위해 옛날부터 전해오던 〈홍범수도〉를 모사하여 준 것을 소쇄원에서 간직하고 있었음을 알 수 있다.

그는 정조 병오년丙午年(1786)에 필암서원에 배향되었는데, 하서 김인후의 적전자嫡傳者이기 때문이었다. 양자징을 필암서원에 배향해줄 것을 청한 상소는 여러 번에 걸쳐 올렸는데, 1620년에 올릴 때에는 조평趙平·송수익宋受益·김대기金大器·권이중權以中·이익신李益新·김충원金忠元·이기남李起

---

千會 ·梁山璹等, 上疏以訟先生, 上曰當初之竄, 實非予意, 卽命放之"

59) 『하서선생속집河西先生續集』「잡저雜著」<홍범수도洪範數圖 발문跋文>, "此洪範數圖, 卽河西老先生, 指敎吾先祖鼓巖公, 而摹畫者也". 『하서선생속집河西先生續集』은 1916년에 후손 김노수金魯洙 등이 가장家藏된 유고와 다른 사람의 문집 가운데 전집全集에서 빠진 저자의 시문과 부록문자를 모아 불분권 1책으로 편차해 속편續編을 간행하였는데, 후손 김경중金曔中(1916)이 지은 발문跋文이 첨부되어 있다. 이어 이 속편을 김노수가 증보하여 중편重編하고, 후손 김길중金佶中 등이 김영한金甯漢의 발문을 받아 1940년에 2책의 목판본으로 중간重刊하였다.

南·양시익楊時益·송여의宋汝義·정유달鄭惟達·양시면楊時晃·김효원金孝元·이중
겸李仲謙·양시정楊時鼎·송여양宋汝讓·조수曺璲·김거金璖·이상온李尙溫·안처공
安處恭·김처현金處鉉·조한빈曺漢賓·고부집高傅楫·김사안金師顔·유호柳灝·유장
경分長卿·김준업金峻業·유동기柳東紀 등 창평과 인근 지역의 선비들 27명이
주축이 되었고, 1637년에는 나천추羅天樞 등이 올렸으며, 1786년에 이경
집李敬緝 등 전라도 유생 430인이 다시 상소하여 결국 필암서원에 배향되
기에 이르렀다.[60]

　이때 하교의 내용으로는 "고故 유신 김인후는 지금까지도 학술의 순
정함을 칭송받고 있으니, 그 적전嫡傳의 고제高弟를 그의 사우에 배식하는
것은 의리상 안 될 것이 없다. 다섯 선정의 문하에 출입하였고, 뒤에 또
선정 송시열이 지은 행장이 있으니, 그 사람의 깊은 조예를 알 수가 있
다. 더구나 이처럼 많은 선비들이 일제히 호소하는 것은 반드시 한 고을
의 공의로 인한 것이니, 즉시 해조該曹로 하여금 문적을 상세히 고찰하고
초기로 품처하게 하라"는 내용이 있다.[61] 이밖에 제축문祭祝文을 쓴 사람
으로는 남원부사인 김이규金履珪와 병조참판인 정방鄭枋 등이 있다.

　그가 김인후의 학통을 잇고 있는 적전자라는 사실은 다음의 글을 통
해서도 확인할 수 있다.


　　〈하서선생이 주신 벼루에 기록하다.〉


　　이 벼루는 나의 스승인 김인후 어른께서 나에게 주신 것이다. 평생을 보은의
사모하는 마음을 가지고 귀중히 간직해왔다. 하루는 일재 이항선생께서 보시고는
부러워하시면서 말씀하시길, "이 벼루는 단순한 벼루가 아니다. 바로 의발衣鉢의
전수이다. 이 점을 깊이 생각하도록 하라"고 하셨다. 벼루를 의발 전수에 비유함
은 내 감히 감당할 수 없으나, 잘 간직하라는 경계는 어찌 받들지 않을 수 있겠는
가. 마침내 이것을 기록한다. 이 벼룻돌은 단주 영양에서 나는 좋은 상품이다.

---

60) 『소쇄원사실』 권8 「고암공鼓巖公」 부록.
61) 『국역 일성록』, 민족문화추진회, 정조 10년 병오(1786) 2월 26일 항.

따뜻하여 먹이 흘러내리지 않고, 매끄러워 먹이 엉기지도 않는다. 벼루 등줄기에 다음과 같이 명문銘文을 새겼다. '푸른 물의 뼈, 자주빛 구름의 뿌리, 구슬처럼 매끄럽고, 옥처럼 따뜻하네.'

1570년 2월[62)

　위 문장은 『소쇄원사실』에는 실려 있지 않고, 『하서선생속집』에서만 볼 수 있는 글이다. 이를 통해서 김인후가 양자징에게 벼루를 준 사실이 있으며, 양자징은 이것을 평생 보배로 간직하고 살았음을 알 수 있다. 이를 본 이항李恒(1499~1576)은 "이 벼루는 보통 벼루가 아니라 바로 불가에서 법을 전수할 때 상징으로 주는 의발과 같은 것이다"라고 감탄했다고 한다. 즉 김인후의 적전은 바로 양자징에게로 이어짐을 밝힌 말이다.

　『소쇄원사실』에는 양자징에게 시를 주거나 수창한 사람으로 김인후·임억령·이황·고경명·김성원·박광전朴光前·정철鄭澈·조헌·백광훈白光勳·윤인서尹仁恕 등이 있으나 양자징의 작품은 거의 남아 있지 않다.[63) 그나마 소쇄원과 관련된 시는 〈소쇄원차 정윤감사인서瀟灑園次呈尹監司仁恕〉 한 수뿐이다. 그러나 김인후가 사위인 그에게 준 시가 50여 수 정도가 되는 것으로 보아 양자징 또한 좀 더 많은 시를 읊었다고 추측된다. 그런데

---

62) 『하서선생속집』 「부록附錄」 〈하서선생 소증연지河西先生 所贈硯識〉 양자징梁子澂 고암鼓巖, "此硯, 吾師河西金夫子, 嘉惠於小子者也. 以寓平生報佛之慕 而珍藏矣. 一日, 一齋李先生, 見而艷之曰, "斯硯也 非硯, 是鉢也夫. 夫念之哉", 傳鉢之諭, 余不敢承當, 而愛護之戒, 何不奉承耶. 遂爲之識. 此石, 端州羚羊佳品, 溫不流墨, 滑不滯墨, 硯肯有銘曰, "碧水之骨, 紫雲之根, 如珠之潤, 如玉之溫", 正統 庚午 仲春"

63) 『하서선생전집』 부록 권2에는 양자징의 〈서행장후 양자징書行狀後 梁子澂〉이란 시가 다음과 같이 3수 실려 있다.
　"河西生應世, 維岳降英靈, 道義千年重, 文章一代傾, 因心敦孝友, 戀主盡忠誠, 實錄吾何敢, 抽毫只費精"
　"顏賦沈潛質, 曾加篤實行, 春風吹坐暖, 霽月照心明, 安樂窩醒醉, 寒泉舍送迎, 悠悠千載上, 契合一存誠"
　"謾賦歸來任病身, 經綸事業肯求伸, 鳴詩豈是攻詩客, 寓酒非眞嗜酒人, 共說好賢如好色, 從知憂道不憂貧, 樂夫天命聊乘化, 萬古空留五柳春"

창평학구당의 모습

양산보의 유고와 함께 정유재란 때 모두 불에 타 없어진 것으로 보인다.

그는 지역사회에 지대한 공헌을 하였는데도 잘 알려지지 않은 사람이
다. 이러한 경우는 비단 양자징의 문제만이 아니라 지역인물 대부분에
대한 평가의 문제이다. 그동안 인물에 대한 평가가 중앙과의 비교에 의
해서 이루어졌기 때문에 지역인물은 언제나 소외될 수밖에 없었고, 그에
대한 연구도 소홀히 하여 왔다. 지금까지 중앙위주의 관점으로 평가되던
인물연구는 그 지역의 역할 안에서, 그 자체대로 평가되어야 한다.

양자징은 '창평학구당昌平學求堂'64)을 환학당喚鶴堂 조여심曹汝諶 등과 함
께 열어서 창평의 인재들을 길러내는 귀중한 역할을 하였다. 창평 고을
이 인재가 많이 난다는 명성을 얻게 된 데에는 바로 이러한 역할들이
있었기 때문에 가능한 일이었다.

────────────

64) 창평학구당 : '수남학구당'이라고도 하는데, 1570년 10월 10일에 첫 모임을 시작
   하여 현재까지 그 명맥이 이어져오고 있는 교육기관이다. 처음에는 25성씨가 주
   축이 되어서 설립하였는데, 지금은 18성씨가 관리하고 있다. 이곳의 당안堂案에
   오른 인물은 초기 약 200년 동안에 750여명이 되며, 생진에 오른 인물은 54명이
   고, 대과에 급제한 이는 16명이다.

그가 교육에 심혈을 기울였음은 그의 행장에도 잘 나타나고 있다. 송시열이 쓴 〈행장〉을 살펴보면, "거창현감으로 제수되어 임금 앞에 나아가 부임인사를 할 때, 선조가 '고을에 현감으로 부임하면 무슨 일부터 할 것인가'라고 묻자, '지금 교육에 관한 정치가 제대로 잘 안되어 고을 백성들이 배우지 못하고 있으니, 신이 학교를 닦아서 배우고자 하는 학생들을 모아 학문을 배우게 하겠습니다'라고 대답했다"[65]고 한다. 이러한 점에서 교육가로서 투철한 양자징을 볼 수 있다.

그는 김인후의 유고를 교정 및 간역刑役하는 작업을 맡아서 하기도 했다. 김인후의 문인이자 또 다른 사위인 조희문趙希文이 8년간 수집한 초본草本을 바탕으로 하여 백광훈이 초서抄書하였는데, 이를 정리하여 전라감사 송찬宋贊의 협조로 1568년에 『하서전집河西全集』을 간행하게 되었다.[66]

그는 한편으론 외부 인사들이 이 지역을 찾았을 때는 원로로서 그들을 맞이하기도 하였다. 그 한 예로 김성일金誠一(1538~1593)이 병술년丙戌年(1586) 추칠월에 동복현감을 지내고 있던 김부륜金富倫(1531~1598)의 초대로 적벽에 와서 노닐고는 〈유적벽기遊赤壁記〉라는 글을 남겼는데, 그 글 속에 "양자징과 동복 쪽 인사들인 하대붕河大鵬·정암수丁巖壽·정형운丁亨運 등이 나를 맞으러 나와 있는지 오래였다"[67]라고 쓰고 있다. 이때 양자징은 동복과는 조금 떨어진 창평지역에 기거하고 있었지만 동복과는 한 지역권으로 인식하고 살고 있었으며, 이 지역을 대표하는 신분이었음을 짐작

---

65) 『소쇄원사실』 권6 「고암공鼓巖公」 부록 〈행장行狀〉.
66) 1568년에 간행한 『하서전집』 초간본은 전란으로 유실되었다. 1686년에 김수항이 기획하여 박세채에게 편찬을 의뢰했는데, 이때 새로 편집하고 부록과 별집을 더하여 간행했다. 1796년 김인후를 문묘에 배향할 때 왕이 유집 간행을 명령하여 다시 간행되었다. 1802년에 김일주가 연보를 추가했다. 서문은 조희문과 송시열이 썼고, 발문은 이직보와 박세채가 썼다.
67) 『학봉선생문집鶴峯先生文集』 속집續集 권5 〈유적벽기遊赤壁記 병술년丙戌年〉, "主人已携梁居昌仲明, 邑士河大鵬·丁巖壽·丁亨運等數人, 鋪席臨流, 相待已久矣"

할 수 있다.

임진왜란을 당해서는 하나 남은 아들 천운千運을 고경명 휘하에 보내
면서 전쟁물자도 함께 보내기도 하였다. 당시 자신은 늙고 병들어서 대
신 아들을 보내면서 다음과 같이 깨우친 말이 있다. "땅이 늙고 하늘이
황무하여 어가를 움직이는 뜻하지 않는 욕을 당하였으니, 산은 높고 물
은 멀어 임금을 향한 무궁한 감회를 품게 되었다. 부자가 함께 정성스런
마음으로 삶과 죽음을 뛰어넘어 협력하자"[68]라는 말을 하였다. 그는 사
화에 아들 둘을 희생당한 아픔이 채 가시지도 않은 처지에 국가가 위난
에 처하자 마지막 남은 아들을 전장에 내보내며 나라와 임금에게 충성을
다하였다. 이러한 점은 소쇄원이 심성수양의 장임과 동시에 충과 효를
기르는 공간이었음을 의미한다.

한편 양자징과 함께 소쇄원을 지킨 사람으로 동생 양자정[69]이 있다.
그는 양산보의 셋째아들로서 형 자징과 함께 소쇄원을 닦아갔으며, 아울
러 지역사회의 발전에도 한 몫을 하였다. 그는 자신을 거의 드러내놓지
않고 소쇄원에서 일생을 조용히 보냈으며, 형인 양자징이 현감 벼슬살이
에 나가 있는 동안에는 홀로 소쇄원을 가꾸어 가기도 하였다.

양자정과 가장 친밀한 교유관계를 맺은 사람은 김성원과 고경명이라
고 할 수 있다. 한편 『소쇄원사실』에 수록되어 있는 양자정의 시문은
몇 수에 지나지 않는다. 즉 고경명이 서장관으로 북경에 갈 때 쓴 송별
시 1수와 식영정에서 차운한 시 3수, 그리고 고암정사에서 지은 시 1수
와 만시 1수 등 6수뿐이다. 그러나 양자정의 시에 차운하거나 양자정에게
시를 준 사람들은 임억령 1수, 김인후 6수, 고경명 28수, 김성원 2수 등이

---

68) 『소쇄원사실』 권6 「고암공鼓巖公」 부록 <묘지墓誌>, "地老天荒, 貽動駕不虞之辱,
   山長水遠, 抱戀主無窮之懷 (중략). 以父子同衷, 幽明協力"
69) 양자정梁子淳(1527~?) : 자는 계명季明이고, 호는 지암支巖이다. 양산보의 셋째아들로,
   형 자징과 함께 소쇄원을 지켜갔다. 훈도訓導를 지냈으며, 김인후의 문인이기도
   하다.

있다. 이밖에도 고경명의 『제봉집霽峰集』에는 양자정에게 주거나 양자정의
운에 차운하는 시가 10수 이상 더 실려 있으며, 『월성세고月城世稿』70)에도
정명호가 준 시71)가 한 수 더 실려 있다.

　양자정의 사회적 활동이 보이는 곳은 많지 않으나, 『창평학구당안』에
는 학구당 건립 당시부터 당안堂案에 그의 이름이 등재되어 있다. 1577년
과 1580년에 작성한 입의立議에는 당장堂長으로도 올라 있다. 그는 형인
양자징과 함께 초기 학구당의 교육을 담당했던 것이다. 그가 훈도訓導72)
벼슬을 하였다는 기록이 있는 것으로 봐서 학구당에서도 교육을 주도적
으로 담당했다고 본다.

　이밖에 〈성산계류탁열도星山溪流濯熱圖〉(1590)를 보면, 부근의 인사들이
참석하여 시회를 벌이고 있는데, 여기에 양자정도 참여하고 있음을 알
수 있다. 그림 뒤에 나온 〈탁열도제현명록濯熱圖諸賢名錄〉에 보면 시회에
참석한 명단이 나와 있는데, 그 참가인물은 사우당四憂堂 김복억金福億·설
월당雪月堂 김부륜金富倫·일휴당日休堂 최경회崔慶會·기오헌寄傲軒 오운吳澐·부
훤당負暄堂 양자정·서하당棲霞堂 김성원·창랑정滄浪亭 정암수·회헌悔軒 정대
휴鄭大休·환벽당 김사로金師魯·석월헌石月軒 김영휘金永暉·학송헌鶴松軒 임회林
檜 등 11인이다.73) 이때 시도 함께 기록한다고 했는데, 김부륜과 오운의

---

70) 『월성세고月城世稿』는 경주정씨의 세고로 8권 1책으로 구성되어 있으며, 송병선宋
　　秉璿의 서문과 기우만奇宇萬, 후손 동렬東烈·환교煥敎 등의 발문을 받아 1893년에
　　간행된 책이다. 여기에 실린 것은 경주 정씨 월성군宗哲의 후손들 10인의 문집을
　　모아놓은 것이다. 즉 추파공정의손秋波公鄭義孫·면와공정지반勉窩公鄭之潘·참봉공정
　　언방參奉公鄭彦邦·삼우당공정명호三友堂公鄭鳴濩·매곡공정유진梅谷公鄭惟進·죽계공정
　　유달죽계공정유달竹溪公鄭惟達竹溪公鄭惟達·설송공정윤근雪松公鄭允謹·송와공정휴松窩
　　公鄭休·어은공정면주漁隱公鄭冕周·쌍계공정종주雙溪公鄭宗周 등의 문집이 그것이다.
　　그리고 그 뒤에는 정휴의 손자들의 시문도 함께 붙어 있다.
71) 『월성세고月城世稿』 권4 「삼우당공유고三友堂公遺稿」 〈여고제봉양지암상국화與高霽
　　峰梁支巖賞菊花〉.
72) 훈도訓導는 선조 때 교육을 장려하고 감독하려고 팔도에 한 사람씩 둔 벼슬 이름
　　이다.

시밖에 없다. 그리고 "좌중의 네 사람은 모두 80세 이상인 노인들이
다"[74]라고 한 기록으로 보아서 탁열회에 참가한 사람은 인근 지역 사람
이거나 이 지역과 관계된 원로들임을 알 수 있다.

양자정은 형님인 자징이 벼슬살이하러 소쇄원을 떠나 있자, 원림을
잘 지켜가기 위해 형의 정사인 고암정사의 서쪽 주변에 정사를 건립하게
된다. 그 사실을 고경명이 쓴 시 〈부훤당차면앙정운 증주인양계명負暄堂
次俛仰韻贈主人梁季明〉[75]에서 살필 수 있다. 작품 제목에 간지가 나와 있고,
시의 끝머리에 "시당신성時堂新成"이라고 표기되어 있어서 1574년에 건물
이 지어졌음을 알 수 있다. 그런데 이 작품은 송순이 먼저 지은 적이
있고, 이에 고경명이 차운하여 준 것으로, 송순의 시는 전란시에 불에
타버렸다고 후기後記하고 있다.

그가 당의 편액을 '부훤負暄'이라 한 것은 '연궐지성戀闕之誠'을 표현한
말이라고 한다.[76] 이 '부훤'이란 단어의 뜻은 '등에 햇볕을 쬐고 있으면
서 한가한 이 몸이 이밖에 다시 무엇을 생각하랴'라고 하는 미련尾聯의
어구를 통해서 유추할 수 있다. 이 말은 원래 송나라의 한 가난한 농부
가 등에 따뜻한 봄볕을 쬐면서 세상에 이보다 더 따뜻함은 없으리라는
생각을 임금에게 전했다고 해서, 임금을 그리는 정성을 표현하는 말이
되었다.

그는 1593년에 선조가 다시 궁으로 돌아가게 됨을 기뻐하여 봉축시를

---

73) 『서하당유고』 上 〈濯熱圖諸賢名錄〉.
74) 앞의 책, 上, "座有四老皆八十餘".
75) 『소쇄원사실』 권9 「지암공支巖公」부록 〈부훤당차면앙운증주인양계명負暄堂次俛仰韻
贈主人梁季明〉 甲戌, 堂在鼓巖精舍之西, 俛仰詩逸於兵燹無傳
　靑氈貽厥豈無基　　輪奐爭傳勝舊時
　飮落賓朋歸善頌　　登高物色待能詩
　邀懽到我寧非幸　　逸樂如君未易期
　背癢臥搔簷日暖　　閑身此外更何思, 時堂新成.
76) 『제주양씨족보』 무자보戊子譜(1888) 양자정梁子渟항, "所居堂扁以負暄, 表戀闕之誠"

지은 적이 있는데, 유실되고 전하지 않는다. 그 사실이 정종명鄭宗溟[77])에게 보낸 편지에 잘 드러나 있으며, 여기에서도 그의 연궐지성을 살필 수가 있다.

〈정좌랑 사조에게〉

(중략) 하물며 왜적이 명나라 병사들에 의해 장차 섬멸함에 이르렀다는 소식을 듣게 되었으니, 이것은 다만 종사의 경사만이 아니라 실로 남쪽백성들의 복일세. 절름발이에 병든 늙은이가 피난가는 것을 면하게 되었으니, 이 가운데 기쁨과 다행스러움을 형용하기 어렵네. (중략) 1593년 2월 9일 인척노인 양자정. 바야흐로 피난을 걱정하던 때에 왜적이 섬멸되었다는 기별을 듣고 그 기쁨을 이기지 못하고 4운 2수를 썼다네. 나의 비루함을 헤아리지 않고 임금님께 올리고자 하나 격식을 알지 못하니 대감께서 지금 이 글을 고쳐가지고 바라건대 반드시 좋게 다듬은 장지에다가 글씨 잘 쓰는 사람을 시켜서 해서로 써서 올려주시면 어떠하겠는가.[78])

위 편지는 양자정이 임진왜란이 일어난 다음해 2월에 정철의 아들 정종명에게 보낸 편지로, 이때 정종명은 아버지 정철을 모시고 있었기 때문에 그를 통하여 정철에게 자신이 쓴 임금께 올릴 시문을 잘 다듬은 장지에다 바르게 써서 직접 올려달라는 부탁을 하고 있는 내용이다. 여기에서 동봉한 시는 작자의 호인 '부훤'에서 보이듯이 '연궐지성'을 표현

77) 정종명鄭宗溟(1565~1626) : 자는 사조士朝이고, 호는 화곡華谷·벽은辟隱이며, 본관은 연일이다. 아버지는 철澈이고, 이이·성혼의 문인이다. 1590년 진사시에 합격하고, 1592년 장악원정으로 재직할 때에 동생 홍문관교리 홍명弘溟과 함께 아버지의 관작을 복구하여 달라고 간청하여 아버지의 관작을 복구시켰다. 저작으로는 『송강유고』의 부록에 실려 있는 「백씨유고伯氏遺稿」가 있다.
78) 『소쇄원사실』 권9 「지암공支巖公」 부록 〈여정좌랑사조종명與鄭佐郎士朝宗溟〉, "(중략) 況聞蠻賊, 近爲天兵所扼, 將至殲滅, 不獨宗社之慶, 實是南民之福, 蹇脚病老, 獲免奔竄, 此中喜幸, 難以形容也 (중략). 癸巳, 仲春, 初九日, 戚老, 梁子淳. 方慮避亂之際, 聞海賊殲滅之奇, 喜不自勝, 吟得四韻二首, 不量鄙俚, 敢欲呈達楊前, 未知格例, 尊大鑑若今改書, 望須於擣鍊壯紙, 使善書者, 楷書以達 如何"

한 내용임을 추측할 수 있다. 평상시 가정에서 효행으로 수신양성修身養性 하다가 국가가 위난에 처했을 때 우군애국憂君愛國하는 양자정의 태도는 바로 소쇄원에서 배양된 정신이라고 할 수 있다.

양자징은 아들 셋을 두었고, 양자정은 아들 둘을 두었다. 그러나 소쇄 원의 3대 주인역할을 했던 사람은 양자징의 셋째아들인 양천운梁千運[79] 이다. 그는 성혼成渾의 문인으로, 1590년에 진사시에 합격하였으며, 효성 이 지극하였다고 한다. 그는 호가 '한천寒泉'으로, 소쇄원 주변에 한천정 사를 지어놓고 생활하였다. 그가 '한천정사'라 이름 한 까닭은 주희에 대 한 숭앙심에서 비롯되었다고 본다. 주희가 맨 처음 건양建陽에 지은 정사 의 이름도 '한천정사寒泉精舍'였다. 그런데 이 '한천'이란 의미는 『주역周 易』 「수풍정괘水風井卦」의 괘사에서, "우물물이 깨끗하여 차가운 우물물을 먹을 수 있다. 한천을 먹을 수 있다는 것은 중정中正을 가졌기 때문이 다."[80]라고 풀이되고 있다. 즉 왕이 지혜로운 정치를 펼치게 되면, 백성 들이 이로움을 얻게 됨을 말하고 있다. 이러한 뜻은 족보 양천운 항에서 도 보이고 있으니, '한천'이란 말은 '하천下泉'을 의미한다고 했다.[81] 이 '하천'이란 말은 『모시毛詩』 「조풍편曹風篇」[82]에 보이는데, 현명한 임금을 생각하는 것이라고 했다. 그 또한 현명한 임금을 그리워하고 있고, 주희 를 흠모하고 있음을 알 수 있다.

그는 임진왜란 때는 아버지의 명을 받들어 의병에 나아갔고, 병자호 란 때는 이흥발李興勃·양만용梁曼容과 창의하여 서쪽으로 토벌하러 갔는데,

---

79) 양천운梁千運(1568~1637) : 자는 사형士亨·사건士健이고, 호는 영주瀛洲·한천寒泉이다. 1590년에 진사가 되었으며, 김상헌金尙憲·송이창宋爾昌(1561~1627), 송준길의 부 등 과 동방同榜으로, 서로 도의지교를 맺은 사이이고, 성혼成渾의 문인이다.

80) 『주역周易』 제48 「수풍정괘水風井卦」, "九五, 井洌, 寒泉食, 象曰, 寒泉之食, 中正也"

81) 『제주양씨족보』 무자보戊子譜(1888) 양천운梁千運항, "初號瀛洲, 晩稱寒泉, 盖取下泉 之義"

82) 『모시毛詩』 「조풍曹風」 <하천下泉>, "下泉, 思治也. 曹人, 疾共公侵刻下民, 不得其 所, 憂而思明王賢伯也"

이미 강화가 성립되었다는 소식을 듣고 통곡하며 돌아와서 문을 닫고 다
시는 벼슬을 하지 않았으며,『병자의록丙子義錄』에 그 자세한 사항이 보인
다고 했다.83) 그러나 한편으로 그의 행장에는 "병자호란 때는 이미 늙
고 병들어서 근왕勤王을 할 수 없자, 외사外舍에 나가 거처하며 슬픔을 이
기지 못하였다"84)라고 기록되어 있다. 위의 정황을 다시 정리해보건대,
양천운은 아버지 양자징의 명을 받고 임진왜란 때는 고경명의 휘하에 나
아갔으나 간곡한 설득에 의해 집으로 돌아오게 되었으며, 병자호란 때에
는 몸이 병든 상태에서 직접 의병활동에는 참가하지 못하고, 통문을 보
내는 일 등에만 참여하였음을 짐작할 수 있다. 그는 사실상 병자호란이
일어난 지 몇 달 후에 죽는다. 그리고 1798년에 나온『호남병자창의록湖
南丙子倡義錄』에는 그의 이름이 실제로 올라 있다.85)

양천운에 대해서는 기정익奇挺翼(1627~1670)이 행장을 쓰고, 이의현李宜顯
(1669~1745)이 묘지명을 찬했는데, 기정익은 행장에서 말하길, "나의 선조
기효간奇孝諫과 양자징이 동문이라서 양진태의 부탁을 거절할 수 없었
다"86)라고 했고, 이의현은 묘지명에서 "이제 그 증손인 채지采之가 천리
길을 와서 나에게 글써주기를 부탁하였는데, 고왕고高王考이신 쌍곡공雙谷
公 이사경李士慶(1569~1621)과 천운은 서로 동방의 호의가 있어서 끝내 사양
하지 못하였다"87)고 밝히고 있어서 양천운과 동문이거나 동방의 연이

---

83)『제주양씨족보』戊子譜(1888) 梁千運, "壬辰亂以親命赴義兵, 丙子亂與李雲巖興浮,
　　族兄應敎公曼容, 倡義西討, 道聞媾成, 痛哭而歸 杜門守靖, 不復仕進 (중략). 詳見
　　丙子義錄"
84)『소쇄원사실』권12「영주공瀛洲公」부록 <기정익찬奇挺翼撰 행장行狀>, "至丙子兵
　　燹, 公旣老病, 無以勤王, 則出處外舍, 悲不自勝"
85)『호남병자창의록湖南丙子倡義錄』의 <통문>에는 옥과·창평·광주·남평·능주·화순·
　　동복 등지에서 올린 사람들의 명단이 들어 있는데, 이중 창평에서 올린 사람은
　　창평도유사 남수南燧·조수曺璲·유동기柳東紀·현적玄績·양천운梁千運·이중겸李重謙·안
　　처공安處恭·남이녕南以寧·오이두吳以斗 등 아홉 명이다.
86)『소쇄원사실』권12「영주공瀛洲公」부록 <기정익찬奇挺翼撰 행장行狀>, "顧惟吾先
　　祖錦江公 與鼓巖實同門, 粗有所聞於公之世德, 而於晉泰例有契分, 不可多讓"

있는 사람의 후손에게 행장이나 묘문을 받았음을 알 수 있다.

그는 60살이 다 된 무진년戊辰年(1628)에 명경고행明經高行으로써 천거되어 동몽교관에 제수되었고, 사헌부감찰司憲府監察을 거쳐 사첨시주부司瞻寺主簿를 역임하였다. 그가 동몽교관을 지낼 때는 조정의 진신들이 그를 흠모하여 자제들을 다투어 보내면서 재목을 이루어주길 청하였는데, 그러한 사실이 문생록門生錄에 자세하다고 족보에 기록되어 있다. 그러나 현재 문생록은 전하지 않고, 다만 그 사실을 『소쇄원사실』에 실린, 양천운에게 온 편지를 통해 확인할 수 있다. 우선 홍처후(洪處厚88))의 편지에서 그 사실을 살펴보겠다.

> 안부인사 올립니다. 아버지께서 옛날에 광주목사로 계실 때에 어르신과 우리 집안은 서로 뗄 수 없는 관계라고 들었습니다. 비록 직접 얼굴을 뵙고 이야기를 나눈 적은 없지만 항상 어르신을 향하여 우러르는 마음을 조금도 늦춘 적이 없습니다. 이제 듣자하니 서울에 오셔서 머물고 계신다고 하더군요. 문득 옛날의 의리를 생각해서 저의 아들을 어르신 문하에서 수업 받게 해주십시오. (중략)
> 홍처후 올림.89)

홍처후의 아버지인 홍명원洪命元(1573~1623)은 1615년에 광주목사를 지낸 적이 있다. 이때 소쇄원과도 인연을 맺은 것으로 짐작된다. 홍처후는 아버지가 광주목사를 지내고 계실 때 양천운과 깊이 교유했다는 사실을 들

---

87) 앞의 책, 권12 「영주공瀛洲公」 부록 <이의현찬李宜顯撰 묘지명墓誌銘>, "今其曾孫采之, 千里來扣, 謁余文不已. 余非嫺於辭者, 其何能闡發潛德, 以垂來世 顧余高王考雙谷公, 與公有同榜好, 義不可終辭, 遂取其狀 而略叙之"

88) 홍처후洪處厚(1599~1673) : 자는 덕재德載이고, 호는 성암醒菴이며, 본관은 남양이다. 관찰사 홍명원洪命元의 아들로 조선 중기의 문신이다. 1616년에 진사시에 합격, 음보로 참봉이 되었다. 그의 아버지 홍명원은 1615년에 광주목사가 되어 선정을 베풀어 포상을 받은 적이 있다.

89) 『소쇄원사실』 권11 「영주공瀛洲公」 부록 <제현간독諸賢簡牘>, "上問狀. 先人昔宰光州時, 聞尊丈與吾家, 有不相棄之分矣. 雖未得承顏接辭, 每向仰不敢弛. 今聞來寓洛中, 迷兒受業門下, 忽念舊時義 (중략). 洪處厚 拜"

었는데, 마침 양천운이 서울에 동몽교관으로 와 있게 되어서 자신의 아들을 맡기고자 하였다. 양천운에게 자식의 교육을 맡긴 사람은 이외에도 많이 있을 듯싶으나 『소쇄원사실』에는 위 편지와 윤이지尹履之90)의 편지만이 남아 있다.

『소쇄원사실』에는 양천운이 쓴 시가 76수 실려 있다. 소쇄원 주인 중에서는 여기에 가장 많은 시를 싣고 있는 사람이다. 그의 시 속에는 많은 사람들이 등장하고 있으며, 많은 부분이 이 지역의 관리에게 주는 시이거나 송별시이다. 이는 양천운의 문예활동이 산수풍월山水風月을 읊는 일보다는 소쇄원의 주인으로서 관리들과의 관계를 유지하고, 인적 교유망을 유지하는 데에 목적이 있음을 알 수 있다.

양천운과 주로 교유한 문인들 중 같은 지역에 살던 사람들로는 고용후高用厚·정홍명鄭弘溟·조홍립曹弘立·이기남李起南·조위한趙緯韓 등이 있고, 외지인으로는 김상헌金尙憲91)·조희일趙希逸92) 등이 있는데, 이들과는 이때 맺은 정의情誼가 후손에게까지도 이어진다. 양천운에게 편지를 보낸 사람으로는 조희일·홍방영형제洪雰英兄弟·김광혁金光爀·홍처후洪處厚·이명한李明漢·임회林檜·김상헌·고부천高傅川·이덕형李德泂·윤이지·윤천구尹天衢·서경우徐景雨·홍서봉洪瑞鳳·정종명鄭宗溟·고용후 등이 있다.93) 이 가운데에서

---

90) 윤이지尹履之(1589~1668) : 자는 중소仲素이고, 호는 추봉秋峯이며, 본관은 해평이다. 윤두수尹斗壽의 손자이고, 윤방尹昉의 아들로서, 조선 중기의 문신이다. 전라도관찰사를 지낸 적이 있으며, 문집으로 『추봉집秋峰集』이 있다.

91) 김상헌金尙憲(1570~1652) : 자는 숙도叔度이고, 호는 청음淸陰·석실산인石室山人·서간노인西磵老人이며, 본관은 안동이다. 소쇄원에 그의 글씨나 편지가 전하고 있었다고 하나 도난당하고 지금은 없다.(박선홍, 『무등산』, 광주; 전남매일출판국, 1976, 209쪽)

92) 조희일趙希逸(1575~1638) : 자는 이숙怡叔이고, 호는 죽음竹陰·팔봉八峰이며, 본관은 임천林川이다. 1601년에 진사가 되고, 이듬해에 문과에 합격하였다. 문집에는 『죽음집竹陰集』과 『경사질의經史質疑』가 있다. 양천운과 친교가 있었으며, 이것을 바탕으로 하여 그 후손들도 친밀한 관계를 유지한다.

93) 『소쇄원사실』 권11 「영주공瀛洲公」 부록 <제현간독諸賢簡牘>.

김상헌이 양천운에게 보낸 편지를 살펴보겠다.

> 편지 올립니다. 저 상헌은 병환 중에 있어서 사람과 거의 접하지 못하고 있던 까닭에 어제서야 비로소 당신의 아들이 곁에서 돌림병으로 죽게 되었다는 소식을 듣게 되었는데, 경악을 이기지 못하였습니다. 삼가 생각건대 당신의 정황이 어찌 이리도 감당하기 어려운 것입니까. 저는 병 때문에 문을 나설 수 없어 조문조차 드릴 길 없으니 더욱 슬플 뿐입니다. 면포 한 필을 부의로 보내오니 삼가 살펴주십시오. 이만 줄입니다.
>
> 1629년 12월 25일 김상헌 올림.[94]

위 글은 김상헌이 양천운의 아들 잃은 것을 조문하고 있는 내용이다. 이 때 죽은 아들은 둘째인 몽의夢義(1607~1629)로서, 돌림병으로 사망하게 되었음을 알 수 있다. 양천운은 원래 다섯 아들을 두었지만, 넷째아들만 빼고 모두 자신보다 먼저 죽는다. 김상헌과 양천운은 일찍이 사마시에 나란히 급제한 동기생이다. 김상헌이 소쇄원에서 읊은 시문은 남아있지 않지만 이들의 정의는 매우 두터웠음을 알 수 있으며, 이러한 인연은 후손들에게도 계속 이어진다.

한편 양천운이 소쇄원을 지켜가고 있는 시절에 정유재란과 같은 큰 환란이 있었다. 이 전란의 여파는 혹독하여 소쇄원뿐만이 아니라 호남지방에 매우 큰 타격을 주었다. 이때 소쇄원을 위시하여 많은 누정이나 사찰 등이 불에 타게 되었고, 각 집안에 전해오던 문적들도 대부분 없어지게 되었다. 소쇄원도 이때 모두 화염 속에 들어가 그동안 전해오던 자료들까지 타버렸다.

소쇄원의 3대 주인인 양천운은 재건의 책임이 자신에게 있기 때문에

---

94) 앞의 책, 권11 「영주공瀛洲公」 부록 <제현간독諸賢簡牘>, "狀上. 尙憲病伏罕接人, 昨日始聞, 賢胤在側疫歿, 不勝驚愕, 伏想尊兄情事, 不知何以堪過耶. 尙憲 病不得 出門, 末由奉慰, 寀增悲係, 綿布一疋, 聊備賻儀, 伏惟尊照, 不宣狀上. 己巳, 十二 月, 二十五日, 金尙憲 狀"

항상 죄스런 마음을 담고 살다가 정유재란이 있은 지 17년 만에 광풍각을 중수하게 되었다. 이때 그가 쓴 〈소쇄원계당중수상량문〉이 남아 있는데, 이를 살펴보면 그간의 경위를 잘 알 수 있고, 소쇄원의 모습이 양산보가 초축할 때의 모습과는 어떤 차이가 있는지도 비교할 수 있다.

또한 그는 이때 친구들의 도움을 많이 받아서 중수하게 되었다고 밝히고 있다. 양천운이 주고받은 시문을 살펴보면 당시 주변의 관료들을 많이 알고 지낸 듯한데, 소쇄원의 중수도 이들의 도움을 받았다고 판단된다. 전란의 후유증으로 재력 또한 고갈되어 있던 시점에서 그동안 교유망이 탄탄했던 덕택에 소쇄원은 비교적 빠른 시기에 재건될 수 있었다.

양천운은 소쇄원의 3대째 주인으로서 임진왜란과 정유재란, 그리고 병자호란 등 파란만장한 시절을 보낸 사람이다. 형들은 사화에 얽혀서 죽고, 정유재란 때에는 가족들이 일본으로 끌려갔으며[95], 소쇄원이 모두 불에 타버리는 상황까지 맞이하였다. 그러나 양천운은 할아버지와 아버지가 일군 소쇄원을 잘 보전하기 위해 노력하였으며, 폭넓은 교유관계를 맺어서 훗날 자손들의 인맥형성에 밑바탕이 되게 하였다. 그러나 문헌의 소실로 인해서 그의 사상과 학문의 조예가 어떠하였는지를 살피는 데에는 한계가 있다.

## 3. 인적 교유망의 형성과 원림문학

### 1) 인적 교유망의 형성과 원림문학 특징

원림 문화재는 원림이라는 일정한 공간과 그 속에서 이루어지는 각종

---

95) 김덕진, 앞의 책, 264쪽.

인문 활동들이 조화를 이루어 만들어진다. 때문에 형태적인 면과 내용적
인 면을 아울러서 접근해야만 이에 대해서 올바로 파악할 수 있다. 여기
에서 파생되는 원림문학 역시 특정한 공간에서 이루어진 문학이기 때문
에 그 실제적인 모습을 밝혀내기 위해서는 원림의 공간과 문학소산물을
함께 연결지어서 접근해야 한다.

누정·원림의 경영과 시단의 형성은 서로 불가분리의 관계에 있다. 누
정이나 원림은 주로 뛰어난 경승지에 세워지기 때문에 자연히 뜻을 같이
한 사람들이 모여들기 쉽게 되고, 그럼으로써 교유의 장이 형성되기 마
련이다. 이처럼 시인들이 서로 교유하고 활동하는 무대를 박준규는 앞서
'시단詩壇'이라 명명하였다.[96]

이러한 누정·원림은 여러 가지 이유에서 조영되는데, 치사 후에 유상
지소遊賞之所로서, 또는 은둔을 목적으로, 향약소나 농사 감독처로서, 또는
강학처나 선대의 유지를 받들기 위해서 등 여러 가지가 있다.[97] 그러나
16세기 호남지역에서의 누정이나 원림의 조영은 주로 사림들에 의해서
이루어졌는데, 이들은 정치현실에 참여하기보다 자연 속에서 심성을 수
양하고 도학을 궁구하기 위해서 원림을 조영하는 경우가 대부분이었다.

산수가 수려한 곳에 누정·원림이 조성되고 나면 서로 뜻이 맞는 사람
들이 그곳에 드나들게 되고, 이때 그 사람들 간에 교유가 이루어진다.
이러한 교유의 장에서는 강학도 이루어지지만, 호남지역의 누정·원림에
서는 특히 시문이 많이 지어졌다. 그러다보니 자연히 시단이 생겨나고,
시단의 형성은 원림문학의 발전을 가져오게 되었다. 한편 시단을 구성하

---

96) 박준규, 앞의 책, 59쪽.
97) 누정이 조영되는 원인에 대해 다음과 같은 사람들의 연구가 있다.
　　김동수, 「전남지방 누정 조사보고」『호남문화연구』14집, 호남문화연구소, 1985.
　　박준규, 「한국의 누정고」『호남문화연구』17집, 호남문화연구소, 1987.
　　최재율, 「전남지방 누정의 성격과 기능」『호남문화연구』24집, 호남문화연구소,
　　1996.

는 인물은 주로 누정·원림의 주인을 중심으로 한 지역의 토착문인들과 그 지역에 부임한 관리들로 이루어진다.

양산보가 소쇄원을 조영하게 된 원인은 스승인 조광조가 기묘사화에 연루되어 유배·사사되자 벼슬에 뜻을 버리고 낙향하여 도학을 궁구하고 실현하기 위해서였다. 그러면서 그의 원림에는 주변의 많은 사림문인들이 모여들게 되었고, 소통과 교유의 장이 형성되기에 이르렀다. 여기에 모여든 사람들은 주인과 뜻을 같이한 경우가 대부분이었고, 이들은 담론만 함에 그치지 않고, 작시활동을 하면서 자연스럽게 시단을 형성하기에 이르렀다. 이때의 시단이란 단지 작시활동에만 한정하지 않고, 이들이 모이고 함께 교유하며 소통의 장을 형성한 것을 통틀어 사용한 개념이다. 왜냐하면 이러한 교유의 결과로는 대부분 이때 서로 주고받은 시문만이 남아 있어서 이를 통해서 그들의 활동을 살필 수 있기 때문이다.

이러한 소쇄원의 조영은 무등산 자락에 교유의 장을 형성하였을 뿐만 아니라, 주변 지역에도 잇달아 누정·원림이 생겨나게 하여 호남 문화 발전의 원동력이 되었다. 즉 소쇄원의 건립은 무등산 주변의 문인들을 모으는 구심의 장이 되었으며, 주변으로 확산되는 계기가 되었다.

소쇄원을 초기부터 왕래하며 가장 많은 활동을 한 사람은 김인후이다. 그는 이곳에서뿐만 아니라, 호남시단 전체를 이끌어갔던 주요 인물이다. 호남지역의 많은 누정에 그의 시문이 걸려있음을 볼 때, 도학자로서 널리 알려지기도 하였지만, 역시 당대의 이름난 문학가였음을 확인할 수 있다. 그는 기묘명현己卯名賢이던 최산두가 동복에 유배 와 있을 때 그에게 가서 배우면서 소쇄원에 들러서 날 가는 줄 모르고 며칠씩 묵어가곤 했는데, 소쇄원에서의 작시作詩 활동은 이때부터 시작되었다. 이후 1543년에는 옥과현감에 제수되었는데, 이때에도 소쇄원을 드나들었으리라 여겨진다. 그러다가 37세에 벼슬에서 물러나서 더 이상 관직에 나아가지 않게 되면서부터는 호남시단에서의 본격적인 문학 활동을 시작하였다. 『소쇄원사실』에 실려 있는 그의 시는 모두 150여 수나 된다. 이중 원림의 모습을 읊은 시는 80여 수나 되며, 그가 지은 〈48영〉은 소쇄원의 대표시가 되어서 원림을 더욱 빛나게 하였다. 김인후의 이 연작제영에 대해서는 다음 항에서 자세히 다룰 예정이다.

〈訪梁兄彦鎭題林亭〉
양언진 형을 방문하여 임정에서 쓰다.

| | |
|---|---|
| 淸境由來卜得難 | 맑은 경계 예로부터 구하기 어려운데, |
| 吾兄所宅罕人間 | 우리 형 사는 곳 인간 세상에 드물다네. |
| 凌寒粉馥梅三樹 | 추위를 이기고 향을 뿜는 매화 세 그루. |
| 度雪蒨葱竹數竿 | 눈 속에서도 푸르게 우거진 총죽 몇 그루. |
| 群鴨有情遠泛泛 | 오리떼는 정답게 두둥실 떠 놀고, |
| 長溪無任自潺潺 | 긴 시내는 제멋대로 졸졸 흐르네. |
| 逍遙亭上堪乘興 | 정자에서 거니노라면 흥에 겨워 |
| 嫌却當時俗士看 | 속된 무리 볼까봐 꺼려진다네.98) |

위는 비교적 원림초기의 모습을 그린 시로서, 소쇄원의 맑은 정경을 잘 표현하고 있으며, 특히 오리가 둥실 떠 노는 모습을 들어서 이곳이 선경임을 드러내고 있다. 추위 속에서 향기를 퍼뜨리고 있는 매화나무 세 그루와 눈 속에서도 푸름을 자랑하고 있는 총죽은 양산보와 소쇄원의 고절함을 한층 강조하고 있다. 매죽梅竹은 고절孤節을 상징한 매개체로써 촉경생정觸景生情하고 있다. 이 시기 조선의 성리학자는 자연속의 경물에 자신의 의지나 태도를 담아 읊조리는 일이 전형이었다.

김인후는 주로 양산보와 교유를 하였지만, 양산보의 아들인 자징·자정과도 많은 시적교유를 가지기도 하였다. 양자징은 그의 사위로서, 그에게 주는 시 50여수가 『소쇄원사실』에 실려 있다.

---

98) 『소쇄원사실』 권4 「소쇄원제영瀟灑園題詠」.

〈示梁生〉
양생에게 보이다.

| | |
|---|---|
| 學問無他只在心 | 학문은 다른 데에 있지 않고 마음에 있을 뿐, |
| 放來收斂豈難深 | 치달리는 마음을 수렴하면 어찌 깊어지기 어려우리. |
| 淸明志氣如神處 | 맑고 밝은 지기志氣가 신처럼 드러난 곳에 |
| 義理昭昭日月臨 | 의리가 밝게 일월처럼 임하리.99) |

위 시는 스승 김인후가 양자징에게 학문하는 방법을 시로 써 준 내용
이다. 학문이란 다른 것이 없고, 다만 마음에 달려 있다고 했다. 즉 마음
은 사고와 행위의 주체요 준거이기 때문에 마음을 다잡고 일깨우는 존심
存心 공부를 학문의 첫걸음으로 삼으라는 가르침이다. 밖으로 내달리는
마음을 안으로 잘 거두어서 깊숙이 침잠하면, 맑고 밝은 기운이 신령스
럽게 드러나서 의리義理가 저절로 밝아지리라고 말하고 있다. 이밖에도
작자는 사위이자 제자인 양자징에게 시로써 많은 교육을 전수해주고 있
는 모습을 보인다.

그는 양자징의 스승 됨에만 그치지 않고, 그 동생인 양자정에게도 시
를 통해 감화를 주었다. 김인후가 소쇄원을 자주 왕래하고 시문을 남길
때 양자정도 그와 함께 했다고 본다. 『소쇄원사실』에는 그가 양자정에
게 준 시 6수가 실려 있는데, 다음 시는 김인후의 학적 영향이 양자정에
게도 미쳤음을 알게 한다.

〈梁季明求寫詩書正文題目書此以贈〉
양자정이 시경과 서경의 본문 제목을 써 주길 구하여서 여기에 써서 주다.

| | |
|---|---|
| 三聖相傳授 | 세 성인이 서로 전수한 것은 |

---

99) 앞의 책, 권7 「고암공鼓巖公」 부록 〈제현증장諸賢贈章〉.
  『소쇄원사실』에는 그가 양자정에게 준 시 6수가 실려 있는데, 다음 시는 김인
  후의 학적 영향이 양자정에게도 미쳤음을 알게 한다.

| 惟言執厥中 | 오직 그 중中을 잡으라는 말씀이었네. |
| 危微精一上 | 위危·미微·정精·일一에서 |
| 進進益加功 | 나아가고 나아가 더욱 힘쓸지어다.100) |

위 시는 『서경書經』 「대우모大禹謨」의 "인심은 위태롭고, 도덕은 미미하니, 오직 살피고 집중하여, 진실로 그 중中을 잡으라"101)의 내용을 인용한 글이다. 이 말은 순임금이 우임금에게 자리를 물려주면서 한 말로, 송대 성리학자인 주희는 심성수양론을 정립시키면서 위 글을 부각시켜 인심도심설로 발전시켜 갔다. 김인후 역시 양자정에게 심성수양의 방법으로 중심을 잡으라고 가르침을 주고 있다.

소쇄원의 초기 시단에서 김인후와 함께 주요 역할을 한 사람 중에는 또한 송순이 있다. 송순의 인물됨에 대해서는 '덕망과 관후, 지조와 충효, 그리고 시재와 풍류의 인물'이라고 평가한다.102) 그는 90평생을 살면서 면앙정 시단뿐만 아니라, 호남시단 전체를 주도해 나갔다. 그와 시적 교분을 가졌던 인물들로는 110명103)이 나타나고 있으니, 더 이상의 설명이 필요 없겠다.

송순은 양산보와 혈연관계로 맺어졌으니, 즉 양산보의 아버지 양사원梁泗源은 병조참판인 송복천宋福川의 딸과 결혼하였는데, 이 딸은 송순의 고모이기도 하다. 그는 면앙정을 경영하였으며, 또한 주변 누정들을 드나들어 호남의 시단이 활짝 꽃피울 수 있는 바탕을 마련하였다. 그 역시 성리학자이긴 하지만 문학가로 더 알려진 사람으로서, 자연을 구사한 시어들은 그 아름다움을 한층 더 빛을 발하도록 승화시키고 있다. 그는 소쇄원이나 환벽당의 주인과는 달리 자신의 정자에서 많은 시문을 남기고

---

100) 앞의 책, 권9 「지암공支巖公」부록 <제현수증諸賢酬贈>.
101) 『서경書經』 「대우모大禹謨」, "人心惟危, 道心惟微, 惟精惟一, 允執厥中"
102) 박준규, 앞의 책, 245쪽.
103) 앞의 책, 같은 쪽.

있다. 송순의 소쇄원 관련시가 비록 『소쇄원사실』의 7수와 『면앙집』의 1수[104]인 것에 지나지 않지만, 양산보가 소쇄원을 세울 때 물적·정신적 도움을 많이 준 사람이다. 그는 1542년 전라도 관찰사로 왔을 때, 고종 제 양산보가 소쇄원을 축조하는 데에 많은 도움을 주었다.[105] 또 양산보 가 일찍 죽자 그를 위한 만사를 썼는데, 작자의 절절한 슬픔을 자연물에 의탁하여 담담하게 토로하고 있는 내용이다.

양산보와 교유했던 사람으로 위에서 든 사람들 외에도 소쇄원에서 시 를 남긴 사람들이 더 있는데, 여기에서는 김언거金彦琚[106]의 시를 살피도 록 하겠다.

〈次韻奉呈主人庚兄〉
차운한 시를 동갑인 소쇄원주인께 드리다.

(중략)

| 築室蒼巖畔 | 창암의 물가에 정자를 지어놓고, |
| 悠然遠世心 | 유연하게 속세의 마음과 멀어져 사네. |
| 納凉開竹逕 | 서늘함을 받아들이려 대숲길 열어놓고, |
| 迎月趁梧陰 | 달을 맞으러 오동나무 그늘로 나아가네.[107] |

소쇄원이 원림으로 축조되어가고 있는 과정에서 지어졌음을 추측할 수 있는 시이다. 이를 통해서 소쇄원이 자리하고 있는 곳은 지석동의 창 암 물가이며, 속세와는 멀리 떨어져 있고, 죽경竹逕이나 오음梧陰이 형성 되어 있는 상태임을 짐작할 수 있다. 김언거는 극락강가에 풍영정風詠亭

---

104) 『면앙집』권3 <발양제언진효부跋梁弟彦鎭孝賦>.

105) 앞의 책, 권5 「행장行狀」, "先生五十歲 (중략), 先生無意供職, 爲外弟梁公山甫, 助築瀟灑園"

106) 김언거金彦琚(1503~1584) : 호는 칠계漆溪이고, 본관은 광산이다. 1525년 사마시에 입격하고, 1531년 문과에 급제하였다. 그 후 상주·연안 등의 군수 역임하고, 승 문원판교를 끝으로 관직에서 물러나 고향의 풍영정에서 소요하였다.

107) 『소쇄원사실』권4 「소쇄원제영瀟灑園題詠」.

김언거의 풍영정

을 짓고 만년에 그곳에서 소요하며 지냈는데, 풍영정은 1543년경에 지은 것으로 보인다. 이 건물 역시 광주의 초입에 위치하고 있는 대표적 누정으로, 많은 사람들의 시문이 남아있는 곳이다.

　이상에서 살폈듯이 양산보가 소쇄원을 경영하기 시작한 때는 20대로 생각되는데, 처음에는 지금과 같은 원림형태가 아닌, 하나의 정자만이 존재하고 있는 모습이었다. 계곡물이 흐르는 깊고 그윽한 시냇가, 그리고 주변에는 대나무가 우거진 곳에 '소쇄정瀟灑亭'이라는 정자를 지어놓고 생활하자, 이곳에 김인후와 송순이 먼저 드나들기 시작했다. 그리고 이들의 도움으로 원림으로서의 면모를 갖추게 되었으며, 그럼으로써 주변의 문인들이 모여들게 되어 인적 교유망이 형성되기에 이르렀다. 이때 이루어진 교유망은 당대로만 끝나지 않고 자손들에게까지 대대로 물려지게 되면서 지역 문화 발전의 선두주자가 되도록 하였다. 조선시대 양반사회가 그러했듯이 이들은 주로 학연·지연·혈연관계로 맺어져서 그 결속력이 후대에까지 작용하게 된다.

　소쇄원에서 가장 많은 시적 교유가 이루어진 때는 양산보 시절보다는

2대인 양자징과 양자정이 소쇄원을 지켜가고 있던 시절이며, 이들을 중심으로 활발한 교유활동이 일어나게 된다. 양자징 형제와 교유했던 인물로, 『소쇄원사실』에는 김인후·임억령·이황·고경명·김성원·박광전·정철·조헌·백광훈 등이 실려 있다. 소쇄원에서 김인후 말고 가장 많은 시를 남긴 사람은 고경명이다. 그의 시가 『소쇄원사실』에 64수33題나 실려 있음을 볼 때, 소쇄원에 대단한 열정을 가지고 있었던 인물임을 알 수 있다. 한편 그가 남긴 『유서석록』은 소쇄원과 그 주변 누정의 모습을 살펴보기에 좋은 자료가 된다. 그의 시는 대부분 양자징과 양자정 형제에게 주는 시 형태를 취하고 있다. 다음은 그의 시를 통해서 양자정과의 교유관계를 알아보고, 그들의 정의가 얼마나 두터웠는지 알아보도록 한다.

〈贈支巖〉
지암에게 주다.

共醉鷄村酒    계촌의 술로 함께 취하여
連鞍月峽深    월협 깊숙이까지 나란히 말을 몰았네.
吾廬知不遠    우리 집 멀지 않은 것 알겠거니,
候火散平林    숲 사이 마중 나온 횃불이 어른거리네.[108]

위 시는 『제봉집霽峰集』에만 실려 있는 작품으로, 둘이서 함께 밤이 되도록 이웃마을에 나갔다가 돌아오기도 하는 등 매우 친근하게 지냈음을 알 수 있다. 그의 시속에는 양자정의 운에 차운하는 시나 양자정에게 주는 시가 상당히 많다.[109] 이밖에도 양자정의 아들이 어려서 죽자, 그를

---

108) 『제봉집霽峰集』권4. 본 논문에서 참고하는 『제봉집霽峰集』은 모두 민족문화추진회에서 발간한 한국문집총간을 저본으로 한다. 『제봉집』은 1617년에 고경명의 아들 고용후高用厚가 남원에서 간행하였으며, 이항복李恒福의 서序와 유근柳根의 발跋이 붙어 있다.
109) 『소쇄원사실』에는 고경명이 양자정에게 준 시가 36수 실려 있다.

위로하며 지어준 시도 있다. 이렇듯이 고경명과 양자정은 정이 대단히 두터웠던 관계로 보인다.

이밖에도 소쇄원을 자주 왕래한 사람 중에는 임억령이 있다. 나이는 양산보와 비슷하나 시의 수창酬唱은 주로 2대인 자징·자정 형제와 하였다. 그가 창평지역을 오가기 시작한 때는 1533년 동복군수에 재직 중이었을 시기로 짐작된다. 그때 양산보와도 뜻이 맞아서 그를 좋아하였으며, 소쇄원과 같은 곳에 살고 싶어 하는 마음을 가진 것으로 판단된다. 그러나 그가 식영정에서 거처하며 성산시단을 이끈 때는 양산보가 이미 죽은 후였다. 김성원이 장인인 임억령을 위해 식영정을 지은 때는 1563년이기 때문이다.

〈遊梁山人山亭 次板韻〉
양산보의 정자에 노닐면서 현판의 시에 차운하다.

| | |
|---|---|
| 西風入小洞 | 좁은 골짜기 서풍이 불어오니, |
| 柔興扣巖扉 | 부드러운 흥이 일어 빗장을 두드리네. |
| 竹裡水春急 | 대숲 속 물레방아 빨리도 돌고, |
| 檐前山木圍 | 처마 앞산엔 나무들 둘러있네. |
| 詩篇飛鳥印 | 시편엔 나는 새가 자취를 남기고, |
| 親友曉星稀 | 친구들은 새벽별처럼 드무네. |
| 願借閑田地 | 원컨대 한가한 땅을 얻을 수 있다면, |
| 於焉作少微 | 여기에서 소미가 되리라.110) |

임억령이 소쇄원에서 읊은 시는 『소쇄원사실』에 12수가 실려 있는데, 위의 시 한 수는 『석천시집石川詩集』에만 있으며, 식영정에서 거처하기 전

110) 『석천시집石川詩集』권3. 본 논문에서 참고하는 『석천시집石川詩集』은 모두 민족문화추진회에서 발간한 한국문집총간을 저본으로 한다. 『석천집石川集』은 1572년에 제주목사이던 소흡蘇潝이 제주에서 7권 4책으로 처음 간행하였으며, 그 후 1678년에는 윤광계尹光啓(1619)의 서문을 붙여 증보 간행하였다. 이후로도 여러 차례 문집이 간행된 것으로 보인다.

에 지은 작품으로 보인다. 임억령은 양산보의 원림에 와서 보고는 자연의 흥이 나는 이곳에 자신도 거처를 정하고 처사의 생활을 하고 싶다는 마음을 표현하고 있다. 소쇄원과 서하당이 자리한 곳에 자신도 땅 한쪽을 빌려서 처사처럼 살고 싶다는 열망을 드러내자, 사위 김성원이 그를 위해 식영정을 지어 주었는지도 모를 일이다. 위 시는 『소쇄원사실』에 실려 있는 석천의 또 다른 시 〈소쇄정차운 증양중명 계해瀟灑亭次韻贈梁仲明 癸亥〉111)와 매우 비슷하며, 더구나 미련尾聯의 내용은 거의 같다. 여기에서 그는 한적한 땅을 얻으면 소미少微가 되고자 한다고 말했는데, 여기에서 '소미'란 처사를 상징하는 별 이름이다.

이밖에 소쇄원의 주위에서 조용히 살았던 사람으로 김성원이 있다. 그는 효행으로 이름났으며, 서하당과 식영정을 지어 성산시단의 터를 만든 사람으로도 유명하다. 『소쇄원사실』에 실려 있는 그의 시는 모두 10수가 되며, 소쇄원의 양자징 형제와 교분이 두터웠다. 그는 서하당과 식영정112)을 경영하면서 처사로서 삶을 살았다.

한편 소쇄원 초기 교유인물 중 소쇄원과 가장 가까이 살고 있는 사람으로 정명호鄭鳴濩113)를 들 수 있다. 그는 소쇄원 바로 이웃인 서당골에

---

111) 『소쇄원사실』 권4 「제현영고諸賢詠古」.
　　　〈瀟灑亭次韻贈梁仲明 癸亥〉
　　　昔年尋谷口　　落葉擁柴扉
　　　激激水春急　　蒼蒼山木圍
　　　慰人村醜釀　　逃難鬂毛稀
　　　若得閑田地　　吾將作少微
112) 현재 식영정과 서하당을 다른 영역으로 생각하는데, 원래 서하당과 식영정은 한 구역에 있는 건물이다. 즉 서하당은 주인이 거처하는 곳이고, 식영정은 객을 위한 공간이다. 그런데 식영정에 임억령이 거처하고부터 이곳에 많은 혁혁한 문사들이 모여들게 되어 식영정의 이름이 문헌에서나 시문 속에서 훨씬 크게 남게 되었다. 또한 후대에 정철의 후손이 이곳을 구입해서 중수할 때 식영정만 복구를 했기 때문에 식영정은 독립된 공간으로 인식되었고, 또한 정철을 대표하는 누정으로 변모하게 된 것이다.
113) 정명호鄭鳴濩 : 자는 아숙雅叔이고, 호는 삼우당三友堂이며, 본관은 경주이다. 양자

삼우당三友堂을 짓고 소쇄원과 가장 가까이 지낸 사람이다. 경주정씨 일
가가 소쇄원 이웃으로 이거한 때는 아버지 정언방鄭彦邦 때부터로, 태인
에서 분가하여 왔다. 정명호는 소쇄원가와 긴밀한 관계를 맺는데, 양자
징의 문하에서 수업했으며, 양자징은 곧 매부가 된다. 경주정씨 일가가
소쇄원 곁으로 이사를 온 까닭은 정명호의 삼종질인 정제성鄭齊聖이 쓴
〈귀지석기歸支石記〉에 잘 나타난다. 즉 "명양의 산수에 대해 부럽게 들었
는데, 옛날부터 노나라 창평이나 송나라 민락이라고 칭해지는 곳은 맑은
기운이 모여들고 현인들이 많이 배출되는 우리나라의 제일승경이다. 그
중에서도 지석의 승경이 남쪽에서 더욱 최고이니, 무등산의 정기가 엄연
하고, 서쪽으로는 장원봉이 쾌활하여 서기로운 내가 낀 곳이다. 소쇄명
원의 제월고당霽月高堂과 바위 사이로 쏟아지는 물, 그리고 꽃과 나무들이
줄지어 있는 곳, 이곳은 바로 양처사의 집이다. 이곳을 모방해서 몇 간
의 정사를 짓고 창송 매죽蒼松梅竹의 사이에 우뚝하니 있으니, 숙부님의
삼우당이다"[114]라고 쓰여 있다. 위와 같이 정명호는 창평지역과 양산보
를 흠모하여 소쇄원 바로 곁에 삼우당을 짓고 살게 되었다.

『소쇄원사실』에는 실려 있지 않는 정명호의 시가 『월성세고』에 2수
전하고 있는데, 그 중 한 수를 소개한다.

〈瀟灑園追次金河西宋俛仰題詠〉
소쇄원에서 김인후와 송순의 제영에 따라 차운하다.

---

징 문하에서 수업하였으며, 고경명·임억령과 종유하였다. 장사랑 기자전 참봉을
역임했다.

114) 『월성세고』 권4 「삼우당공유고三友堂公遺稿」 〈귀지석기歸支石記〉, "艶聞鳴陽山
水, 古稱魯昌平宋閩洛, 而粹精淑氣鍾賦. 縣人多出群賢, 爲我東第一勝境, 而支石
之勝, 尤爲其最南望. 光岳儼然正氣, 西望壯元朗然瑞嵐, 瀟灑名園, 霽月高堂, 巖
澗瀉瀑, 卉木成列, 此乃梁處士之攸廬也. 比地構得數間精舍, 巋然於蒼松梅竹之
間, 叔主之三友"

| | |
|---|---|
| 光風霽月夜 | 밝은 바람과 맑은 달뜨는 밤은 |
| 灑落主翁心 | 쇄락한 주인옹의 마음 |
| 激石淸溪響 | 돌에 부딪히는 맑은 시냇물 소리 |
| 滿庭綠竹陰 | 뜰 가득 푸른 대나무 그림자 |
| 待鳳曾呈瑞 | 대봉대는 일찍이 상서로움 드러내었으니, |
| 停驢晩績吟 | 나귀를 멈추고 늦게까지 읊조리네. |
| 諸賢講剛後 | 제현들 강마한 뒤에는 |
| 相彼數飛禽 | 서로 저 날개 짓하는 새를 바라보네.115) |

작자는 위 시의 수련首聯에서 주인의 심회가 주돈이의 광풍·제월과 같
이 쇄락하다고 표현하고 있으며, 함련頷聯에서는 소쇄원을 군자의 풍風이
흐르는 곳으로 이해하고 있다. 그리고 경련頸聯에서는 대봉待鳳의 사상을
드러내고 있고, 미련尾聯에서는 어린 새가 날기 위해 날개 짓 연습을 부
단히 하는 것처럼 인간의 학문도 끊임없는 공부를 통해 이루어짐을 표현
하여서, 장수처藏修處로서의 소쇄원을 그리고 있다. 이 모두가 소쇄원과
양산보의 행장行藏을 잘 표현하고 있는 구절이다. 또한 위 시는 소쇄원의
대표 운으로, 송순과 김인후가 처음 지었으며, 여기에 차운한 사람이 『소
쇄원사실』에만 22명이 실려 있다.116)

소쇄원의 초기 시단은 위의 사람들 말고도 제3대 주인인 양천운을 중
심으로 이루어지기도 한다. 양천운과 주로 교유를 많이 한 사람으로는
고용후·정홍명·김대기金大器·조홍립曹弘立 등을 들 수 있다. 그 중 김대
기117)는 담양 지역에서 꽤 비중이 높은 문인으로, 한 번도 과거에 응하

---

115) 앞의 책, 권4 「삼우당공유고三友堂公遺稿」
116) 『소쇄원사실』에 실린 사람 중 송순과 김인후의 시에 차운한 사람으로는 이수·김
    언거·오겸·김윤정·임억령·기대승·김성원·정철·정홍명·김대기·윤운구·양형우·
    진경문·현징·양진태·김진옥·이방언·이익태·이미신·조상건·양경지·김춘택   등
    이 있고, 근대에도 계속되고 있다.
117) 김대기金大器(1557~1631) : 자는 옥성玉成이고, 호는 만덕晩德이며, 본관은 광산이다.
    양자정·정철의 제자이며, 천성이 효자였다. 담양에서 출생하였고, 문집으로는 『
    만덕집晩德集』이 있으며, 그 서문은 기우만이 썼다.

지 않고 평생을 야인으로 살다간 사람이다. 그는 양자정의 제자였는데, 양자징이 동생에게 그는 어떤 사람이냐고 묻자, '천자순수天姿純實하고 기국굉원器局宏遠하니 진실로 맹자가 말한 선인善人이며 신인信人'이라고 했다고 한다. 김대기는 양자정의 아들 천주千柱와 자신의 딸을 혼인시켜서 인맥을 형성하였다.『소쇄원사실』에는 그의 시가 3수 전하고 있으며, 양자징의 두 아들인 천경과 천회가 사화에 연루되어 죽자 이들의 신원을 청하는 상소문118)을 올리기도 하였다. 그리고 64세 때에는 고암 양자징의 사우祠宇 건립문제를 조평趙平·송수익宋受益·고부집高傳楫 등과 함께 연명하여 도백道伯에게 상서上書하였다. 한편 김대기의 만사는 양천운이 썼다. 다음은 김대기의 소쇄원 관련 시문으로,『만덕집晚德集』에만 실려 있는 두 수 가운데 한 수이다.

〈瀟灑主人壽宴 見其兄弟綵舞雙歌 感而題贈〉
소쇄원주인의 수연에 그 형제가 함께 춤추고 노래하는 것을 보고 느낌이 있어 시를 지어 주다.

萬松之下脩篁裏　　우거진 소나무 아래 긴 대숲 속
水石環圍孝子居　　수석이 둘러있는, 효자 사는 곳.
棣杜花間歌且舞　　체두화가 피어있는 사이에서 노래하고 춤추니,
白衣孤客淚沾裾　　상중인 나그네는 눈물로 옷깃만 적시네.119)

위의 시는 김대기가 소쇄원 주인의 회갑잔치를 보고 그 감회를 읊은 시이다. 그는 앞에서 살폈듯이 소쇄원가와는 학연·혈연·지연으로 맺어진 사람이다. 회갑잔치에 참석하여, 자녀들이 부모 앞에서 색동옷을 입고 춤을 추는 모습을 보고, 자신은 그럴 부모도 안 계시는 것이 가슴 아

118)『소쇄원사실』권10,「유사儒士·생원공生員公」부록 <의신구양백중소擬伸救梁伯仲疏 천계갑자구월天啓甲子九月(1624년 9월)>.
119)『만덕집晚德集』권1.

파서 눈물짓고 있는 내용이다. 옛날 노래자老萊子는 효성이 지극하여 부
모님 앞에서 어린아이처럼 색동옷을 입고 춤을 추워 부모님을 즐겁게 해
드렸다고 한다. 그 뒤 사람들은 부모님의 경사 날이면 색동옷을 입고 그
앞에서 춤을 추면서 부모님을 즐겁게 해드리고 만수를 축원하게 되었다.
한편 시어에서 등장하는 체두棣杜(산앵두나무와 팥배나무)는 『시경』에서 형제
간의 우의와 종족간의 애정을 상징하는 나무이다. 대숲 속 원림에서 자
녀들이 부모를 위하여 채색 옷을 입고 노래하고 춤을 추니, 형제간의 우
애와 효를 실천하는 집안의 후손다움을 볼 수 있다.

또 하나의 시120)는 조홍립과 함께 서봉사에서 만나기로 약속을 했는
데, 3일 동안을 기다려도 오지 않아서 다만 소쇄원에서 시냇가의 매화나
감상하면서 지내겠다는 내용이다. 그의 연보에 의하면 그의 나이 29세
때의 일이다. 김대기나 조홍립은 소쇄원과 인척관계에 있는 사람들이다.
그렇기 때문에 소쇄원을 드나들면서 며칠 묵어가기도 편했다고 보인다.

고용후121)도 또한 양천운과 교의가 두터웠는데, 그가 평상시에 소쇄
원을 자주 오고 갔음을 확인해주는 시가 있다. 그러나 『청사집晴沙集』에
만 실려 있다.

---

120) 앞의 책, 권1.
    &lt;與曹克遠, 期會瑞峰寺, 不至因三宿瀟灑園&gt;
    有約山中君不來　名園三宿苦遲回
    聚散在天何可恨　獨將餘興賞溪梅
121) 고용후高用厚(1577~1648) : 자는 선행善行이고, 호는 청사晴沙·서석瑞石이며, 본관은
    장흥이다. 고경명의 막내아들로, 광주 압보촌에서 출생하였으며, 1605년에 진사
    시에 합격하였고, 관직은 남원부사와 고성군수를 역임하였으며, 판결사에 그쳤
    다. 문집으로는 『청사집晴沙集』이 있는데, 이는 아들 고부선高傅善이 1680년에 김
    수항金壽恒의 서문을 받아 문집으로 만든 것이다. 그러나 판각은 숙종·영조 무렵
    에야 있었으며, 1책 구성이고, 280여 수의 시가 실려 있다. 그 자손은 나주에서
    산다.

〈次韻題梁士健草堂〉
양천운 초당에 차운하여 짓다.

爲乘羸馬訪柴關　　파리한 말 타고 사립문 당도하니,
草屋依然在竹間　　초가집은 대숲사이 그대로 있네.
情話可能辭大酌　　정담은 대작을 사양할만한데,
夜來風雪滿溪山　　밤이 오니 풍설이 산천에 가득하네.122)

　양천운은 자신의 거처로 한천초당을 두었는데, 소쇄원 뒤편에 위치하
고 있었으며, 이름에 보이듯이 초옥으로 된 집이었고, 대숲 속에 지어졌
음을 짐작할 수 있다. 겨울에 찾아간 작자는 주인과 밤을 지새우며 얘기
를 나눈 듯하다. 양천운과 고용후 집안은 이미 세의世誼가 있는 사이이
다. 한 지역에 살았기 때문에 추운 겨울이라 할지라도 언제든지 왕래할
수 있는 사이였다. 소쇄원과 관련한 고용후의 시는 이외에도 한 수가 더
있다.123)

　양천운에 대한 만시는 조홍립124)·조한빈曹漢賓125)·고용후 등이 남기
고 있는데, 이것은『소쇄원사실』에는 수록되어 있지 않고 그들의 문집
속에만 남아 있다. 이 만사를 통해 그가 어떤 성품을 가졌으며, 다른 사

122)『청사집晴沙集』권1.
123)『소쇄원사실』권11「영주공瀛洲公」부록 <제현증차諸賢贈次>.
124) 조홍립曹弘立(1558~1640) : 자는 극원克遠이고, 호는 수죽헌數竹軒이며, 본관은 창녕
이다. 광복光福의 아들로, 1579년에 진사시에 합격하고, 1588년 식년문과에 갑과
로 급제하였다. 나이 71세에 벼슬에서 은퇴하여 오로지 후진교육에 힘썼으며,
80세에 가선대부에 올랐다. 유고로는『수죽집數竹集』이 있다.
125) 조한빈曹漢賓(1583~1640) : 자는 관보觀甫이고, 호는 계음溪陰이며, 본관은 창녕이다.
언형의 아들로 창평에서 출생하였고, 수죽 조홍립이 재종숙이 되는데 그의 문인
이며, 고경명과 정철의 문인이기도 하다. 교유한 문인으로는 정홍명·오윤겸·고
용후·고부민·이명한·조희일 등이다. 그의 문집으로『계음집溪陰集』이 있는데, 이
는 석인본으로, 1권1책 구성이며, 그의 9세손 남황南璜이 주축이 되어 기경연奇慶
衍의 서문을 받아 문집을 만들었다가, 11대손 원영瑗永의 발문을 붙여 갑진년
(1904)에 간행하였다.

람들에게는 어떻게 비쳤는가를 알아볼 수 있다.

〈挽梁主簿士健〉
양천운의 죽음을 애도하다.

| 我冠君總潘楊際 | 나는 관을 쓰고 그대 총각 사돈 맺을 때, |
| 把酒論心水竹淸 | 술잔 들고 주고 받은 마음 물과 대처럼 맑았네. |
| 瀟灑名園佳子弟 | 유명한 소쇄원의 아름다운 자제요, |
| 詩家敦宿懿家庭 | 시례를 오래 익힌 아름다운 가정일세. |
| 前春翁韻依然面 | 이전 봄 그대의 시를 의연히 보면서 |
| 此日薤章不盡情 | 이날 쓴 애도사에 우정을 다 담을 수는 없네. |
| 白首窮經長歎惜 | 백발 휘날릴 때까지 연구한 글 애석하기만 해. |
| 蕭條一宦竟浮名 | 쓸쓸한 한 벼슬자리 끝내 부질없는 이름이 되었네.126) |

〈梁主簿寒泉士健千運挽〉
양천운의 죽음을 애도하다.

| 托契林泉共守貞 | 임천에서 함께 정조를 지키자고 약속하고, |
| 追隨京國暮年情 | 서울에서 서로 따름은 늘그막의 정의였네. |
| 鵬騫佇見雲霄遠 | 붕새가 날개 꺾여 우두커니 먼 하늘만 바라보고, |
| 驥縶還愁世路傾 | 천리마는 묶인 채 도리어 행로가 기울어짐을 근심하네. |
| 初服返來神可養 | 본래 신분으로 돌아오니 정신을 기를 만 하였으나, |
| 邊塵驚後病相嬰 | 외침에 놀란 후엔 병이 계속되었네. |
| 凄凉瀟灑園無主 | 처량하다. 소쇄원 주인 없으니, |
| 淚迸山陽怨笛聲 | 산양山陽에 눈물 흘리며 피리소리만 원망하네.127) |

〈哭梁寒泉〉
양한천을 곡하다.

---

126) 『수죽집數竹集』 93쪽. 이밖에도 13쪽에는 양천운의 만사가 한 수 더 있다.
　　　<挽梁主簿士健> (士健名千運, 瀟灑處士之孫, 學有文行, 早著薦授司主簿, 號寒泉)
　　君見吾兒否　　言語尙飯眠
　　吾行知不遠　　思望幾幽情
127) 『계음집溪陰集』 권2.

早將交契事如兄　　　　일찍이 서로 인연을 맺어 형처럼 섬겼는데,
人至窮途見故情　　　　사람이 막다른 길에 이르러서야 옛정을 보네.
晚仕朝班官獨冷　　　　만년에 벼슬 나갔으나 관직은 홀로 쓸쓸했고,
老歸田野病還縈　　　　늙어 고향 돌아오니 병만 들었네.
竹間書室成陳跡　　　　대나무 사이의 서실은 진적을 이루고,
洞口寒溪咽夜聲　　　　동구의 찬 시내는 밤에도 우는 소리 내네.
疇昔相從眞一夢　　　　전날에 상종함은 진실로 꿈과 한가지라.
朔風吹袂淚縱橫　　　　삭풍이 소매에 불어 눈물이 걷잡을 수 없네.128)

　　양천운의 만사를 지은 위 세 사람은 소쇄원과 한 지역에 사는 문인으로, 이 시기 소쇄원시단의 중심을 이루면서 호남시단도 주도해간 인물들이다. 조홍립은 양천운과 학구당에서도 함께 활동하였으며, 나이도 비슷하여 우정이 남달랐다. 그의 어머니와 양천운의 숙모는 자매지간으로, 인척관계에 있는 사람이다. 그의 문집인『수죽집數竹集』에는 소쇄원가의 사람들에 대한 시가 많이 들어있으며, 또한 이 지역에 대한 정보도 많이 들어 있다.『소쇄원사실』에는 조홍립의 시가 1수129) 밖에 실려 있지 않지만,『수죽집』속에는 양천운의 시가 3수130) 들어 있고, 양천경梁千頃 또는 양몽웅梁夢熊의 차운시도 한 수 들어 있다. 조홍립이 쓴 만시를 통해서 양천운이 맑은 성품을 가진 사람이었으며, 늙도록 경학공부에 전념했음을 짐작할 수 있다.

　　조한빈은 앞에 든 조홍립의 재종질이며, 학구당 출신이다. 평상시 스승을 따라 많이 활동하였으며, 소쇄원과도 밀접한 관련을 맺고 있는 인물이다. 그는 양천운의 만가뿐만이 아니라, 양천경의 아들인 양몽웅梁夢熊의 만가와 제문도 지었다. 위의 시에서는 양천운이 서울에서 벼슬살이

---

128)『청사집』권1.
129)『소쇄원사실』권11「영주공瀛洲公」부록 <제현증차諸賢贈次>.
130) <서사조한루봉정권사군신중瑞寺照寒樓奉呈權使君信中> 외에도『수죽집』에는 <차
　　양사건재서사기운次梁士健在瑞寺寄韻>에 대한 양천운의 원운과 <시제문인병자추
　　재경재示諸門人丙子秋在鏡齋>에 대한 양천운의 차운시가 실려 있다.

하다 돌아와, 이제는 원림에서 자신을 수양하며 잘 지낼 듯싶더니만 곧 먼저 떠나게 되어, 이를 서글퍼하고 있다. 소쇄원에 주인이 없어져 텅 빈 듯 하고 어디선가 들려오는 피리소리가 오히려 원망스러울 따름이다.

고용후도 역시 윗대부터 이미 집안 간에 서로 친분이 있는 관계이다. 그의 만사를 통해서 양천운이 벼슬살이할 때 홀로 청냉하고자 하였으며, 돌아왔을 때는 그동안 마음고생이 심하여 병까지 들어있었음을 알 수 있다. 그가 남기고 떠난 대나무 사이의 서실이 휑하여 남은 자의 마음을 더욱 슬프게 하고 있다.

이상에서 살폈듯이 소쇄원의 초기시단은 주로 주인과 시적 교의를 가지고 있는, 대부분 이름난 명사들이 위주였음을 알 수 있다. 이들은 소쇄원을 자주 찾아와서 주인과 함께 활동을 한 사람들이다. 이 시기는 벼슬을 하지 않고 산림에 묻혀서 자신을 수양하며 사는 것에 높은 평가를 부여했던 때이다. 즉 벼슬의 높낮음을 보고 그 사람을 평가하지 않고, 인품을 보고 평가를 하였다. 그러다보니 소쇄원은 더욱 빛이 나게 되었고, 많은 사람들이 모여들게 된 자산이 되었다. 또한 이들은 주로 지연·학연·혈연으로 맺어진 사람들이 중심이 되었는데, 이는 호남시단의 전반에 걸쳐 보이는 공통적 특징에 해당한다. 이들은 주로 성리학을 학문의 기본으로 삼은 사람들이기 때문에 자연을 가까이 하면서 그것을 닮고자 노력하였다. 그러면서 자신의 사상을 펼칠 수 있을 때에 나아가 벼슬을 하고, 그렇지 못할 때는 경관이 수려한 곳에 누정이나 원림을 세우고 그곳에서 심성을 수양하고 도학을 실천하는 데에 힘을 쏟았다. 그럼으로써 시의 주제는 당연히 자연을 노래한 산수자연시가 주였으며, 그런 가운데서도 사람간의 관계를 읊은 교유시도 상당수 차지하게 되었다. 『소쇄원사실』에는 초기 작가들로 44명이 실려 있다.[131)]

---

131) 『소쇄원사실』에 실려 있는 초기 작가들 : 양산보梁山甫·김인후金麟厚·송순宋純·고경명高敬命·임억령林億齡·유사柳泗·양자징梁子澂·양자정梁子淳·양응정梁應鼎·김성원

소쇄원의 특징 중 하나는 다른 누정이나 원림이 주로 축조 당시에만 활성화되었던 것에 비해서, 이곳은 끊임없이 인문 활동이 전개되어온 점에 있다. 그래서 초축자인 양산보 당대만을 연구함에 그쳐서는 안 되고, 전시대 인물에 대한 연구가 이루어져야 한다. 원림 공간이 현재까지 남아있고, 또 그 안에서 활동도 계속되었기 때문에 전 세대를 살펴보아야 소쇄원의 특징을 구명할 수 있다.

## 2) 〈소쇄원48영〉

〈소쇄원48영〉은 소쇄원의 대표제영으로, 원림의 경점을 48군데로 정하여 읊은 연작제영이다. 그래서 이 제영을 살펴보면 소쇄원이 지향하는 원림의 특징을 살필 수 있다. 때문에 여기에서는 이 제영을 짓게 된 배경은 무엇이며, 흔치 않은 형태인 '48영'이라는 연작제영의 연원은 어디에서 비롯되었는지, 그리고 이 제영의 내용은 무엇이며, 어떤 의미와 의의를 가지고 있는가를 밝히고자 한다.

양산보가 소쇄원을 조영할 때 김인후의 사상도 함께 투영되었으리라고 본다. 둘은 모두 도학사상을 실천하는 데 힘쓰고, 쇄락한 기상을 가진 사람들로서, 서로의 뜻이 합해져서 소쇄원도 조영하게 되었다. 소쇄원이 계획했던 대로 다 완성된 후, 평소 이에 대해 많은 관심을 가지고 있던 김인후가 원림의 완공 기념으로 원림내의 경물을 집경해서 〈소쇄원48영〉을 제작했다. 이 제영이 지어진 시기는 그가 관직에서 물러날

---

金成遠·정철鄭澈·양천운梁千運·김대기金大器·정홍명鄭弘溟·고용후高用厚·조홍립曺弘立·이수李洙·김언거金彦琚·오겸吳謙·김윤정金胤鼎·기대승奇大升·윤인서尹仁恕·백광훈白光勳·백진남白振南·윤운구尹雲衢·양형우梁亨遇·양경우梁慶遇·진경문陳景文·김선金璇·임득열林得悅·이후백李後白·김언욱金彦勗·조언형曺彦亨·김영휘金永暉·정명호鄭鳴濩·오급吳岌·이황李滉·박광전朴光前·조헌趙憲·조위한趙緯韓·안복선安復善·조희일趙希逸·고군섭高君涉·오세신吳世臣.

때인 1548년경으로 본다. 이후 〈48영〉은 소쇄원을 대표하는 제영이 되었는데, 원림의 경물뿐만 아니라, 소쇄원이 추구하는 사상을 48군데의 경점을 이용하여 함축적으로 표현하고 있다. 이 제영의 제작으로 비로소 소쇄원은 완전한 원림공간으로 마무리된다. 즉 원림 내의 경물은 각각 그 의미를 드러내게 되고 빛을 발할 수 있게 되었으며, 후대에까지 그 영향력을 행사할 수 있게 되었다.

〈소쇄원48영〉과 같은 형태는 흔치 않은 제영으로, 이것은 이후로는 전혀 나타나지 않고 있으며, 다만 앞 시기에 〈비해당48영匪懈堂48詠〉132)만 이 존재했었다. 이 제영은 안평대군 이용李瑢이 인왕산 기슭에 비해당을 짓고, 48개의 경점을 찾아내어 읊은 제영이다. 당시 이용의 시에 차운한 사람은 모두 9명이었으나 현재 그 시문이 남아있는 것은 다섯 사람의 것뿐이다.133) 이후에 또 성종 때에도 왕의 명령에 의해 호당학사들이 차운하는 행사가 있었는데, 여기에 참석한 사람이 모두 몇 명이었는지는 확실하지 않지만 현재 여섯 사람의 작품이 남아 있다.134) 이로 미루어 볼 때 〈48영〉의 형태는 어느 정도 긴 기간 동안 유행했다고 할 수 있다. 김인후의 경우도 안평대군이 비해당을 경영하고 〈48영〉을 지었다는 사실을 익히 알고 있었으리라고 추정된다. 여기에서는 위 두 제영이 서로

---

132) <비해당48영>에 대한 연구는 다음과 같은 사람들에 의해서 이루어지고 있다.
    유영봉, 『안평대군에게 바친 시』, 도서출판다운샘, 2004.
    안장리, 「비해당48영시의 팔경시적 특성」『연민학회지』, 연민학회, 1997.
    유영봉, 「비해당48영의 성립배경과 체재」『한문학보』15집, 우리한문학회.

133) 『태허정집太虛亭集』권1, 당시 이용의 시에 차운한 사람은 모두 아홉 명으로, 최항崔恒(칠언율시)·신숙주申叔舟(칠언절구)·성삼문成三問(오언절구)·이개李塏·김수온金守溫(오언율시)·이현로李賢老·서거정徐居正(칠언율시)·이승윤李承胤·임원준任元濬 등이 있다. 그러나 현재 그 시문이 남아있는 것은 다섯 사람뿐이다.

134) 성종 때 차운 행사에 참여한 사람은 성종成宗(1470~1494)을 비롯하여 홍귀달洪貴達(1439~1504)·유호인兪好仁(1445~1494)·채수蔡壽(1449~1515)·김일손金馹孫(1464~1498)·박상朴祥(1474~1530) 등이 있다. 이밖에도 후대의 이유장李維樟(1625~1701)이 이러한 제영 중에서 자신의 집에 있는 경물에만 차운하여 14절을 읊은 일이 있다.

관련이 있다는 전제하에 서로 비교를 통해서 〈소쇄원48영〉의 특징을 도
출해내고자 한다.

　김인후의 경우 비해당의 영향을 어느 정도는 받았다고 생각된다. 그
러나 그의 작품은 비해당이 거의 화초만을 읊은 영물시임에 비해, ¼정
도만 화초를 대상으로 읊고 있으며,[135] 대부분이 계류를 중심으로 한 원
림주변의 경물과 그곳에서 이루어진 행위들에 초점이 먼저 맞추어져 있
다고 정리해볼 수 있다. 그렇다면 두 제영은 어떻게 다른지 그 제목을
통해서 비교해 보도록 하겠다.

| 소쇄원48영 | 비해당48영 |
|---|---|
| 1　소정빙란小亭憑欄 | 매창소월梅窓素月 |
| 2　침계문방枕溪文房 | 죽경청풍竹逕清風 |
| 3　위암전류危巖展流 | 일본척촉日本躑躅 |
| 4　부산오암負山鼇巖 | 해남낭간海南琅玕 |
| 5　석경반위石逕攀危 | 번계작약翻階芍藥 |
| 6　소당어영小塘魚泳 | 만가장미滿架薔薇 |
| 7　고목통류刳木通流 | 설중동백雪中冬柏 |
| 8　용운소대舂雲水碓 | 춘후목란春後牧丹 |
| 9　투죽위교透竹危橋 | 옥각이화屋角梨花 |
| 10　천간풍향千竿風響 | 장두홍행墻頭紅杏 |
| 11　지대납량池臺納涼 | 숙수해당熟睡海棠 |
| 12　매대요월梅臺邀月 | 반개산다半開山茶 |
| 13　광석와월廣石臥月 | 난만자미爛漫紫薇 |
| 14　원규투류垣竅透流 | 경영옥매輕盈玉梅 |
| 15　행음곡류杏陰曲流 | 망우훤초忘憂萱草 |
| 16　가산초수假山草樹 | 항일규화向日葵花 |
| 17　송석천성松石天成 | 문전양류門前楊柳 |
| 18　편석창선遍石蒼蘚 | 창외파초窓外芭蕉 |
| 19　탑암정좌榻巖靜坐 | 롱연취회籠烟翠檜 |

135) 〈소쇄원48영〉에 영물시로 보이는 제영은 '편석창선遍石蒼蘚·산애송국散崖松菊·석
부고매石趺孤梅·격단창포激湍菖蒲·사첨사계斜簷四季·격간부거隔澗芙蕖·산지순아散池
蓴芽·츤간자미襯澗紫薇·적우파초滴雨芭蕉·영학단풍映壑丹楓·대설홍치帶雪紅梔·절애소
금絶崖巢禽·총균모조叢筠暮鳥·학저면압壑底眠鴨' 등이다.

| 20 옥추횡금玉秋橫琴 | 영일단풍暎日丹楓 |
|---|---|
| 21 복류전배狀流傳盃 | 능상국凌霜菊 |
| 22 상암대기床巖對碁 | 오설란傲雪蘭 |
| 23 수계산보脩階散步 | 만년송萬年松 |
| 24 의수괴석倚睡槐石 | 사계화四季花 |
| 25 조담방욕槽潭放浴 | 백일홍百日紅 |
| 26 단교쌍송斷橋雙松 | 삼색도三色桃 |
| 27 산애송국散崖松菊 | 금잔화金錢花 |
| 28 석부고매石趺孤梅 | 옥잠화玉簪花 |
| 29 협로수황夾路脩篁 | 거상화拒霜花 |
| 30 병석죽근迸石竹根 | 영산홍暎山紅 |
| 31 절애소금絕崖巢禽 | 오동엽梧桐葉 |
| 32 총균모조叢筠暮鳥 | 치자화梔子花 |
| 33 학저면압壑底眠鴨 | 태봉괴석苔封怪石 |
| 34 격단창포激湍菖蒲 | 등만노송藤蔓老松 |
| 35 사첨사계斜簷四季 | 긍추홍시矜秋紅柿 |
| 36 도오춘효桃塢春曉 | 읍로황등泣露黃橙 |
| 37 동대하음桐臺夏陰 | 촉포도蜀葡萄 |
| 38 오음사폭梧陰瀉瀑 | 안석류安石榴 |
| 39 유정영객柳汀迎客 | 분지함담盆池菡萏 |
| 40 격단부거隔澗芙蕖 | 가산연람假山烟嵐 |
| 41 산지순아散池蓴芽 | 유리석琉璃石 |
| 42 츤간자미襯澗紫薇 | 연거분琿珤盆 |
| 43 적우파초滴雨芭蕉 | 학려정송鶴唳庭松 |
| 44 영학단풍映壑丹楓 | 사면원초麝眠園草 |
| 45 평원포설平園鋪雪 | 수상금계水上錦鷄 |
| 46 대설홍치帶雪紅梔 | 롱중화합籠中華鴿 |
| 47 양단동오陽壇冬午 | 목멱청운木覓晴雲 |
| 48 장원제영長垣題詠 | 인왕모종仁王暮鍾 |

　　이 두 작품은 공교롭게도 연작 편수가 같고, 음영 대상이 주로 별서의 가까운 주변에 펼쳐진 경물이라는 점도 같다. 이처럼 '소상팔경'과 같은 팔경시가 유행하고 있던 시기에 가까이에 있는 경물에 애정을 가지고 집약적으로 제영을 한 경우는 처음이라고 할 수 있다. 그동안 영물시[136]가

136) 영물시에 대해서 호승희는 그의 논문에서 "영물시는 시의 제재로서 등장한 하나

없었던 것은 아니지만, 이처럼 사
람이 거처하는 곳 주변의 실제 사
물을 하나하나 특색을 살려가며
집약적으로 읊은 경우는 드물었다.

그러나 위 두 제영은 제목에서
주는 느낌부터 서로 다르다. 〈비
해당48영〉의 제목들이 주로 정태
적이라면, 〈소쇄원48영〉의 제목은
매우 동태적이라고 할 수 있다. 그
원인은 우선 제목을 구성하는 단
어의 짜임에 있다. 즉 전자의 경우
제목이 주로 '장소+물상'이거나 '물
상'만의 짜임이라면137), 후자의 제
목은 주로 '장소+물상 또는 +행위
설명'의 짜임을 취하고 있다. 또한

소쇄원은 계류를 끼고 조성된
원림이다.

전자의 경우에는 제목이 '4자형식'과 '3자형식'이 섞여 있으며, 물상의
'이름'만 적은 경우도 있어서 이 제영이 더욱 움직임이 없는 물상을 그린
것처럼 보이게 한다. 그러나 후자의 경우는 그 안에서 이루어지는 인간

---

의 '물物'에 대해 시인이 중점적으로 자기의 시상을 전개해 가는 시체이다"라고
정의하고 있다. 그는 또한 여기에서 영물시의 시체가 우리나라에 처음 나타난
것은 최치원의 시에서라고 말한다.(호승희, 「나말여초 영물시 연구」 『이화어문
논집』 13집, 이화어문학회, 1994, 447쪽)

137) 안장리는 그의 논문에서 <비해당48영> 중 경관 속의 물상을 읊은 경우는 20수,
물상만을 읊은 경우는 26수라고 보았다. (안장리, 「<비해당48영>시의 팔경시적
특성」 『연민학회지』, 연민학회, 1997) 그는 또한 <비해당48영>이 전체적으로
팔경시와 유형적 특징을 성공적으로 모방하였지만, 경관을 읊은 경景보다는 물
상을 읊은 경이 과반수를 차지함으로써 영물시로서의 성격이 더 강하게 남아 있
었다고 보았다. (같은 논문, 159쪽)

의 '어디에서 무엇을 어찌하고 있는' 행위 등에 더 초점이 맞추어져 있어서 현재적이고 활동적인 모습이 드러나고 있는 점이 특징이다. 이와 같이 〈소쇄원48영〉의 제목에 사람의 행위가 나타나고 있는 제영은 1·5·11·12·13·19·20·21·22·23·24·25·38 등으로, 다른 연작제영에서 잘 나타나지 않는 독특한 현상이다. 이는 〈소쇄원48영〉이 〈비해당48영〉에 비해 훨씬 역동적이고 현장감 있는 시가 될 수 있게 하는 원인이 된다.

〈비해당48영〉에 비해 〈소쇄원48영〉이 더 동태적으로 느껴지는 또 다른 원인은 소쇄원에는 계류가 존재하고 있어서 그것을 중심으로 원림이 형성되어 있기 때문에 계류 공간의 역동성이 제목에도 드러나 있는 데에 있다. 전자의 경우 물과 관련된 것으로는 다만 〈수상금계水上錦鷄〉란 제영이 하나 보이는데, 이도 역시 흐르고 있는 물의 느낌이 아니다. 결과적으로 비해당의 입지는 계류 중심이 아니었음을 추정할 수 있다. 한편 소쇄원의 경우는 가운데로 계류가 폭포를 이루며 흐르고 있어서 고요한 원림의 공간을 쉼 없는 역동적인 곳으로 바꿈질하고 있다. 후자의 제목에 계류를 소재로 한 작시로는 2·3·7·8·14·15·20·21·25·34·38·40·42 등이 있다. 그러다보니 시제에 있어서도 정해진 공간의 물상만을 나타냄에 그치지 않고, 그 물상이 어떤 상황인가를 설명하는 경우가 많이 나타난다.

위 두 제영의 또 하나 다른 점은 전자의 경우 소상팔경적 요소를 완전히 배제하지 못하고 있다는 점이다. 즉 마지막 두 영인 47과 48영이 소상팔경의 제목과 같다. 이는 시기적으로 팔경시가 유행하는 가운데 그 영향권에서 완전히 자유롭지 못했음을 드러내었다고 할 수 있다. 그러나 후자의 경우는 이러한 요소가 전혀 나타나지 않고 있다. 철저하게 원림 근경의 경물만을 읊고 있다. 그리고 구체적인 경물의 이름만이 아니라, 행위들도 드러나고 있다.

한편 두 연작제영의 내용을 비교했을 때 다른 점은 전자는 영물시로,

물상이 갖는 현재적 의미보다는 관념적인 표현이 많이 나타나고, 후자는 사실적인 경물을 보고 관념적인 표현을 적절히 활용하여 관념적인 면이 잘 나타나지 않게 한 점이다. 즉 좀 더 구체적이고 섬세한 묘사가 특징적이다.

　이상에서 〈비해당48영〉과 〈소쇄원48영〉을 비교해보면서 〈소쇄원48영〉의 특징을 살펴보았다. 별서 주변에 펼쳐져있는 경물을 읊었다는 사실과 48가지 경점을 가지고 읊었다는 점에 있어서는 같지만, 그 제목의 표현에 있어서는 차이가 있음을 알았다. 즉 제목의 구성형식이 달라서 동적이고 정적인 차이를 느끼게 한다. 또한 전자가 소상팔경적 요소를 완전히 배재하지 않은 영물시라면, 후자는 그러한 요소가 전혀 드러나지 않는, 주변의 경물만을 읊은 시라고 할 수 있다. 그리고 여기에서는 인간의 행위가 드러나는 부분이 많은 점이 특징이다. 〈소쇄원48영〉은 〈비해당48영〉과 분명 연관이 있으나 더 발전된 형태로서 현장성이 있고, 더 짜임새가 있으며 통일성을 갖추었다는 점을 알 수 있다.

　그렇다면 〈소쇄원48영〉이 읊고 있는 내용은 어떤 것인지도 살펴보겠다. 이 제영이 읊고 있는 내용은 단순히 경물의 아름다움만을 묘사함에 그치지 않고, 많은 부분이 경물을 통해서 도道를 전달하고자하는 뜻이 내포되어 있다. 물론 이 점에 대해서는 모든 사람이 동의하는 것은 아니다. 〈소쇄원48영〉을 가지고 도학시로 볼 것인가, 아니면 자연시로 볼 것인가에 대해서는 보는 사람의 입장에 따라 다르다. 그 속에는 도학적인 내용이 다분하게 드러나는 제영이 있는가 하면, 전혀 그러한 느낌이 들지 않는 것도 있다. 이 연작제영에 대해서 대표적으로 연구한 사람인 이종건은 〈48영〉 전체를 도학시류의 범주에 넣고 있고[138], 박명희도 역시 도학적인 내용을 산수미 속에 포함시키고 있다고 보고 있다.[139] 박욱규

138) 이종건, 앞의 논문.
139) 박명희, 앞의 논문.

는 〈소쇄원48영〉을 자연의 경물이나 사상을 직시하면서 교훈적 의미와 도학적 의미를 수용하여 시적 표현으로 형상화시켰다고 하였다.[140] 결국 위 세 사람의 글은 〈소쇄원48영〉을 도학시로 보는 범주에서 벗어나지 않는다. 그러나 김대현은 〈48영〉 전체를 도학시로 보아 시의 성격에 선입견을 갖는 것에는 문제가 있다고 보았다. 무엇보다도 소쇄원이라는 공간에서 산수의 아름다움을 그린 작품으로 보아야 된다고 주장한다.[141]

이와 비슷한 논의가 이전에도 이미 있었으니, 바로 주희의 〈무이도가武夷櫂歌〉를 가지고 도학시인가 자연시인가 하면서 김인후와 기대승 사이에 열띤 논쟁이 벌어진 적이 있었다. 입도차제적入道次第的인 시로 본 입장에는 김인후金麟厚와 조익趙翼이 있었고, 인물기흥시因物起興詩라고 보는 입장에는 이황李滉이나 기대승奇大升 등이 있었다.[142] 김인후는 〈무이도가〉를 도학시로 보았을 뿐만 아니라, 그의 많은 작품도 도학적인 내용을 담고 있다. 또한 그는 호남의 대표적인 도학자로 일컬어지는 사람이다. 그래서 〈48영〉을 도학시로 보는 입장이 훨씬 우세하게 되었다고 본다.

이 제영을 도학시로 보는 견해는 오늘만의 일이 아니었다. 이미 전시대에서도 있었던 일로, 그 하나의 근거가 박중회朴重繪[143]가 쓴 〈소쇄원기瀟灑園記〉 속에 드러난다. 즉 그 내용 중에 "담에 써진 제영이 비록 탁물기흥托物寄興하여 풍월風月을 읊은 것처럼 보이지만, 서로 경복敬服하고 권계하는 뜻으로 지은 것에 대해서는 일찍이 탄복하지 않음이 없다"[144]

---

140) 박욱규, 앞의 논문, 70쪽.

141) 김대현, 앞의 논문, 45쪽.

142) 이민홍, 「<무이도가> 수용을 통해본 사림파문학의 일양상」, 『한국한문학연구』 6집, 한국한문학회, 1982, 27쪽.

143) 박중회朴重繪(1654~1692) : 자는 수여受汝이고, 호는 용대龍臺·소은素隱이며, 본관은 평양이다. 현종 때 문신 양득중梁得中·임상덕林象德 등과 교유하였으며, 문집으로는 『소은집素隱集』이 있다.

144) 『소은집素隱集』 권1 <소쇄원기瀟灑園記>, "又嘗自書之壇壁, 雖若眞爲托物寄興,

김수항이 베껴쓴 소쇄원 48영 중 일부

라는 글이 있다. 이 말은 박중회가 살았던 시대에도 〈48영〉이 인물기흥 시처럼 보였음을 알 수 있다. 그러나 자세히 살펴보면 존경하여 감복하고, 타일러 잘못됨이 없도록 하는 시가 아님이 없다고 했다.

사실 〈48영〉의 많은 부분이 그저 아름다운 자연경물을 읊은 것처럼 보이기도 한다. 이는 관념적 도학사상이 사실적인 경물에 자연스럽게 녹아들어 있기 때문에 도학시임을 발견하지 못한 점도 있다. 그러나 대부분 김인후의 자연물은 도체道體를 궁구하는 이법理法으로서의 자연물이다. 이는 김인후와 같은 조선 성리학자들이 갖는 공통적인 현상이다. 이와 같이 도를 실현하는 공간으로서의 소쇄원 이미지는 후대에까지 계속 이어진다.

한편 〈48영〉 속에는 풍류적인 요소도 다분하다. 즉 고목刳木이나 수대水碓를 두어서 그 모습을 감상하기도 하고, 매대에서 달을 맞이하며, 상암에서 바둑을 두거나 광석에서 누워 달을 보고, 맑은 물가에서 금琴을 연주하며, 물이 휘도는 지점에서는 유상곡수를 즐기기도 하였다. 이러한 일은 바로 자연 속에서 유연하게 성정性情을 함양하는 일이기도 하였다.

〈소쇄원48영〉은 소쇄원을 대표하는 제영이다. 소쇄원은 이 제영이

輸供風月, 而然所以相與敬服, 勸戒之意, 未嘗不至竊歎"

지어짐으로 해서 더욱 도학 실천을 상징하는 공간으로 자리매김하게 되었다. 또한 이 제영은 담에 걸려 있어서 이곳의 또 다른 명승을 이루었다. 소쇄원은 홀륭한 원림의 형태와 함께 당대의 뛰어난 문인들이 출입한 공간이었으며, 이와 같이 뛰어난 작품까지 남겨서, 삼박자가 갖추어진 완벽한 원림문화재로 남게 되었다. 이로써 볼 때, 이 제영은 소쇄원 원림문화의 원형이 된다고 할 수 있다. 이를 바탕으로 하여 후대에도 원림을 유지하려고 하였으며, 그 속에 담긴 철학을 드러내기 위해 노력하였다.

# 제2기, 소쇄원의 중흥과 교유망의 확대

제2기는 소쇄원의 제4대부터 제6대까지 해당한다. 시기상으로는 17
세기 전반부터 18세기 전반까지 포함되며, 특징은 침체에 이어 중흥 활
동이 있었다는 점이다. 소쇄원은 이 시기에 오면 원림을 새롭게 증축하
기보다는 선조들의 행적을 정리하고 보존하는 일에 힘을 쏟게 된다. 한
편 소쇄원 4대들의 행적은 『소쇄원사실』에는 전혀 나타나지 않는다. 원
림은 양산보의 큰아들이 요절한 바람에 양자징의 자손들이 주로 활동을
하고 지켜나가게 된다. 양자징의 큰 아들인 양천경梁千頃에게도 아들 양
몽웅1)이 있었지만, 그 역시 양천운梁千運보다 일찍 죽는 바람에 양천운의
아들인 양몽요梁夢堯가 소쇄원을 지켜가게 된 것이다. 즉 천운에게는 아
들 4명이 있었지만 둘은 요절하고, 큰 아들 몽우夢禹도 태인에 이거해 살
았고, 또한 천운보다 일찍 죽게 되어서 결국 남아서 소쇄원을 지킬 사람
은 몽요 한 사람뿐이었다. 그러나 몽요 시절에는 소쇄원에서의 활동이

---

1) 양몽웅梁夢熊(1581~1635) : 자는 여상汝祥이고, 호는 매계梅溪이다. 몽웅에 대한 글은
   조한빈이 쓴 만사와 제문이 있을 따름이다. 『소쇄원사실』에는 양천운이 몽웅에게
   회시를 보러갈 때 준 시가 한 수 있다.

전혀 보이지 않은 것으로 보아 침체의 늪에 빠져있었음을 짐작할 수 있
다. 그래서 제5·6대의 소쇄원 중흥활동은 필연적인 것이었다.

이 시기가 오면 이미 세상은 많이 변하여 은둔하는 처사보다는 정치
에 참여하는 관직자를 더 높게 평가하는 풍조가 만연하게 되었다. 그리
고 호남의 학문 주도권도 이미 기호계열로 넘어가고 있으며, 이곳 사람
들은 거의가 기호계열의 문하에 드나들게 되었다.

## 1. 소쇄원의 형태와 인식의 확대

소쇄원은 17세기 후반 무렵에 이르러서 대대적인 중수활동이 있었다.
이때 원림의 형태에도 약간의 변화가 있게 되었으나, 이는 원림의 모습
이 크게 변형되었다기보다는 이에 대한 사상이나 인식에서 변화가 일어
났다고 보는 것이 타당하다.

이러한 중수활동의 일환으로 소쇄원을 정형화하면서 주변의 경관을
집약적으로 음영한 연작제영이 제작되기도 하였는데, 〈30영〉이 바로 그
것이다. 이 제영을 통해서 소쇄원의 제2기 모습을 전체적으로 살필 수
있으며, 또한 초기에 제작한 〈48영〉과의 비교를 통해 원림의 변화 모습
을 파악할 수 있다. 이밖에도 이 시기에는 기문과 또 유람객들이 남긴
여행기가 있어서 원림에 대한 좀 더 깊은 이해가 가능하다.

〈소쇄원30영瀟灑園30詠〉은 양진태梁晉泰2)가 먼저 지은 적이 있고, 여기

---

2) 양진태梁晉泰(1649~1714) : 자는 내숙來叔이고, 호는 인재忍齋이다. 양산보의 현손으
로, 어려서부터 병화에 타고난 선세의 행적을 모으고, 소쇄·고암의 행장과 묘문
등을 송시열·이민서·박세채에게 청하여 「소쇄원사실」 3권을 만들었다. 나머지
행적은 조카 진사공양경지이 지은 제문에 상세하고, 사고私稿 4권이 집에 소장되
어 있다고 족보에 기록되어 있으나, 현재 전하지 않는다.

에 조카인 양경지梁敬之[3])가 차운하여 지었는데, 현재는 양경지의 작품만이 온전하게 남아 있다. 즉 현재 우리가 볼 수 있는 〈소쇄원30영〉은 양경지의 〈근차중부가산30영謹次仲父家山30詠〉을 말한다. 이들이 〈30영〉을 짓게 된 동기는 매우 침체되어 있는 소쇄원을 대대적으로 중흥시키고, 정형화하는 과정에서였다고 추정된다. 양경지의 〈30영〉 제작 시기는 그 문집에 간지가 '병자년丙子年(1696)'이라고 나와 있어서 확실한 시기를 알 수 있다. 그러나 양진태의 경우는 양경지와 같은 시기에 읊었는지는 확인할 수 없다.

『소쇄원사실』에는 4대인 양몽요의 활동이 전혀 나타나지 않는다. 소쇄원이 침체기임을 짐작할 수 있는데, 이러한 때를 당하여 양진태는 젊었을 적부터 소쇄원의 시문을 모으고 선조들의 행적을 드러내는 등 소쇄원을 부흥시키기 위한 노력을 하였다. 이러한 활동은 아들이나 조카들과도 합심하여 이루어졌는데, 어느 정도 소쇄원의 중수가 이루어진 상태에서 그 기념적인 행사로 〈30영〉을 지었다고 본다.

17세기 후반의 소쇄원 모습은 어떠했는지를 소쇄원에 전하는 두 연작 제영의 비교를 통해서 살필 수 있다. 〈30영〉에서 읊고 있는 경점은 '지석리支石里·창암동蒼巖洞·소쇄원瀟灑園·제월당霽月堂·광풍각光風閣·애양단愛陽壇·대봉대待鳳臺·오곡문五曲門·척령애鶺鴒崖·독목교獨木橋·자죽총紫竹叢·부훤당負暄堂·한천사寒泉舍·죽림사竹林寺·후간장帿竿場·산리동酸梨洞·석구천石臼泉·장목등長木嶝·옹정봉甕井峯·통사곡通仕谷·진사록進賜麓·봉황암鳳凰巖·가자등加資嶝·고암동鼓巖洞·영지동靈芝洞·장자담莊子潭·한벽산寒碧山·오암정鰲巖井·발리봉鉢裏峯·황금정黃金亭' 등 서른 곳이다. 우선 제목에서부터 앞장에서 살

---

3) 양경지梁敬之(1662~1734) : 자는 중직仲直이고, 호는 방암方菴이다. 양산보의 5대손(자징-천운-몽요-진수)로, 소쇄원에서 태어났고, 중부인 양진태에게서 수학하였다. 그는 시문으로 이름이 났으며, 35살1696년에 진사시에 합격하였다. 문집으로『방암유고方菴遺稿』가 있다. 그에게는 계배繼配가 있는데, 해남윤씨 희익希益(1674~1748)의 딸로, 진사인 차남 학연은 확실히 계배소생임을 알 수 있다.

고암동에서 바라본 소쇄원 골짜기, 골짜기의 끝부분에 소쇄원이
자리한다.

펴보았던 〈48영〉과는 음영의 범위나 대상이 서로 다름을 알 수 있다.
〈48영〉이 소쇄원 내원에 거의 한정된 경관을 미시적으로 읊고 있는 반
면에, 〈30영〉은 소쇄원의 내원과 주변의 경관을 거시적으로 읊고 있다.
즉 〈30영〉은 소쇄원이 자리하고 있는 골짜기 전체를 읊고 있음을 알 수
있다.

　〈48영〉의 경우, 동선이 시점의 이동과 발길의 움직임에 따라 복합적
으로 나타남에 비해, 〈30영〉의 경우는 사람의 발길에 따라 시점이 움직
이고 있다. 그래서 〈30영〉의 경점을 순서대로 따라가 보면 다음과 같이
정돈된 선으로 이어진다. 즉 '먼저 지석리에 들어서면 창암동이 나오고,
이 창암동 안에 소쇄원이 자리한다. 소쇄원에는 제월당·광풍각·애양단·
대봉대·오곡문이 있고, 소쇄원 주변으론 척령애가 있으며, 독목교를 지
나서 자죽총이 있고, 그 주변으로는 부훤당·한천사·죽림사·후간장 등이

있다. 그리고 마지막으로 발리봉을 지나 황금정에서 멈춘다'와 같이 노선이 드러난다. 즉 마을 입구에서부터 시작하여 소쇄원을 들어서서 내원을 한 바퀴 돌고난 다음 주변을 돌아 정점인 옹정봉으로 향한다. 단계적인 입장에서는 옹정봉이 끝이 되겠지만, 소쇄원 선조들의 행적이 남아있는 곳을 찾아 다시 내려와서 마을 초입으로 나오는 방식을 취하고 있다. 소쇄원이 17세기에 그 음영 영역이 확장될 수밖에 없었던 것은 구곡경영의 유행과도 밀접한 관계가 있다고 생각한다.

한편 제2기에 살필 수 있는 소쇄원의 인위적인 구조물로는 '제월당·광풍각·애양단·대봉대·오곡문·독목교·부훤당·한천사·죽림사·후간장·황금정' 등이 있다. 여기에서 '죽림사'는 서당인데 지금은 폐허가 되어서 대나무의 맑은 그늘만 있다고 했다. 그러고 보면 위에 보이는 인위적인 구조물들은 대부분 양천운 시대에 이미 있었던 것임을 짐작할 수 있다. 즉 이 시기에는 새로운 구조물을 세우는 행위보다는 지금까지 전해오던 경물을 잘 정리하고 그 의미를 더 드러내는 데 힘썼던 것이다.

한편 소쇄원에는 이 두 가지 제영이 읊고 있는 경관을 한눈에 알 수 있게 하는 〈소쇄원도〉가 있다. 이 그림은 〈48영〉을 의거해서 그렸기 때문에 소쇄원의 초기 모습을 담고 있다는 사실을 이미 앞에서 살핀바 있다. 그러나 이 그림에는 〈48영〉에서는 언급되지 않는 부분도 많은데, 이는 세월이 흐르면서 새로 생겨난 경물이거나 언급하지 않았을 수도 있음을 앞에서 밝혔다.

〈소쇄원도〉에는 나오는 '고암정사鼓巖精舍'가 〈30영〉에는 나오지 않는데, 중기에는 고암정사가 이미 사라졌음도 추정할 수 있다. 여기에는 〈30영〉에서 읊고 있는 경점도 함께 표시된 점을 볼 때, 이 〈소쇄원도〉는 〈48영〉을 기본으로 하고, 〈30영〉도 덧붙여 표현했다고 결론지을 수 있다. 그러니 〈소쇄원도〉의 도판에는 소쇄원의 초기모습과 중기모습을 함께 담고 있다고 생각하면 되겠다.

소쇄원의 중기상황을 알 수 있는 자료에는 위의 〈30영〉 외에도 〈소쇄원기瀟灑園記〉와 여행기 등이 있다. 〈소쇄원기〉는 양경지가 박중회에게 부탁하여 얻은 기문으로, 소쇄원이 중흥활동을 하는 과정에서 제작되었다.

　　〈소쇄원기〉

　　(중략) 그러나 임천의 승경과 암학의 아름다움은 진실로 '소쇄'라는 이름에 부끄럽지 않으니, 또한 족히 양산보의 심사를 상상해볼 수 있다. 이른바 제월당·광풍각·대봉대는 이미 모두 그윽하고 한적하다. 또 오곡수·조담·동대·매당·상암·탑암 등이 있는데, 이 또한 기이한 승경과 청려함은 노닐며 읊조리며 배회하던 곳이 아님이 없으니, 대개 또한 사람이 처함에 그윽하고 고요한 곳을 따라 명명함이 진실로 은자의 풍류이다. 또한 옹이 담옹김인후과 더불어 서로 주고받은 수많은 시는 모두 원림 가운데 소쇄한 사물을 읊은 것이다. 또 일찍이 담벽에 스스로 쓴 글은 비록 사물에 감흥을 기탁하여 풍월을 읊은 듯 하지만 서로가 공경하여 받아들임에 있어서는 권계하는 뜻이 이르지 않은 곳이 없으니, 혼자서 앞사람들의 뜻에 탄식할 뿐이다. 강학함에 이미 스스로 고인에게는 부끄럽지 않고, 붕우지간에 서로 고한 말도 또한 이와 같이 절절하니, 도로써 하기 때문이다. 지금에 미쳐서는 세월이 너무 오래되어서 자획이 거의 다 떨어져나가서 당일에 노닐며 즐기던 좋은 일은 거의 다시 볼 수 없게 되었다. (중략)4)

　　박중회가 〈소쇄원기〉를 쓴 시기는 1692년 사망 무렵으로 추정된다. 그는 기문에서 소쇄원의 아름다운 경치는 '소쇄'라는 이름에 부끄럽지

---

4) 『소은집素隱集』권1 <소쇄원기瀟灑園記>, "(중략) 林泉之勝, 巖壑之美, 眞不愧於瀟灑之名, 而亦足以想見, 翁之心事也. 其所謂霽月堂·光風閣·待鳳臺, 旣皆幽絶閒敞, 又有五曲水·槽潭·桐臺·梅堂·床巖·榻巖者, 亦奇勝淸麗, 無非所以游詠 盤旋之所, 而盖亦人地幽靜, 隨處命名, 眞隱者之流也. 又翁與湛翁, 殊厚其所與酬和者, 皆以賞詠園中 瀟灑物事, 而又嘗自書之壇壁, 雖若眞爲 托物寄興, 輪供風月, 而然所以相與敬服 勸戒之意, 未嘗不至竊歎, 前輩之志, 講學旣自以無愧古人, 而朋友之間, 所相告語者, 又如此切切然以道也. 及今日月已久, 字畫脫落殆盡, 使當日時戲好事, 幾無復得見矣 (중략)"

않다고 했다. 먼저 소쇄원의 승경을 열거하면서, 제월당·광풍각·대봉대·오곡수·조담·동대·매당·상암·탑암 등이 모두 양산보가 배회하던 곳이 아님이 없음을 밝혔다. 원림 내에 있는 건축물이나 경물 등이 모두 선대의 흔적을 간직하고 있다. 그리고 또한 양산보가 김인후와 더불어 주고받은 시는 모두 소쇄한 사물을 읊었으며, 담벽에 쓴 제영은 탁물기흥托物寄興하여 풍월을 읊은 듯이 보이지만 사실은 서로 권계하는 뜻이 아님이 없다고 했다. 여기에서 박중회도 김인후의 〈48영〉을 도학시라고 여기고 있다.

박중회가 기문을 쓸 당시에는 양산보의 운손인 택지擇之가 필적이 벗겨진 곳은 보수하고, 없어진 데는 다시 손수 쓰고 보충해서 사람들이 볼 수 있게 하였다고 했다. 즉 양택지를 중심으로 하여 중수활동이 있었음을 드러낸 말이다. 이는 소쇄원이 이제부터 장자를 중심으로 지켜져 감을 의미한다. 그는 또한 양산보와 같이 높은 절개를 끝까지 보존하는 자 드물다고 찬탄하고 있다. 여기에서 소쇄원이 빛나는 이유는 원림의 경물이 소쇄함을 다하고 있고, 또 여기에서 노닌 선대의 사람들도 높은 절개를 끝까지 보존하였기 때문임을 알 수 있다. 즉 소쇄원을 소쇄함과 절개를 지켜간 곳으로 인식하고 있다.

한편 이 시기에 쓰인 여행기를 통해서도 18세기 초의 소쇄원의 모습을 살필 수 있다. 김창흡金昌翕[5]은 1717년 남쪽을 여행하고 「남유일기南遊日記」를 남겼는데, 그 속에 다음과 같은 소쇄원에 대한 기록이 있다.

21일 맑음. 소쇄원을 방문하였다. 작은 시내가 옥구슬처럼 흐르고 굽이진 곳에는 몇 자의 폭포가 만들어졌는데 위에는 조담이 있다. 무성한 대나무가 늙은

---

5) 김창흡金昌翕(1653-1722) : 자는 자익子益이고, 호는 삼연三淵이며, 본관은 안동, 시호는 문강文康이다. 서울 출신이며, 김수항金壽恒의 셋째아들로, 이단상李端相에게 수학하고, 1673년에 진사가 되었으며, 1684년에 장악원주부에 임명되었으나 취임하지 않았다. 그는 소쇄원가 후손들과 폭넓은 교유를 하였다.

매화를 감싸고 있고, 폭포를 마주하고 초당이 지어져 있었다. 주인 양군이 웃으면서 말하길 "급히 이 집을 지은 것은 공에게 드리기 위해서입니다"라고 했다. 대개 비록 선조의 유업을 이어 주인이 되었지만, 또한 객을 사랑하는 풍류를 엿볼 수 있다. 나는 몇 달을 머물기로 약속하고 환벽당에서 나누어 지내기로 하였다. 시내 위의 옛 담에는 하서가 제영한 40절이 남아있어 해가 오래되어 무너지는 일은 면할 수 없으나 필적의 흔적을 볼 수 있는 것이 많았다.6)

김창흡이 소쇄원을 방문했을 때에는 폭포 맞은편에 초당이 지어져 있었다. 이때 주인 양군은 양익룡梁翼龍을 말하며, 무성한 대나무와 늙은 매화나무가 소쇄원을 대표하고 있음을 알 수 있다. 매죽梅竹은 소쇄원의 고절한 기상을 상징하는 자연물로서, 이미 초기부터 시제로 많이 등장하고 있는 소쇄원 경물이다. 이때 초당은 김창흡에게 바치기 위해 지은 것이며, 작사는 그에 대해 객을 사랑하는 풍류를 볼 수 있겠다고 말했다. 담에는 하서의 〈48영〉이 새겨져 있었으나 매우 퇴락한 상태임을 알 수 있다. 여기에서 김창흡은 소쇄원에서 몇 달을 지내기로 약속하고 있는데, 그와 소쇄원과의 인연은 이전에도 이미 돈독하여 남유를 하기 전에도 양택지의 둘째아들인 양운룡梁雲龍의 만사 3수를 지은 적이 있다.

이밖에도 이 시기 소쇄원의 모습을 알 수 있는 기록으로, 이하곤李夏坤7)이 남쪽지방을 순례하고 남긴 「남유록南遊錄」이 있다. 이는 소쇄원의

---

6) 『삼연집三淵集』 습유拾遺 권28 「남유일기南遊日記」, "二十一日 晴. 往訪瀟灑園, 小澗琤琤, 屈曲作數丈臥瀑, 上有槽潭, 夾以茂竹老梅, 對瀑作草堂. 主人梁君 笑謂所以亟成此屋, 將以奉公云. 盖雖肯搆爲主, 而亦可見愛客風流也. 余約以數月之留, 與環碧分日焉. 溪上古墻, 河西題留四十絶, 年久未免壞汚, 而依俙見筆蹟者爲多" 본 논문에서 참고하는 『삼연집三淵集』 습유拾遺는 모두 민족문화추진회에서 발간한 한국문집총간을 저본으로 한다.

7) 이하곤李夏坤(1677~1724) : 자는 재대載大이고, 호는 담헌澹軒·계림鷄林이며, 본관은 경주이다. 김창협의 문인이며, 김창흡 등과 교유하였다. 그가 지은 「남유록」과 「남행집」은 호남지방의 풍속을 알 수 있게 하는 좋은 자료이며, 그중에서도 특히 소쇄원에 대한 자세한 기록이 있어서, 이 시기 소쇄원의 모습을 살피는 데 많은 참고가 된다. 문집에 『두타초頭陀草』가 있다.

모습뿐만이 아니라, 이 시기 호남지방의 풍물을 이해하는 데에도 귀중한 자료가 된다. 즉 「남유록」은 당시 호남지방의 인정세태를 비롯하여 우리나라의 구체적인 생활상을 파악할 수 있는 풍속지적風俗誌的 성격을 띠고 있다.[8)

> 6일. 또 북쪽으로 십리를 가서 양씨 원림에 도착하였다. 주인 양산보옹은 하서 김인후선생과 동시사람이다. 그 아들 또한 선생의 사위이다. 양산보는 의를 행함이 독실하고 문사가 또한 높았다. 일찍이 〈효부〉를 지어 세상에 행하였으며, 은거하고 벼슬하지 않았다. 원림을 만들어가는 일을 스스로 즐기었는데, 이 원림이 그것이다. 소쇄원은 넓이가 몇 묘나 되며, 동남 두 부분으로 되어 있다. 낮은 담을 두르고 아래로는 숨은 물길을 내어 산의 샘물을 끌어들여 바위위로 흘러서 폭포가 되게 하였다. 위로는 노송이 땅을 덮고 있었고, 벽돌로 꾸며서 시내물길을 만들고 폭포물이 흘러가게 했는데, 형세가 마치 구유와 같아서 이름하여 '조천槽泉'이라고 하였다. 또 물길 남쪽으로는 고죽刳竹을 통해 흐르게 하고, 서쪽으로 수십 보 아래에 방지方池를 파서 그것을 받게 했다. 둘러서 큰 대나무 천여 그루가 있는데, 푸른 그림자가 연못에 비치어 그윽하고 아취로움을 사랑할 만하다. 담에는 못으로 십 몇 개의 네모난 돌을 붙여 놓았는데, 색깔은 칠과 같다. 김인후선생이 지은 〈48영〉이 회분으로 쓰여 있는데, 아직도 마멸되지 않아 읽을 수 있었다. 선배들이 풍류를 좋아함이 대개 이와 같다. 옹은 자호를 '소쇄옹'이라고 하고 남쪽사람들은 이곳의 원림을 '소쇄원'이라 부른다고 한다.[9)

위의 글을 통하여 1722년 당시 소쇄원의 모습을 대략 알 수 있다. 이 무렵은 소쇄원을 정형화하기 위해 힘쓴 양진태는 이미 타계하고, 양경지

---

8) 이성주, 「담헌 이하곤의 남유록에 대한 고찰」 『한국한문학연구』 15집, 한국한문학회, 1992, 313쪽.

9) 『두타초頭陀草』 책18 「남유록南遊錄」 2, "六日. 又北十里 至梁氏之園, 主人梁翁, 與河西金先生同時, 其子又先生之女婿也. 翁篤於行義, 文詞亦高, 嘗作孝賦行于世, 隱居不仕, 脩治園亭以自娛, 卽此園也. 園廣幾數畝, 東南二面, 繚以短垣, 下通隱竇, 引山泉行于岩石之上爲臥瀑, 上有老松覆地, 甃石爲澗道, 承瀑之餘流, 形如槽, 名之曰槽泉. 又自竇南刳竹通流, 西行數十步下, 鑿方池受之, 環以鉅竹千餘, 翠影落池. 幽雅可愛, 墻陰鐥着十數方石 色如漆, 河西先生作絶句四十八, 以粉字書之, 尙不磨滅可讀, 先輩之風流好事盖如此. 翁自號蕭灑翁, 南人以是稱園曰 蕭灑園云"

와 양채지가 소쇄원 지키는 일을 도와주고 있을 때이다. 작자는 먼저 양
산보에 대해서 얘기하고 소쇄원의 전체적인 모습을 서술하였는데, 소쇄
원은 몇 묘나 되는 넓이를 가진 원림이며, 계류로 인해 동남으로 나뉘어
있다고 했다. 그리고 오곡수가 흘러드는 곳을 제일 시점으로 하고 있음
을 알 수 있다. 즉 낮은 담으로 둘러있는 가운데 아래 부분은 트여있어
서 산계곡물이 그곳을 흘러들고 있다. 그런데 그 흘러드는 물을 벽돌로
물길을 만들어서 폭포로 흘러가게 했으며, 형세가 구유 같아서 '조천槽泉'
이라고 한다는 사실을 알 수 있다. 이때 '조천'은 '조담'을 가리키며, 이
조천 위로는 예전부터 있던 늙은 소나무가 그 위를 덮고 있다. 또한 물
길은 고목刳木을 통해서 서쪽의 방지方池로 흘러들게 하고, 그 방지 둘레
엔 큰 대나무 천여그루가 심어져 있어서 그 푸른 그림자가 물에 비친다
고 했는데, 이 모습은 초기와도 다름이 없다. 또 담에는 십 몇 개의 검은
색 네모난 돌판을 박아놓았는데, 여기에 김인후의 〈48영〉을 하얀색 글
씨로 써 놓았다고 했다. 이 부분에서 '장원제영長垣題詠'의 구체적 모습을
알 수 있다.

    이하곤의 「남유록」은 초기에 쓰인 고경명의 『유서석록遊瑞石錄』과 함
께 소쇄원의 초기 모습과 그 다음 시기의 모습을 비교해볼 수 있는 좋은
자료가 된다. 그런데 두 시기의 모습을 기술한 내용이 거의 비슷함을 볼
때, 소쇄원이 계속해서 초기 모습을 유지해가고 있음을 짐작할 수 있다.

    이상에서 소쇄원의 제2기 모습은 어떠했는지를 연작제영과 기문 및
여행기 등을 통해 살펴보았다. 이때의 모습은 〈30영〉에 비교적 잘 나타
나 있다. 그러나 내원의 모습은 초기의 〈48영〉에 나타난 모습을 유지해
가기 위해 노력하고 있는 중임을 알 수 있다. 이때 소쇄원의 모습을 초
기와 비교해보면, 〈48영〉에서 읊었던 인간의 행위들이나 작은 화초들에
대해서는 언급이 없고, 선대들이 노닐었던 유적을 부각시키고, 앞사람들
의 모습을 회고하는 시문이 많은 부분을 차지한다. 〈30영〉을 통해 본

소쇄원은 내원이나 주변의 산천이 모두 선조들의 발자취가 머문 곳으로, 모두 경모의 대상이 되고 있다. 그래서 그곳의 경치에 대해서 읊기보다는, 이름에 얽힌 선조들의 행적이나 의미를 읊고 있는 경우가 대부분이다. 즉 시대가 흐르자 소쇄원은 선조들의 행적을 기리는 공간이 되기도 한 것이다.

여기에서 소쇄원에 대한 인식의 변화를 알 수 있다. 원림의 경영은 건물을 중심으로 한 내원의 경물에 한정하지 않고, 외부로까지 확장하였는데, 이는 주자에 대한 존숭이 생활화되면서 크게 유행이 되었던 구곡가 계열의 연작시 제작과 밀접한 연관이 있다. 우리나라 유학자들, 특히 성리학자들은 주자학을 신봉하여 사상이나 철학 및 생활은 물론이고, 문학에 이르기까지 전범으로 삼았다. 그래서 무이도가를 적극적으로 수용하여 산자수명한 승지에 정사를 건립하거나 무이구곡과 같은 원림을 경영하면서 은거 구도하여 주자연朱子然한 생활을 함으로써 유교적 이상세계를 실현하고자 했었다.10)

이는 원림에 대한 생각이 도학의 실천장이나 수행공간으로서의 의미도 있지만, 무릉도원의 이상적인 세계, 신선세계 등을 의미하는 곳으로 변모되고 있음을 뜻한다. 이는 사회적 여건과도 관계가 깊은데, 정치적 사회적으로 혼란하고 힘들어질 때 유학자들은 도피처로써 신선세계를 꿈꾸게 된다.

---

10) 김문기, 「주자<무이구곡가>의 수용과 구곡시의 전개」, 한국유교학회 주최 학술대회 발표논문, 1991.

## 2. 소쇄원의 중흥 활동

### 1) 소쇄원의 침체 현황과 중흥 활동

양천운梁千運에게는 몽우夢禹·몽희夢羲·몽염夢炎·몽요夢堯 등 네 명의 아들이 있었다. 큰아들 양몽우梁夢禹[11]는 김장생金長生의 문인으로, 촉망받는 인재였다. 몽우에 대해서는 『창평학구당안昌平學求堂案』과 『호남창평지湖南昌平誌』의 유현편儒賢編에 그 이름이 보인다. 소쇄원은 아버지인 양천운이 지키고 있고, 그 자신은 어머니가 일찍 돌아가시는 바람에 밖에서 학문 활동을 하며, 외가 쪽이나 처가 쪽에서 활동기반을 굳힌 듯이 보인다. 그러나 몽우는 아버지보다 먼저 죽었다. 그 죽음을 애통해하는 만사 2수가 조홍립의 『수죽집』에 실려 있다.

형인 양몽우가 태인에서 생활기반을 다졌고, 또 일찍 죽었으며, 가운데의 두 형도 요절하였기 때문에 소쇄원은 자연히 막내인 양몽요[12]가 지켜가야 했다. 문화 유씨의 문집인 『유주세적儒州世積』 중 유동기柳東紀편에는 정홍명의 문인록이 실려 있는데, 여기에 양몽요가 정홍명의 문인으로 올라 있다. 이밖에 몽요에 대한 기록으로는 『창평학구당안』에 이름이 올라 있는 것과 양경지의 『방암유고方菴遺稿』에 실린 단 한 수의 시가 전부이다.

---

11) 양몽우梁夢禹(1589~1635) : 자는 하경夏卿이고, 호는 기암奇巖·월담月潭이다. 양천운의 큰아들이며, 1612년에 진사가 되었다. 김장생金長生 문인으로 태인에서 생활하였고, 태인 송정영당에 배향되어 있으며, 묘소도 태인에 있다. 송정은 광해군의 폐모사건을 반대하여 상소를 올렸던 10현이 낙향하여 소요하던 곳이다.

12) 양몽요梁夢堯(1616~1671) : 자는 강수康叟이고, 호는 나은懶隱이다. 정홍명鄭弘溟의 문인으로, 족보에 의하면 임천에서 도를 즐기면서 살고 명리를 구하지 않았다고 한다. 통훈대부 장악원정에 증직되었다.

『방암유고』에는 〈복차나은재운伏次懶隱齋韻〉이라고 하여 양경지가 할아 버지인 양몽요의 시에 차운한 시가 한 수 있는데, 양몽요의 시문이 나타 나는 경우는 여기 한군데뿐이다. 양몽요의 시는 원래 임시林嵋[13]의 원운 에 양몽요가 차운하였고, 또 여기에 양진태가 차운[14]하였으며, 다시 양 경지가 차운한 것이다. 이 시를 통해서 양몽요와 임시가 교유관계를 가 졌음을 알 수 있다.

谷邃雲猶邃          골짜기 깊숙하고 구름도 아득한 곳
山重水亦重          산도 첩첩 물도 첩첩
其間一老客          그 사이에 한 늙은 객이
閉戶任疎慵          문을 걸어두고 한가롭게 산다네.

道人不出戶          도인은 문을 나오지 않고,
靑山重復重          청산만 첩첩할 뿐이네.
冥心無一物          그윽한 마음에 한 물건 걸림도 없이
寂寂任天慵          적적하게 천성대로 산다네.[15]

뒤의 시는 임시의 작품이고, 앞의 시는 양몽요가 차운한 작품이다. 비 록 단 한 편의 시이지만, 그의 소쇄한 생활을 추측할 수 있기에는 충분 하고, 그의 교유관계[16]도 잘 알 수 없는 현 상황에서 귀중한 자료이기도 하다. 임시는 양몽요를 첩첩한 산중에서 문밖출입도 하지 않는 도인으로 보고 있으며, 나아가서 그를 하나의 물건에도 걸림이 없는 명심冥心의 경

---

13) 임시林嵋 : 자는 사가士駕이고, 호는 초헌椒軒·반송자盤松子이며, 본관은 나주이다.
14) 『방암유고方菴遺稿』 71쪽, 양진태의 차운시.
   水流分九曲          峰秀壓千重
   眞箇無邊樂          非忙亦不慵
15) 앞의 책, 71쪽.
16) 이밖에 유승柳乘의 『현강유고玄岡遺稿』에 양몽요에 대한 글이 나오는데, <경차나 옹기시운, 시나옹역유적벽지유敬次懶翁寄示韻, 時懶翁亦有赤壁之遊>란 제목으 로, 양몽요가 적벽에서 노닐며 지은 시에 유승이 차운한 작품이다.

지에 든 사람으로 보고 있다. 이때 소쇄원의 주인에 대한 관점은 유가의 '처사處士'에 도가풍이 가미되고 있음을 볼 수 있다.

그는 소쇄원을 지키면서 가장 고요하고 소쇄하게 살아간 것으로 보인다. 그가 전혀 몸을 드러내지 않고 산 이유는 정확히는 알 수 없지만, 전후戰後에 소쇄원이 상당히 심한 타격을 받은 상태였음을 짐작할 수 있다. 임시의 시는『소쇄원사실』에도 한 수 더 실려 있는데, 양진태에게 준 시로, 제목은〈우차증내숙又次贈來叔〉이다. 그리고 보면 임시는 양몽요와 양진태 2대에 걸쳐 교유했음을 알 수 있다.

소쇄원은 제4대에 와서는 앞에서 살폈듯이 거의 활동이 정지되었다. 그러다가 제5대인 양진태 대에 와서 중흥 활동이 시작된다. 그에게는 형님인 양진수梁晉秀[17])가 있었으나 강진에서 거처하고 있어서인지 그의 활동은 거의 보이지 않는다. 다만『방암유고』의〈근차인재공운謹次忍齋公韻〉이란 시문 뒤에 양진태의 원운과 세주가 붙어 있어서 이 시기의 가족상황을 조금 엿볼 수 있다.

| | |
|---|---|
| 門戶逢恩慶 | 가문이 은혜로운 경사를 만나서 |
| 連枝此會奇 | 형제가 특별하게 모였다네. |
| 樽前俱鶴髮 | 술동이 앞에는 부모님 구존하고 |
| 庭下摠麟兒 | 뜰아래에는 모두 기린아들. |
| 桑梓團欒夕 | 고향에서의 단란한 저녁과 |
| 松楸省拜時 | 산소에 성묘할 때. |
| 却將離合意 | 떠나면서 만날 뜻으로 |
| 相勗歲寒期 | 서로 도와 세한을 기약하네.[18]) |

---

17) 양진수梁晉秀(1641~1717) : 자는 덕유德由이다. 송시열 문인이며, 뒤에 손자 양학로의 수직壽職에 의해 가선대부 공조참의에 증직되었다.

18) 위 시의 뒷부분에는 세주가 다음과 같이 붙어 있는데, 당시의 가족상황을 알 수 있다.『방암유고』31쪽, "幷附小序. 到門日設宴, 瀟灑園, 季弟華叔實主之. 伯氏自康津來會, 次姪應之, 自玉川來, 其弟胤之, 自桂村來, 余與豚兒采之, 自綾陽寅所先後而來. 父子兄弟, 聚會家山, 眞近歲勝事. 丙子十一月十九日壬申, 行到門宴. 二十

위 시를 지은 시기는 1696년으로 보이며, 세주에 기록된 글을 통해서 볼 때, 소쇄원을 실지로 지키고 있던 사람은 동생 양몽요의 셋째아들 양진첨梁晉瞻이고, 큰형님인 양진수는 강진에서 거처하고 있었으며, 형수 박씨는 죽었고, 양진수의 둘째아들 응지應之는 순창에서 거처하고 있었으며, 진수의 셋째아들 윤지胤之는 계촌에서 살고 있고, 양진태와 그 아들 채지采之는 능주에서 거처하고 있는 사실 등을 알 수 있다. 집안 잔치를 연 까닭은 조카 양경지가 진사시에 합격하여서 이를 축하하기 위해서이다. 양경지는 병자년丙子年(1696)에 진사시에 합격하였다. 이 시기에는 가족들이 각자 자신의 거처가 따로 있어서 서로 떨어져서 살고 있었고, 양진태 또한 노년의 나이에 능주에 휴식처를 정하고 소쇄원을 오가며 살았던 것으로 보인다. 그러나 현재 양진태의 후손들은 담양군 남면 연천리에서 터를 닦고 살고 있다.

양진태가 젊은 시절부터 소쇄원을 중흥시키려는 노력을 적극적으로 펼쳐간 데는 이유가 있었던 듯싶다. 할아버지 양천운 시절에 정유재란 때 불타버린 소쇄원을 중수하긴 했지만 소쇄원에서의 교유 활동은 앞대에 비해 그다지 활발하지 않았으며, 아버지 시절에는 그것조차 없어져버렸다. 이를 젊은 시절부터 보아온 양진태는 선조들의 빛나는 발자취를 다시 드러내어 길이 전하고자 하는 계획을 세우게 된다. 양진태를 중심으로 하여 조상들에 대한 글 받기는 상당히 장기간에 걸쳐 이루어졌는데, 족보에 의하면 그는 어려서부터 병화에 타고 남은 선세의 행적을 모으는 작업을 하였다고 한다. 그는 이러한 활동을 조카들인 택지擇之·경지敬之, 그리고 아들인 채지采之와 함께 펼쳐나간다. 소쇄원이 적막해진 상태 속에서 양진태의 소쇄원 중흥 활동은 필연적이었다고 할 수 있다. 이

---

二日, 榮墳于堅岩伯嫂朴氏墓. 二十三日, 上中山墓所. 二十四日, 往省保梁村祖母丁氏同福墓. 二十五日, 上光州梨峴山所, 一行諸族 濟濟參會, 是日舍伯, 自山所徑歸康津, 臨歧拜別, 不覺黯然, 吟得短律, 以勉保重之意, 而不及於悵別之意者, 以其或傷於垂老感懷, 而然也云"

제부터 그들의 활동들을 하나하나 살펴보겠다.

이 시기에 가장 두드러진 활동은 「소쇄원사실瀟灑園事實」[19] 만드는 일이라고 할 수 있다. 양진태는 조카들과 함께 대석학들에게 선조들의 행장이나 묘문을 부탁하였다. 양진태는 먼저 이민서李敏敍(1633~1688)에게 양산보의 행장을 부탁하여 1678년에 이루어졌고, 다시 송시열宋時烈(1607~1689) 문하에 드나들면서 양산보와 양자징의 행장을 부탁하여 1684년에는 양산보, 1685년에는 양자징의 것이 이루어졌다. 양씨 족보에 보면, 양산보 후손 가운데 송시열 문인은 양진수·양진태·양택지·양경지·양유룡 등이 있다. 이것으로 볼 때, 소쇄원가는 송시열과 밀접한 관련을 맺고 있음을 알 수 있다. 이밖에도 기정익奇挺翼(1627~1690)에게는 양천운의 행장을 부탁하여 1690년에 나오게 되었으며, 또한 누가 받았는지는 확실하지 않으나 1682년에는 박세채朴世采(1631~1695)로부터 양산보의 묘갈명을 받아왔다. 한편 양택지梁擇之[20]는 1693년에 박세채에게 상례에 대해서 물어본 적이 있다.[21]

양택지는 소쇄원의 제6대 주인으로, 원래 천운千運─몽우夢禹─진혁晉奕 계보였는데, 장손 천리千里의 증손으로 입계하게 되었다. 그럼으로써

---

19) 본고에서는 「소쇄원사실瀟灑園事實」과 『소쇄원사실瀟灑園事實』을 달리 썼다. 전자는 책으로 간행되기 이전의 모습이고, 후자는 책으로 간행된 후의 모습을 일컫는다.
20) 양택지梁擇之(1650~1711) : 자는 여강汝精이고, 호는 당산棠山이다. 양산보의 6세손으로, 생부는 진혁晉奕이며, 소쇄원의 실질적인 제6대 주인이다. 1650년에 태어나 1681년에 생원이 되었고, 1711년에 졸하였다. 송시열·이민서·김수항의 문하에 출입하여 추장推獎되었고, 김창협·김창흡 형제와 민진후·조정만 제현들과 서로 좋은 관계를 맺었으며, 여러 번 천거되었으나 벼슬에는 오르지 못하였다. 그의 지행이 『인재공유고』에 상세히 보인다고 나와 있다.
21) 『남계집南溪集』 권14 <답양여정택지答梁汝精擇之 문상례문喪禮>, "(중략) 昌平梁晟 無嫡子, 只有妾子晉肅·晉裕 而晉肅只有賤妾子, 晉裕有正妻所生, 當初晉肅承其父祀, 昧於事理, 其嫡母及所生母 神主並奉一室, 有同前後配者. 晉肅兄弟身死之後, 門中黜其所生母神主, 使晉肅妾子主之, 其嫡祖父母神主, 使晉裕之子主之, 嫡母與生母 並安一室 不壞禮防耶. 國典 士大夫 無嫡子 則良妾子, 無良妾子 則賤妾子奉祀, 初亦無妻妾並祔於一龕之文, 梁氏門中所處正得其宜, 恐非所當更問也"

소쇄원은 장자상속의 원칙이 정해지게 되었다고 본다. 지금까지는 고향을 지키는 사람이 소쇄원의 실질적 주인 노릇을 했었다. 즉 양진태가 소쇄원주인으로 나오는가 하면, 양진첨이 실질적 주인이라고도 하였다. 그것은 소쇄원가 장손의 입지가 아직까지는 확고하지 않았던 것에 원인이 있었던 듯하다. 그러나 양택지가 입계하여 소쇄원의 주인 역할을 하고부터는 소쇄원은 장자상속으로 발판을 굳혀가게 되었다.

이때 조선사회의 관습도 제사나 재산상속을 장자에게 몰아주는 것이 대세로 굳어지고 있었다. 이후부터는 소쇄원의 주인도 장자가 맡게 되었다. 가계계승에 있어서도 17세기를 기준으로 하여 획기적으로 변화가 있었다. 즉 17세기를 기준으로 그 이전과 그 이후의 가계계승과 족보편찬에 있어서 획기적 변화는 무엇보다도 종법적 가족제도하에서 장자봉사제와 함께 양자제가 확립됨으로써 세대의 단절없이 가통이 계속될 수 있었다.22)

그는 당숙 및 종형제들과 함께 소쇄원을 현양하고 정립하기 위해서 적극적인 활동을 하다가 촉망받던 아들의 죽음으로 정신적 충격에서 헤어나지 못하고 사망하기에 이르렀다. 한편 그의 문집인 『당산유고棠山遺稿』가 미간행상태로 소쇄원에 전해져 오다가 1984년경에 도난당한 사실이 있다. 문집이 분실된 탓으로 그의 문학 활동은 거의 짐작해보기 어렵다. 그러나 경학을 위주로 공부하는 사람이라서 시작詩作은 많지 않았을 것으로 생각된다. 그의 작품으로는 『월성세고』에 단 한 수의 시23)만이 실려 있다. 『소쇄원사실』에도 그의 작품은 전혀 없고, 다만 조경망趙景望이 지어서 준 〈증주인양여정택지贈主人梁汝精擇之〉24)라는 시 한 수 만이 실려 있다.

---

22) 이수건, 『한국의 성씨와 족보』, 서울대학교출판부, 2003, 153쪽.
23) 『월성세고』 권6「송와공유고松窩公遺稿」〈차독송와제영次獨松窩題詠〉.
24) 『소쇄원사실』 권13「제현제영창수諸賢題詠唱酬」 부록.

그가 소쇄원의 주인으로서 역할을 다하기 위해 노력하였음은 여러 글에서 드러난다. 그는 서봉령徐鳳翎25)에게 선세 행적에 대해 글 써주기를 청한 적이 있는데, 다음 편지를 통해서 확인할 수 있다.

〈양진사 택지에게 답하다.〉

(중략) 편지에서 말씀하신 선현들의 유사遺事는 전후 영현英賢의 장狀·명銘·지誌·갈碣이 이미 여러 사람의 이목에 드러나 있어서, 또 반드시 논찬論撰할 바가 아닙니다. 다만 생각건대 소쇄원의 세적世跡을 한 편 수장收藏하여 대대로 지키는 것으로 삼고자 한다면, 마땅히 전후 이름난 사람들의 소쇄원과 관련된 글을 거두고, 수창하고 화운한 회모懷慕의 말들을 모아서 시의 이야기에 들어있는 속뜻을 다하는 것이 옳을 것입니다. 앞에 보았던 오가吳家의 소책小冊과 다른 사람이 말한 선인의 문자에 대한 것들은 함께 수록해서 보내주심이 어떠하겠습니까. 땔감나무가 스러지듯 쇠약해져서 할 말은 많으나 이만 줄이겠습니다.

갑자년(1684) 가을에 씀.26)

이 편지는 나주 철야리에 살고 있던 서봉령이 양택지에게 답장한 편지로, 서봉령의 문집에 들어있다. 서봉령은 이때 60살이 넘은 나이로, 양택지와는 거의 30살에 가까운 나이 차이가 있다. 이 편지를 통해서 양택지가 서봉령에게 선조들의 유사 써주기를 부탁했음을 알 수 있다. 그러나 그는 이에 대해서 선현들은 이미 행장이나 묘갈명 등이 모두 갖추어져 있어서 따로 유사를 쓸 필요는 없겠고, 소쇄원에서 이름난 사람들

─────

25) 서봉령徐鳳翎(1622~1687) : 자는 경휘景輝이고, 호는 용구龍邱·매학梅壑이며, 본관은 이천이다. 아버지는 진명晉明으로, 나주 철야리에서 태어났으며, 안방준에게 수업하다가 스승이 죽자, 노서 윤선거 문하에서 수학하였다. 유고에 『매학선생집梅壑先生集』이 있다.

26) 『매학선생집梅壑先生集』 권6 <답양진사택지答梁進士擇之>, "(중략) 示敎 先正遺事, 前後英賢, 狀銘誌碣, 已顯諸耳目, 又不必更有所論撰, 而第惟名園世跡, 欲收藏一編, 以爲世守之地, 則當書收, 前後名輩, 酬和懷慕之語, 以悉詩話餘意可也. 前見抵吳家小冊, 及他有語, 及先正文字, 並爲收錄, 投示如何, 柴薪委頓, 掛一漏萬. 甲子秋 拙記"

이 수창한 시들을 모아서 그 속에서 읊고 있는 뜻을 아는 것이 좋으리라고 제의하고 있다. 그 후 소쇄원에서는 서봉령의 제의에 따라 그동안 읊어진 유명한 인물들의 시문을 전부 모으는 작업을 하기 시작하였다고 본다. 그래서 다음 대代 1755년에 가서 드디어 『소쇄원사실』이 책자로 출간할 수 있게 되었다.

서봉령은 시문 모으는 작업을 건의하는 한편 소쇄원 선인들의 행적에 대해서도 글을 써주었다고 생각된다. 편지 끝부분에 오吳가의 소책도 함께 보내주라고 했는데, 위의 오吳가는 양자징의 사위로서, 정유재란 때 죽은 오급吳岌을 말한다. 오급의 행적이 서봉령의 붓 끝에 의해 드러나게 되었으리라고 보는데, 그 글은 현재 남아있지 않다.

양택지는 또한 1706년 무렵에 정호鄭澔(1648~1736)를 찾아가서 소쇄공 사적에 글을 써주길 부탁하였는데, 그때 글과 함께 받아온 두 수의 시도 『소쇄원사실』에 전한다. 그리고 민진후閔鎭厚(1659~1720)에게 〈효부孝賦〉에 대한 글을 써주기를 부탁하였는데, 그 사실을 "동학 친구인 양여정梁汝精이 선조 소쇄옹瀟灑翁의 〈효부〉와 김하서金河西가 차운한 것을 가져와서 글을 써주기를 부탁했으나 아직 쓰지도 못한 상태에서 여정汝精이 갑자기 저세상으로 가게 되었다"[27]라는 글 속에서 살필 수 있다. 여기에서 양택지가 당숙 양진태와 함께 이름난 석학들에게 선조들에 대한 글을 부탁한 사실이 확인된다. 그 글 뒤에는 세주로 민진후가 양진태에게 보낸 편지가 붙어 있다. 그 내용에는 "당신의 당질 상상上庠공이 문득 세상을 떠나서 놀랍고 고통스럽기 말할 바를 알지 못하겠습니다. 소식이 막힌 사이에 유명을 달리했으니 인사의 변함이 여기에 이른단 말입니까"[28]라

---

27) 『소쇄원사실』 권13 「발跋」 <효부서후발孝賦書後跋>, "同年友梁汝精, 甞以一冊, 抵余要寫, 其先祖瀟灑翁所著孝賦 及金河西次韻者, 余敬諾之, 顧以公私多 故閱十年 而未踐, 今聞汝精遽作泉下人"

28) 앞의 책, 권13 「발跋」 <효부서후발孝賦書後跋>, "今堂姪上庠公, 奄忽違世, 驚痛之至, 不知所言. 積歲阻闊, 幽明遠隔, 人事之變, 乃至是耶"

는 말이 들어 있다. 민진후는 송시열 문인인데, 이때 소쇄원가의 후손들인 양진수·양진태·양택지·양경지도 모두 송시열 문인이라서 동학이었던 민진후에게 〈효부〉의 발문을 부탁한 것으로 보인다. 그러나 양택지가 이미 사망한 후에야 글이 완성되었다.

한편 양진태의 아들 양채지29)도 석학들에게 글 써주길 부탁했는데, 먼저 〈서소쇄원사실후書瀟灑園事實後〉를 1711년 김춘택金春澤(1670~1717)이 취산에 적거중일 때 받아온다. 김춘택은 그 본문에서 말하길, 양채지가 방문하여 「소쇄원사실」 1편을 보이면서 글 써주기를 부탁했다고 한다.30) 이 무렵이면 「소쇄원사실」의 구상도 거의 끝나가던 때이다. 김춘택은 이 부탁에 〈차소쇄원운 증양군택次瀟灑園韻贈梁君擇(1712)〉이라는 시 두 수도 함께 지어 주었다.

그는 또한 1725년에 이의현李宜顯(1669~1745)에게 부탁하여 〈양씨가승발梁氏家乘跋〉에 대한 수필手筆을 받아오기도 하였다. 이의현은 이 글을 먼저 1706년에 썼는데, 그 글의 끝에서 덧붙여 말하길, "내가 20년 전에 이 글을 지었는데, 이제 고암의 4세손인 채지가 나에게 와서 판각에 부칠 글씨를 써주기를 청하니, 그 뜻이 참으로 근실하였다"31)라고 밝히고 있다. 이를 통해 1725년에 판각에 부치기 위해 다시 이의현에게 부탁하여 글씨를 얻었음을 알 수 있다.

이상에서 살핀 「소쇄원사실」 만들기와 함께 이루어진 작업이 〈소쇄원도〉 만들기이다. 양진태는 소쇄원을 정형화하는 작업으로, 소쇄원을

---

29) 양채지梁采之(1679~1738) : 자는 군택君擇이고, 호는 죽은竹隱·계은溪隱이다. 만년에는 청계동清溪洞에서 우거하였다. 유집이 집에 소장되어 있다고 족보에 기록되어 있으나, 현재는 없다.

30) 『소쇄원사실』 권13 「발跋」 <소쇄원사실후瀟灑園事實後>, "今年梁君采之, 訪余於鷺山謫所, 生卽瀟灑翁之後孫也. 以瀟灑園事實一編示余, 余於是益得詳翁之賢, 蓋其事實者, 多先賢之所敍述而可徵也"

31) 이 글은 1755년 판본 『소쇄원사실』 「발跋」에만 실려 있다. "余於二十年前 爲此文, 今鼓巖四世孫采之, 來請余手筆, 以付剞劂, 其意良亦勤矣"

그림으로 그려서 선대의 훌륭한 모습을 후대까지 남기고자 하였다. 〈소쇄원도〉의 판각은 비록 훨씬 뒤인 1755년에 이루어졌지만, 그 기초그림은 이미 배대우裵大遇와의 수창시에서 드러나듯이 1672년 무렵에는 이미 이루어져 있었다.[32] 그는 이 그림을 다른 사람에게 보여주면서 소쇄원을 소개하기도 하였다.

또한 그는 선조들의 행적을 〈소쇄공유적십도瀟灑公遺蹟十圖〉와 〈고암공유적십도鼓巖公遺蹟十圖〉 등 10도圖로 그리고, 그 위에 시를 한 수씩을 적어 넣고자 하였다. 이 사실은 〈두 분의 열 가지 행적을 열 개의 그림으로 그리려고 하면서, 그림 위에 시를 넣고자 하여 김창협의 세 형제분들에게 읊어서 드리다〉[33]라는 제목에서 드러난다. 즉 소쇄원을 후손들에게나 주변에 널리 알리고 선조의 뛰어난 업적을 길이 전하기 위해서 그림으로 그려두고자 하였다. 그러나 현재 『소쇄원사실』에는 〈소쇄원도〉의 판각그림과 양진태가 지은 〈유적십도〉의 시만이 실려 있다.

양택지도 김창흡에게 〈소쇄원도〉의 서문을 부탁한 적이 있다.

〈양진태에게 답하다. 임진년(1712)〉

(중략) 제게 명원도名園圖의 서발序跋을 써달라고 부탁한 일은 고인에게 허락한 것을 아직 끝내지 못하여 더욱 부끄러워 땀을 흘릴 지경입니다. 대개 암처巖處에 있었기 때문에 그림을 몸에 지니지 못하였고, 여기에 와서는 또 병치레를 하느라 틈이 없었던 까닭입니다. (중략)

그간에 첩자疊字를 지적해주신 것을 받고 보니, 대개 일찍이 보지 못했던 부분입니다. 두 자는 진실로 함께 있을 수 없으니, 끝내 실수 중의 실수였습니다. 혹 미未자로 고치면 뜻은 대략 통하니 조금씩 정밀하지 못한 것에 대해서는 혹 조阻자로 대신하여도 될 것 같습니다만 미未자처럼 분명하지는 않을 듯합니다. 바라건대 옳고 그름을 따져주심이 어떠신지요.[34]

---

32) 『소쇄원사실』 권13 「제현제영창수諸賢題詠唱酬」 부록.
33) 앞의 책, 권13 「제현제영창수諸賢題詠唱酬」 부록 <兩世十蹟擬作十圖, 要得試筆于圖上, 吟呈金農巖 三淵 夕凉亭, 仲叔季三斯文>.

위 글은 김창흡이 양진태에게 보낸 답장편지로, 작자가 강원도 영시암永矢庵에 은거 중일 때 보낸 것으로 보인다. 이 편지에서 말하는 '명원도名園圖'는 바로 〈소쇄원도〉를 말한다. 여기에서 고인이 사망한지 1년이 되었다면, 양택지를 이른 것이며, 양택지가 김창흡에게 〈소쇄원도〉의 서발문을 부탁하였는데, 그것을 완성하기도 전에 사망하였다고 판단된다. 이것은 양진태가 그 조카들과 함께 펼쳐간 소쇄원 정형화작업 중 하나로 〈소쇄원도〉도 포함되어 있었고, 그림을 목판에 새기진 않았어도 김창흡에게 서발문을 부탁하고 있는 것을 보아 계속 진행 중인 일이었음을 알 수 있다. 그리고 또 다른 내용으로는 추신에서와 같이 만사의 정리도 부탁하고 있다.

소쇄원의 중흥 활동 중에는 '제명록題名錄'을 만들어서 원림에 비치해 둔 일도 소쇄원이 부흥기를 맞이하는 데에 큰 역할을 하였다. 소쇄원이 적막하게 되자, 양진태는 먼저 소쇄원을 중흥시키는 일환으로 여러 차례 시회를 열었던 것으로 보인다. 그는 '제명록'을 만들어서 소쇄원을 방문하는 사람들에게 이름과 시문을 써 넣게 하였다. 제명록의 운은 후대에도 계속 사용되었으며, 여기에 참석한 사람들이 소쇄원의 중기시단을 열어갔던 주요 인물들이었음을 인식할 수 있다.

이 '제명록'은 박선홍이 『무등산』이라는 책을 처음 쓸 때인 1976년까지도 소쇄원에 남아있었는데, 그 후 도난을 당했다고 한다.35) 『소쇄원사실』에 실린 〈소쇄원제명록절구瀟灑園題名錄絕句〉는 먼저 조경망趙景望36)이

---

34) 『삼연집三淵集』 습유拾遺 권17 「서書」 <답양래숙答梁來叔>, "(중략). 見索名園圖序跋, 訖未已諾於泉下, 益增慚汗, 盖緣岩處時, 未以匣子隨身, 而此來又病冗靡暇故也중략. 間承此摘示疊字, 盖未曾照管矣. 二字實不宜兩存, 而竟失之失, 或改以未, 意則粗通, 對稍不精, 或代以阻字亦可, 恐不若未字之分明, 幸裁定如何"

35) 박선홍, 앞의 책, 209쪽.

36) 조경망趙景望(1629~1694) : 자는 운로雲老이고, 호는 기와奇窩이며, 본관은 임천林川이다. 아버지는 석형錫馨이고, 할아버지는 희일希逸이며, 송준길 문인이다. 1677년 7월~1679년 2월에 동복군수를 지내었는데, 이때 소쇄원에 왕래하였다.

1677년에 소쇄원을 왕래할 때 쓴 것으로 보이며, 이에 양진태가 두 수를 차운하고, 다시 별운別韻으로 칠언율시를 지어서 조경망에게 준 시가 있다. 조경망의 시에 차운한 사람으로는 양진태梁晉泰·박민행朴敏行·이원표李元杓·고두명高斗明·이한정李漢井·조항曺杭·정리鄭浰·조근하曺根夏·정민하鄭敏河·정광연鄭光演·현징玄徵·이후원李厚遠 등이 있으며, 양진태의 시에 차운한 사람으로는 조경망·이일삼李日三·정광연·이후원 등이 있다. 이들은 대부분 창평에서 양진태와 함께 활동하던 인물들이거나 관리로 재임 중인 사람들이다. 이 제명록이 있음으로 해서 소쇄원에 왕래한 사람이 누구였는지, 또는 어떤 글을 남겼는지를 알 수 있고, 뒤에 오는 사람은 앞서 온 사람들의 행적을 살필 수 있다. 이 뿐만이 아니라 제명록은 원림문학을 집대성한 원천 자료가 되기도 한다.

이밖에도 소쇄원 중흥 활동 중에는 소쇄원에서 강조하는 사상을 다시 확인하는 작업도 들어 있다. 양진태는 고조할아버지인 양산보가 지어서 부모님의 경사 날에 자제들로 하여금 부르게 했다는 〈애일가愛日歌〉를 번역해서 집안사람들에게 경계하는 뜻으로 보여주기도 하였다. 집안 대대로의 유업인 효사상을 다시 한 번 강조하고 있는 내용이다.

〈謹翻瀟灑高祖愛日歌辭 警示一家人〉
삼가 소쇄고조께서 지으신 애일가를 번역하여 집안사람들에게 경계하여 보이다.

日裏慈烏聽我說      해 속의 까마귀야 내말 들어다오.
爾禽曾是鳥中參      너는 짐승이지만 새 가운데 증삼曾參이라.
我有高堂雙鶴髮      나에게 고당 늙으신 부모 계시니,
願將朝彩照天心      원컨대 아침빛을 하늘 가운데서 계속 비추어주렴.37)

위 시는 이미 양산보가 우리말로 〈애일가〉라는 가사를 지은 적이 있

37) 앞의 책, 권13 「제현제영창수諸賢題詠唱酬」 부록.

는데, 원문이 없어진 상태에서 그 세주에 쓰인 글은 〈애일가〉의 내용을
알 수 있게 해주고 있어서 귀중한 자료가 된다. 해 가운데의 까마귀는
삼족오三足烏를 믿는 우리 전통사상과 맥락을 같이하며, 반포보은反哺報恩
을 하여서 증삼曾參과 같이 효도하는 새로 알려져 있다. 이 까마귀에게
의탁하여 하늘의 해를 오래도록 하늘 가운데 있게 해달라고 빌고 있는
내용이다. 즉 까마귀를 매개체로 하여 늙으신 부모님이 오래 사시길 축
원하고 있다. 그 역시 양산보처럼 효사상을 강조했음을 알 수 있다. 이
효孝라는 것은 도학자들의 수신양성 덕목이란 점을 앞에서 밝힌 바 있
다. 가정의 학문인 효는 밖으로 나가면 충忠으로 변환하게 된다. 그는 이
처럼 〈애일가〉를 번역하여 자제들을 경계하는가 하면, 이밖에도 소쇄원
에서 강회를 열어서 자제들을 훈도하기도 하였다.

〈以雨未會講 仍次仲父己未三月講會詩韻〉
비 때문에 강회에 참석하지 못하고, 기미년 삼월 강회 때 읊은 중부의 운에
차운하다.

| | |
|---|---|
| 春雨霏霏寒食前 | 봄비가 부슬부슬 내리는 한식 전날 |
| 千家渾欲起青烟 | 많은 집에서는 온통 푸른 연기 일어나려 하네. |
| 陽壇講會還孤負 | 애양단 강회를 홀로 가지 못한 채 |
| 謾績遺篇舊事傳 | 유편遺編에 실린 옛일을 느릿느릿 읽어본다.[38] |

위 시를 통해서는 소쇄원에서 때때로 강회를 가졌음을 추측해볼 수
있다. 양진태나 양경지 모두 젊은 시절에 해당할 때인데, 아마도 소쇄원
의 자손들이 모여서 그동안 공부한 내용도 점검받고, 원림의 운영에 대
해서도 토론하며, 소쇄원의 정신과 선조의 행적에 대해 읽고, 시문 짓
는 법도 배우고 하였을 것이다. 그러나 이번 강회에는 비 때문에 참석하
지 못하고 홀로 옛일들을 천천히 읽어보고 있는 모습을 표현하였다.

---

38) 『방암유고』 108쪽.

한편 가문을 선양하는 일에 빠질 수 없는 일이 족보를 만드는 일이다. 양진태는 처음으로 족보를 만들어서 집안의 계보를 밝히기도 하였다. 소쇄원가의 족보가 만들어졌다는 기록은 이때 처음 나오는데, 그것은 양학겸이 쓴『제주양씨족보』발문 속에 보인다. 즉 "병인년(1686)에 할아버지 양진태가 능주의 제종諸宗과 상의하여 합보를 만들어서 계보의 도를 밝혔다"39)고 쓰고 있다. 또한 1706년 무렵에도『양씨가승梁氏家乘』이라는 족보를 만든 것으로 보이는데, 그것은 앞서 이의현李宜顯의 〈양씨가승발梁氏家乘跋〉에서 살폈다. 이처럼 소쇄원가에서도 족보를 만들기 시작하여 종족의 계보를 뚜렷이 하고 가문을 선양하고자 하였다. 17세기부터는 족보의 기재방식도 변모해갔으며, 상속제도의 변화와 천민층의 양민화姓을 갖게 됨, 그리고 임·병양난으로 신분질서가 해이되어 17세기 후반부터는 족보가 쏟아져 나오게 되었다고 한다.40)

소쇄원을 정형화하는 작업 중에는 소쇄원의 경점을 30군데로 정하여 연작으로 지은 일도 있다. 양진태와 양경지는 〈30영〉을 지었는데, 여기에 대해서는 양경지의 『방암유고』에 양진태의 시에 차운했다고 하는 〈근차중부가산삼십영謹次仲父家山三十詠〉이 실려 있다. 이는 현재 양경지의 대표적인 작품으로 여겨지기도 하지만, 이전에 이미 양진태가 소쇄원을 30경으로 정해 놓고 하나하나 읊었음을 알 수 있다. 『소쇄원사실』에 실려 있는 〈소쇄원육절瀟灑園六絶〉은 바로 〈가산30영〉 중에서 소쇄원 내원에 있는 것만을 실어 놓은 경우이다. 왜냐하면 양경지가 쓴 〈가산30영〉 중 '소쇄원·제월당·광풍각·애양단·대봉대·오곡문'은 양진태의 〈소쇄원육절〉과 같은 형태에 같은 운韻을 사용하고 있기 때문이다.

양경지梁敬之는 양산보의 5대손으로, 『방암유고』라는 문집을 남기고

---

39)『제주양씨족보』「서序」〈양학겸의 을해년乙亥年 구발舊跋〉, "丙寅, 我先王考忍齋
　　公, 庸是之懼, 乃與綾州諸宗, 相議合譜, 明系之道"
40) 이수건, 앞의 책, 60쪽.

있어서 그의 생애와 소쇄원의 중기 상황을 어느 정도 살필 수 있다. 그는 중부인 양진태에게서 수학하였으며,[41] 35살(1696년)에 진사시에 합격하였으나 집이 가난하고 아버지가 연로해서 곁을 떠나 멀리 서울에 나가 노닐 수 없어서 그냥 궁벽진 시골에 눌러서 공부할 수밖에 없었다. 그는 강진으로 장가를 들어서 그곳에서 처가살이를 하였으며, 그 후 강진과 소쇄원을 오가며 생활한 것으로 보인다. 그의 부인은 해남윤씨 지석파인 윤제尹磾의 딸로, 일찍 죽어서 강진 지석동에 묻히게 된 것으로 보아 남인과 혼인관계를 맺고 있음을 알 수 있다. 양경지는 청년시절을 강진에서 많이 보낸 듯한데, 그것은 아버지가 강진에서 거처하고 있고, 처가도 강진이었기 때문이다. 한편 그가 강진에 있을 때는 그 지역 문인인 윤대휴尹大休(天任)와 주로 교유하였다.

그는 또한 일설에 의하면, 지실마을의 계당溪堂[42]에 살다가 그곳이 정민하鄭敏河[43]에게 넘어가게 되면서 소쇄원 위에 있는 고암동鼓巖洞 쪽으로 옮겨와 살았다고 한다. 어쨌든 그는 만년에 소쇄원 근처에서 거주하며, 늙도록 자제들을 가르치고 지냈다는 것을 알 수 있다.

한편 양경지가 〈30영〉을 지을 때는 진사시에 합격하던 해인 1696년 7월이다. 양경지의 많은 시가 중부의 시를 차운하고 있는데, 이 시도 그 중의 하나이며, 이러한 사실은 중부 양진태와 함께 소쇄원을 가꾸어 갔음을 증명해준다. 이 시는 오언절구로 이루어졌으며, 소쇄원의 주변을

---

41) 『월성세고』 권7 「어은공유고漁隱公遺稿」에 보면, 어은공 정면주의 만사를 양경지가 짓고 있는데, 소시 적에 인재공 양진태의 문하에서 동학同學하였다고 밝히고 있다.

42) 계당溪堂 : 『연일정씨소은공파보』에 따르면, 계당은 정홍명鄭弘溟이 처음 터를 잡은 곳인데, 중년에 제주양씨의 소유가 되었다가 정근鄭根(정민하의 아들) 때에 회복하였다고 한다. 정민하는 당초에 지곡의 계당에 복거하였다가 그 후 식영정으로 이거하였다고 한다.

43) 정민하鄭敏河(1671~1754) : 자는 달부達夫이고, 호는 소은簫隱·가은歌隱이며, 본관은 연일이다. 정철의 5대손으로, 식영정을 매입하여 중수하였다. 유집으로 『소은시고簫隱詩稿』가 있는데, 이는 1968년 계당에서 간행되었다.

30경으로 정해 놓고 순서대로 그 특징을 읊고 있다.

　　양진태는 이외에도 〈소쇄원사경瀟灑園四景〉 등을 지어서 원림의 아름다운 모습을 드러내고, 그 이미지를 정착하는 데에 힘썼다. 이 연작제영은 김인후가 쓴 〈48영〉이 소쇄원의 경물을 다했지만 4가지의 경치가 더 있어서 보탠다고 하였다. 이러한 점은 그가 원림의 아름다운 모습을 더 찾아서 드러내려고 노력했음을 알게 해준다. 그 사경은 '동학빙표冬壑氷標·야침천향夜枕泉響·우후암창雨後巖漲·월하송음月下松陰' 등인데, 다음은 그 중 한 수이다.

　　　〈冬壑氷標〉
　　　겨울 골짜기의 고드름

　　　危宽凝成凍　　　　위태로운 대홈통에 물이 얼어붙어
　　　層氷矗建標　　　　층층한 얼음이 뾰족하게 서 있네.
　　　眞君應夜降　　　　아마도 신선이 밤에 내려와서
　　　玉局湧清宵　　　　옥국玉局을 맑은 하늘에 솟아나게 했나봐.44)

홈통을 통해 계류의 물을 두 연못에 대고 있다.

---

44) 『소쇄원사실』 권13 「제현제영창수諸賢題詠唱酬」부록.

소쇄원의 경물은 김인후가 이미 〈48영〉에 다 담아냈지만, 양진태는 여기에 아름다운 경물로 4가지를 더하였다. 그 중 하나인 '대홈통에 매달린 고드름'은 겨울에만 볼 수 있는 소쇄원의 경물이다. 소쇄원에는 뚫린 담 사이로 흘러들어오는 오곡수가 조담에 모이면서 한편으로는 홈통을 통하여 대봉대 쪽의 연못으로 흘러들고 있다. 언제나 넘실거리며 홈통을 타고 흘러드는 물은 겨울에는 넘치는 물에 얼음이 얼어 자꾸만 길다란 고드름을 만들어가게 된다. 그래서 마치 거대한 발과 같은 모습을 만들어놓고 있다. 여기에서 작자는 소쇄원을 신선들이 드나드는 곳으로 상정하고 있음을 알 수 있다. 이러한 사상은 초기부터 존재했었지만, 이 시기쯤에 가서는 더욱 심화됨을 볼 수 있다.

한편 양경지도 소쇄원을 가꾸어가는 모습을 시문으로 남기기도 하였는데, 그가 어렸을 적부터 얼마나 소쇄원을 아끼고 사랑하였는가를 알게 해준다.

〈杜鵑花在待鳳臺南隅 余少時所手種也 丁未〉
두견화가 대봉대 남쪽모퉁이에 있는데 이것은 내가 젊었을 때 심은 것이다. 정미년(1727년)

| | |
|---|---|
| 五十年前種此花 | 50년 전에 이 꽃을 심었는데, |
| 園中歲歲管韶華 | 원림 속에서 해마다 봄빛을 관리하네. |
| 題詩爲向來人語 | 시를 지어 후생에게 말하노니, |
| 培養休教剪伐加 | 잘 길러서 꺾지 말도록 해다오.[45] |

위 시에서 보면, 양경지는 소쇄원의 대봉대 남쪽 모퉁이에 15살 무렵에 진달래를 심어놓았으며, 그것이 해마다 아름다운 꽃을 피우고 있는 사실을 알 수 있다. 60대 중반에 접어든 나이에 자신이 심고 가꾸어왔던 꽃이 아름답고 무성해진 것을 보고 후인들을 위해서 경계하는 시를 짓고

---

45) 『방암유고』 260쪽.

있는데, 진달래꽃을 잘 길러서 함부로 꺾게 하지 말도록 부탁하고 있는 내용이다. 비록 작은 화초에 불과하지만 후손들이 애정을 가지고 원림을 가꾸고 있음을 볼 수 있다.

이와 비슷한 시가 또 한 수 있는데, 〈광풍각 국화는 내가 심은 것이다. 그런데 가을에 꽃이 만개할 때 이웃아이들이 모두 꺾어 가버려서 무료함을 이기지 못하고 한 수 짓는다.〉[46]라는 제목의 시이다. 여기에서 그는 광풍각 주변에 국화를 일부러 심고 가꾸었는데, 정작 가을이 되어 꽃이 만개하자 이웃 아이들이 모두 꺾어 가버려서 어쩔 수 없는 심정을 시로 표현하였다. 위 시에서처럼 그는 일찍부터 소쇄원을 아끼고 사랑하였으며, 손수 화초를 심고 가꾸기도 하였다.

양경지는 박중회에게 소쇄원의 기문을 부탁한 적이 있는데, 이는 소쇄원이 한 차례 중수 활동을 하였음을 알게 해준다. 그 글이 박중회의 문집인 『소은집素隱集』에 실려 있다.

〈양경지가 보낸 편지. 붙임. 기사년(1689)〉

(중략) 헌기軒記는 모름지기 속히 해주시어서 아침저녁으로 눈앞에 놓고 마치 고인을 대하듯이 하여, 이로 인해 거의 고향으로 돌아가려는 뜻을 잊지 않게 한다면 어찌 조금만 다행이겠습니까. 우암선생께서는 전달 29일에 배를 타고 떠나서 지금은 어느 섬에 계시는지 알 수가 없습니다. 임금의 편지를 올린 후 소식을 알 길이 없습니다. 아는 바가 있으면 반드시 알려 주십시오. 오늘 송판관이 와서 영암군에 있으면서 식량을 얻어서 바다를 건넌다고 들었는데, 그것마저도 쉽게 볼 수가 없으니 한탄스러울 따름입니다. 당신의 편지가 필시 전해지지 못했을 것입니다. 허다한 편지가 다 전해지지 못한다는 것을 항상 알아주십시오. 편지 올립니다.[47]

---

46) 앞의 책, 321쪽, <光風閣菊花, 余所手植也. 及秋花盛開, 隣兒盡折而去, 不勝無聊, 仍成一絶>.

47) 『소은집素隱集』 권1 「서書」 <부양경지후서附梁敬之候書>, "(중략) 軒記須速爲之, 得朝夕留目, 如對故人, 而因此庶幾不忘還鄕之意, 則豈小幸也. 尤翁, 前月卄九日

위 편지를 통해서 양경지가 박중회에게 1689년에 기문을 부탁하였음을 알 수 있다. 이때는 만덕사萬德寺에서 박광일朴光—48)·박중회朴重繪와 함께 송시열의 적거행謫居行을 전송한 해49)이기도 한데, 그때 소쇄원의 기문도 부탁했다고 본다. 이 편지는 그곳에서 돌아온 후에 썼다고 생각되는데, 현재 송시열이 제주도를 향해 어디쯤에 가고 있는지 알 수 없다는 내용도 함께 실려 있다. 실제로 위 편지 뒤에는 〈소쇄원기〉가 수록되어 있다.

소쇄원에는 다른 누정과 달리 기문이 걸려 있지 않다. 누정을 처음 지을 때 대부분 기문을 짓는 일이 상례인데, 소쇄원에는 전혀 남아있지 않다. 박중회가 소쇄원의 기문을 쓰기 전에 소쇄원의 기문이 지어질 기회는 크게 두 번 이상이 있었다. 즉 양산보가 원림을 초축할 당시와 양천운이 중수할 때이다. 〈소쇄원기〉는 양천운이 상량문을 남긴 이후에 첫 기문이 된다.

그러나 박중회가 지은 기문은 『소쇄원사실』에는 실리지 않았다. 그 이유는 작자가 기문을 써놓고 전달하지도 못한 채 사망했고, 그 아들 또한 요절하여서 그대로 다른 원고 속에 묻혀버리게 되었기 때문으로 추정된다. 작자의 문집은 기정진奇正鎭이 편찬했으나 간행하지 못하다가 1968년에 이르러서야 사손嗣孫인 박원규朴元圭에 의해 발간되었다. 이와 같은 정황에 의거해서 위 기문이 쓰인 때는 1692년경으로 본다.

---

放船, 而未知住在何島耳. 進御札後 消息無由知得, 如有知須及之, 卽聞宋判官 來在靈郡, 得粮而渡海云, 而未易得見, 可歎可歎. 左右之書, 必不傳致矣. 許多書不能盡, 恒在默會.上狀"

48) 박광일朴光—(1655~1723) : 자는 사원士元이고, 호는 손재遜齋이며, 본관은 순천이다. 광주 진곡리에서 출생했고, 송시열 문인이다. 관직에 나아가지 않고 평생 성리학 공부에 침잠했다. 그의 문집 중에는 『만덕수창록晩德唱酬錄』이 있는데, 여기에는 송시열과 그 문하생인 양경지, 안여해, 박중회 등과 화답한 시 등이 기록되어 있다.

49) 『방암유고』 17쪽 <만덕사차박사원운萬德寺次朴士元韻>시의 세주, "己巳二月, 時尤齋先生謫濟州, 候風於萬德寺, 朴士元·朴受汝皆至"

위 기문을 통해서 소쇄원의 중기 모습을 살펴볼 수 있으며, 이때에도
소쇄원의 옛 모습을 지켜가려고 노력하고 있는 중임을 알 수 있다. 그
기문 속에는 "양산보의 운손인 택지가 필적이 벗겨진 곳은 보수하고, 없
어져버린 곳은 다시 손수 써서 보충해서 사람들이 볼 수 있게 하였
다"50)라는 내용이 담겨 있다. 이 기록을 통해서 양택지를 중심으로 하
여 한차례 소쇄원을 중수했음을 알게 해준다.

한편 『소쇄원사실』에는 양채지가 지은 〈광풍각중수상량시光風閣重修上
樑詩〉(1717년)도 실려 있어서 이 시기에도 또 한 차례의 광풍각 중수가 있
었음을 알게 해준다. 이때는 이미 소쇄원을 중흥시키기 위해 노력했던
양진태와 양택지도 죽은 후이다. 양채지에 대해서는 현재 문집이 남아
있지 않아 자세한 행적은 알 수가 없으나 『방암유고』를 통해서 추정해
볼 수 있다. 여기에는 양경지가 채지의 운에 차운하거나 채지에게 준 시
가 대단히 많이 있다. 그것은 양채지도 양경지 못지않은 작시 활동을 하
였음을 뜻한다. 그러나 소쇄원에서의 활동은 잘 나타나지 않고 있다. 그
가 지은 시문은 『소쇄원사실』에 〈광풍각중수상량시〉(1717년) 1수가 있
고, 『방암유고』와 『월성세고』에 각각 1수씩의 시가 실려 있다. 그와 교
유한 사람들이 준 시로는 김춘택 2수·조정만 2수·김진옥 1수가 『소쇄원
사실』에 실려 있고, 정종주鄭宗周·유승柳乘 등의 문집에는 양채지의 시에
차운한 시가 실려 있다.51)

양경지와 양채지는 함께 시회에도 참석하고 공부도 하는 등 많은 활

---

50) 『소은집』「기記」〈소쇄원기瀟灑園記〉, "翁之雲孫汝精氏, 嘗慨然於此, 遂就元筆露
處, 精加補益 其或剝減已盡, 不復可摹寫者, 則又自以手書補之, 俾今之流覽者, 得
其古迹"

51) 『월성세고』에는 정종주가 쓴 〈차두초당장유운 봉정양척채지죽와次杜草堂壯遊韻 奉
呈梁戚采之竹窩〉가 한 수 있다. 내용은 정종주가 두보의 〈초당장유운草堂壯遊韻〉에
차운하여 친척인 양채지에게 바치는 시이다. 정종주는 양진태의 문인이기도 하다.
그리고 『현강유고』에는 유승柳乘이 쓴 〈차양군택채지次梁君擇采之〉와 〈차기양군
택次寄梁君擇〉이 있다.

동을 하며 서로 돈독한 우의를 드러내었다. 양경지의 많은 시가 양채지의 시에 차운한 것이거나 양채지에게 주는 형태임을 보아 알 수 있다. 그들의 돈독한 우정에 대해서는 같은 종족宗族이 지은 다음의 시문에도 잘 묘사되어 있다.

〈贈宗弟仲直君擇 諱敬之號方菴進士 諱采之號竹隱〉
종제 중직과 군택에게 주다. 경지의 호는 방암이며, 진사이다. 채지의 호는 죽은이다.

| | |
|---|---|
| 鳴陽宗族固多人 | 담양에 사는 종족宗族 진실로 많으나 |
| 惟爾相從最所親 | 그중 너희와 상종하며 가장 친하였네. |
| 怜君擇善從吾好 | 군택은 '내 좋아하는 것'을 잘 따름이 사랑스럽고, |
| 羨仲直躬保性眞 | 중직은 몸소 간직한 참성품이 부럽네. |
| 園老淸修傳不墜 | 소쇄옹의 맑은 수양 전해져서 실추됨이 없건만, |
| 圃翁名節繼無因 | 학포옹의 이름난 절개 이어갈 기회 없구나. |
| 各當暮景宜加勉 | 각자 늙어갈 무렵에 마땅히 더 힘쓸 것이니, |
| 毋忝良規莫厭頻 | 더 할 수 없이 좋은 모범 싫어하지 말게나.52) |

양거안梁居安53)이 종제從弟인 양채지와 양경지에게 준 시로서, 종제들이 선조 양산보가 이루어놓은 소쇄원의 정신을 잘 이어가고 있음을 칭찬하면서 계속 더 힘써서 잘 해나가길 바라고 있다. 위 시를 통해서 양채지는 『논어』에서 말하는 '종오소호從吾所好'의 성품을 가졌고, 양경지는 참성품을 간직한 인물이었음을 알 수 있다. 양팽손梁彭孫(1488~1545)의 후손들은 주로 능주와 박산에서 살고 있는데, 소쇄원에 관련된 시문은 거의 남기지 않았다. 그러나 위 글에서 보이듯이 한 종족宗族이라는 점을 항상 염두에 두고 있었음을 알 수 있다. 양팽손과 양응정梁應鼎54)의 혁혁한 위

---

52) 『양씨보장梁氏寶藏』下. 이 책은 양팽손의 후손들이 선조들의 시문이나 편지 글 등을 모아 판각한 책이다.

53) 양거안梁巨安 : 자는 천백遷伯이고, 호는 육화옹六化翁이다. 우규禹圭의 아들이며, 양응정의 손자이다. 윤증尹拯의 문하에서 수업하였으며, 1687년에 생원이 되었다.

의는 소쇄원을 유지해나가는 데에도 많은 외호外護가 되었을 것으로 여
긴다.55)

## 2) 대외 활동의 전개

소쇄원가의 후손들은 내부에서의 활동에만 그치지 아니하고, 명실공
이 향촌의 명문가가 되어서 지역문화를 주도하여 갔다. 그중 소쇄원의
제6대 주인인 양택지는 1703년에 비록 허락은 받지 못했지만, 팔도 유생
의 대표로서 김장생金長生을 문묘에 배향하자고 4차례에 걸쳐 상소를 올
리기도 하였다.56) 이러한 상소는 40년간 40여 차례나 일어난 대 사건으
로, 이 일의 일부를 양택지가 맡았음을 볼 때, 그의 역량과 위상을 짐작
해볼 수 있다. 김장생은 소쇄원가의 후손들에게 있어서 학통의 연원과도
매우 밀접한 관련이 있는 사람이다. 앞에서도 살폈듯이 양천운의 아들인
양몽우가 그의 문하생이기도 하였으며, 그뿐 아니라 호남 유학자들의 도
맥道脈으로서, 조선의 예학禮學을 세운사람이기도 하다. 이 시기에 오면
호남유학은 학통이 사라지고 대부분이 기호계열인 김장생의 문하에서
학맥을 잇고 있다. 그러한 김장생을 문묘에 배향하자는 상소를 올리고
있다.

---

54) 양응정梁應鼎(1519~1581) : 자는 공섭公燮이고, 호는 송천松川이며, 본관은 제주이다.
   아버지는 양팽손이며, 1540년에 생원시에 오르고, 1556년에 문과에 합격하였다.
55) 이밖에도 양거안의 시에 차운한 시가 『방암유고』 279쪽에 한 수 실려 있다. 여기
   에서는 세친世親이면서 도교道交가 있음을 읊고 있다.
56) 민족문화추진회편, 『국역왕조실록』「숙종실록」, 29년 3월 10일, 유생 양택지 등이
   선정신 문원공 김장생의 성묘 배향을 청하니, 허가하지 않다. 8도의 유생 양택지
   등이 상소하여 선정신 문원공 김장생先正臣文元公金長生을 성묘聖廟에 올려 제사하기
   를 청하였으나 임금이 허가하지 아니하였는데, 양택지 등이 네 번 상소하여 거듭
   청하니, 답하기를, "지금 이 종사從祀의 청은 진실로 공의公議에서 나온 것임을 알
   지만, 아직 미루고 어려워하는 것은 대저 그 일이 중대하기 때문이다"라고 하였다.

소쇄원에서는 양택지 이외에도 양진태가 김장생과 송시열을 문묘에 배향하는 일에 앞장서기도 하였다.57) 또한 그는 동지들과 함께『우암집 尤庵集』을 전주 위봉사威鳳寺에서 교정한 적도 있다. 이처럼 학통을 밝히고 춘추대의를 바로세우고자 하는 활동이 소쇄원가를 중심으로 이루어지고 있음은 소쇄원의 역량이 그만큼 컸음을 의미한다.

한편 송시열이 1689년에 장희빈이 낳은 아들의 세자책봉이 시기상조 라 하여 반대하는 상소를 올렸다가 숙종의 미움을 사 모든 관작을 삭탈 당하고 제주로 유배되는 사건이 있었는데, 이때 양경지는 강진의 만덕사 萬德寺에서 박광일·박중회 등과 함께 나아가 제주도로 귀양가는 송시열 선생을 모시고 며칠간 수창하였다. 그때 송시열은 양경지를 단후박아端 厚博雅한 선비라고 칭찬하였다. 이와 같은 양경지의 송시열 배웅 행위도 소쇄원가가 송시열의 학통을 이어가고, 그와 당파를 함께하게 되었음을 뜻한다.

이밖에도 양경지는 무신년(1728)에 이인좌李麟佐의 난이 일어났을 때 양 채지·정민하와 공의共議하여 의병을 일으켜 김진옥金鎭玉을 의병장으로 추 대하고자 하였으나 얼마 있지 않아 난이 평정되어 그치고 말았다. 이 때 양경지의 시가 상시개세傷時慨世의 말이 많은 것을 보고 조정만趙正萬은 탄 식하여 말하길, "이는 정말 노두老杜(두보)가 감시感時하여 눈물을 흩뿌리 는 뜻이다"58)라고 말하여, 방암의 시가 깊이 시사詩史의 법法을 체득하였 음을 인정하였다. 이는 소쇄원가가 계속해서 효와 충을 지켜가는 집안임 을 드러내는 행위이다. 이처럼 후손들은 대외적으로도 활발한 활동을 하 여 지역문화를 선도해갔다.

또한 이들은 소쇄원에서만 문예 활동을 한 것이 아니라, 주변 지역의 시단에서도 중심적인 역할을 하였다. 그 사실이『월성세고月城世稿』에 실

---

57)『제주양씨족보』 무자보戊子譜(1888) 양진태항.
58)『방암유고』<행장行狀> 331쪽, "此正老杜感時花濺淚之意"

려 있으며, 이를 통해 그들이 반석시단의 중심을 이루었음을 알 수 있다. 반석은 소쇄원 바로 곁에 위치하고 있는 시내 또는 마을 이름이기도 한데, 소쇄원 주변 사람들이 단란하게 시회를 가지던 장소이다. 이 문집은 소쇄원 곁의 서당골 옆에 삼우당三友堂을 짓고 지냈던 정명호鄭鳴濩 집안의 세고로서, 정명호의 가족과 소쇄원과는 깊은 인연을 맺고 지냈음이 드러난다. 정명호의 손자인 정휴鄭休는 반석盤石59)에 독송와獨松窩를 지어 놓고 주변 사람들과 함께 시단을 형성하였으며, 여기에 소쇄원가의 후손들도 더불어 중심을 이루었다. 한편 정휴의 아들인 정면주鄭冕周는 양진태의 문인이기도 하였다.

⟨暮春沂漕潭至盤石 次韻詩⟩
늦봄에 조담에서 목욕하고 반석에 이르러 차운한 시

| | |
|---|---|
| 勝會盤溪席累移 | 반계에서의 성대한 모임 자리 자주 옮겨도 |
| 風光隨處政相宜 | 풍광은 가는 데마다 딱 좋구나. |
| 花開石上歌頻送 | 꽃핀 바위위에서 노랫가락 자주 보내오고, |
| 水滿磯頭釣更垂 | 물 가득한 돌머리에서 낚싯줄 다시 드리우네. |
| 江左群賢修禊日 | 강변에서 여러 현인들 수계하는 날은 |
| 聖門弟子浴沂時 | 성인문하의 제자들이 욕기하는 때라네. |
| 逍遙剩得江山趣 | 소요하자니 강산의 흥취가 넘쳐 |
| 次第臨流倒酒巵 | 차례대로 물에 뜬 술잔을 기울이네.60) |

『월성세고』 중 정면주의 문집 안에 들어 있는 이 시는 반석에서 성대한 모임들이 있었음을 알려 준다. 위 모임에 참석한 사람들로는 양진태를 위시하여 정면주·정홍주鄭弘周·정시석鄭時晳·조근하曹根夏·양경지·이성

---

59) 반석 : 서봉사에서 흘러내린 물은 독수정 앞의 연천을 지나 반석마을 앞의 반석천에 이르게 된다. 이곳에는 넓은 바위가 있어서 많은 사람이 앉을 수가 있다고 각종 읍지류에도 기록이 되어 있다. 반석마을의 입향조는 정휴鄭休로 보인다.
60) 『월성세고』 권7 「어은공유고漁隱公遺稿」.

필李聖弼 등으로, 모두 근처에 사는 사람들이다. 늦은 봄날에 조담에서 목욕을 하고 반석에 이르러 모임을 가지고 있는데, 이것은 『논어』「선진편先進篇」에 나오는, 공자의 제자들 중 증석曾晳의 욕기浴沂하고 '풍호무우風乎舞雩'하는 행위를 본받아 하나의 세시 풍속을 만들어간 것이다. 미련에서는 왕희지王羲之의 유상곡수流觴曲水와 같은 풍류도 즐기고 있다. 여기에서 작자의 낙지론적樂志論的 사고를 읽을 수 있다.

이밖에도 양채지가 반석에서 읊은 〈차팔선음次八仙吟〉이 있다.

〈次八仙吟〉
8선을 읊은 시에 차운하다.

| | |
|---|---|
| 一春風日政暄妍 | 봄바람이 부는 날 정히 따뜻하고 아름다워 |
| 緩步微吟沂石川 | 가늘게 읊조리며 천천히 걷다가 석천에서 목욕하네. |
| 觀物還成年少樣 | 사물을 관조하며 도리어 젊은이처럼 |
| 遨遊不必願神仙 | 맘껏 노닐 뿐, 굳이 신선 원치 않네.[61] |

위의 시는 정홍주 등 여덟 사람이 반석에서 노닐면서 각각 한 수씩 읊은 것 중의 하나이다. 여기에서 팔선은 정면주·정종주鄭宗周·양경지·정택하鄭宅河·양채지·이성필李聖弼·양치룡梁致龍·김태중金兌重으로서, 위 사람들이 이 시기 반석시단을 주로 이끌었다고 본다. 이들은 모두 소쇄원과 아주 가까운 곳에 살거나 인척관계에 있는 사람들이다. 따뜻한 봄날 여덟 명이 모여 증석曾晳이 즐겼던 풍류를 따라 하며, 굳이 신선되기를 원치 않는다고 반어적으로 말하고 있다. 곧 신선사상을 지향하고 있는데, 이러한 사상은 임병양난과 몇 차례의 사화를 겪으면서 더 고조되고 있다. 즉 세상일에 염증을 느낀 유학자들은 처사은둔을 지향하게 되며, 청한淸閒을 추구하되 도가의 신선사상보다는 유가적 신선사상을 지향하

---

61) 앞의 책, 권7 「어은공유고漁隱公遺稿」.

게 된다.

반석시단은 3대 정도만 성행하고 곧 사라져 역사에 묻혀버리게 되었지만, 반석천 주변에 살고 있는 사람들이 단란하게 모여서 풍류를 즐기면서 시를 익히기도 한 곳이었다. 이곳은 소쇄원의 바로 근처에서 이루어진 시단이고, 또한 소쇄원가의 인물들이 대거 참여했다는 점에서 소쇄원의 인문 활동과 밀접한 관련이 있다. 반석시단에서 향유되었던 시문들은 현재 경주정씨의 『월성세고』와 양경지의 『방암유고』, 그리고 정민하의 『소은시고簫隱詩稿』 등에 남아 있다.

소쇄원가의 후손들이 외부에서 주로 활동한 곳으로는 반석 외에 또 서봉사瑞峰寺가 있다. 양경지는 서봉사에서 40여 수 가량의 시문을 남기었는데, 이곳은 소쇄원과 그리 떨어지지 않은 데에 위치한 사찰로, 이 지역 사람들의 시문 속에서 자주 등장한다. 양경지가 이와 같이 자주 왕래한 이유는 그곳이 소쇄원과 가까운 지역에 위치하고 있었기 때문이기도 하고, 또는 '극사極師'라는 승려가 주석하고 있어서 그와 시문을 주고받을 수 있었기 때문이기도 하다. 한적하고 경관도 수려한 서봉사는 양경지에게 뿐만 아니라 이 지역 문인들에게 좋은 만남의 장이 되었다.

이상에서 소쇄원가의 후손들이 힘을 합쳐 원림을 중흥시키고, 정형화하는 모습을 살펴보았다. 이들의 활동에 의해서 소쇄원은 오늘날까지 그 형태를 유지하고 계속적으로 인문 활동이 이루어지는 공간이 되었다. 이들은 단지 원림 내에서만 활동함에 그치지 않고, 지역 사회에서도 문화를 이끌어 갔고, 여론조성을 주도하는 입장에 있었다. 이는 소쇄원가가 이미 지역 명문가로서 확고한 자리를 잡았음을 뜻한다.

## 3. 인적 교유망의 확대와 원림문학

### 1) 인적 교유망의 확대와 원림문학상 특징

소쇄원의 중기 무렵 이곳을 왕래하며 시문을 남겨서 『소쇄원사실』에 올라 있는 작자는 52명[62]이다. 그들은 대부분이 양진태와 양경지를 중심으로 교유한 인물들이다. 양진태의 시문은 현재 『소쇄원사실』에 실려 있는 47수의 시와 『방암유고』에 있는 8수, 그리고 『월성세고』에 실린 5수의 시가 전부이다. 그러나 『방암유고』에 있는 양경지의 많은 시가 양진태의 시에 차운한 작품들이다. 여기에서 우리는 양진태가 소쇄원에서 중추적인 역할을 하였을 뿐만 아니라 대단히 많은 작시 활동을 한 사람임을 알 수 있다. 그의 이러한 활동들은 소쇄원이 침체되어 시회도 거의 열리지 않고 문인들의 출입도 뜸해진 상황에서 그것을 다시 중흥시키고자 하는 열정에서 이루어졌다고 할 수 있다. 그는 젊은 시절부터 선조들의 훌륭한 행적을 들어왔는데, 그러한 소쇄원이 잠잠하게 되어 후손으로서 강한 책임의식을 느끼게 되었으리라고 본다.

양경지의 경우에는 『소쇄원사실』에 11수의 시와 『방암유고』에 자작시 820수 정도가 실려 있고, 이밖에도 『월성세고』에 시 6수와 기문 1편

---

62) 『소쇄원사실』에 실려 있는 중기 작가들 : 양진태梁晉泰·배대우裵大遇·고두명高斗明·임시林峕·조경망趙景望·조경창趙景昌·이민서李敏敍·박민행朴敏行·이원표李元杓·조항曺杭·정리鄭浬·조근하曺根夏·조정만趙正萬·이일삼李日三·정광연鄭光演·이후원李厚遠·이수기李壽祺·이한정李漢井·서봉령徐鳳翎·정협鄭浹·정동후鄭東後·안여해安汝諧·박중회朴重繪·현징玄徵·이영李泳·김시서金時瑞·양성규梁聖揆·이건명李健命·김창흡金昌翕·김진옥金鎭玉·이방언李邦彦·이익태李益泰·이미신李微臣·조상건趙尙健·양경지梁敬之·양채지梁采之·김경휘金慶輝·박광일朴光一·정식鄭湜·이하곤李夏坤·송상윤宋相允·양응지梁應之·김춘택金春澤·이치李治·유승柳乘·이후李㷞·허신許紳·정민하鄭敏河·김신겸金信謙·이병상李秉常·김진상金鎭商·이유李溎.

이 실려 있다. 양경지는 중부仲父인 양진태, 종제從弟인 양채지와 함께 많은 문학 활동을 하였음이 『방암유고』를 통해 확인된다. 이밖에도 정호鄭澔가 신도新島에 귀양을 가서 있을 때 화운하여 올린 시와, 송시열의 증손인 송경휘宋景徽와 수창한 시들도 있다. 이처럼 양경지의 문집은 제2기 소쇄원가 사람들의 문학 활동을 살펴볼 수 있는 기초 자료가 된다.

이들이 교유한 사람 중에 조정만趙正萬 · 김창흡金昌翕 등의 소쇄원 왕래는 침체된 분위기에 활력을 주게 되었다. 김창흡은 당시 대학자이며 대문장가로 우리나라의 문단을 휩쓸던 사람이고, 조정만도 경학에 매우 밝은 사람이었다. 이들의 출입은 소쇄원에 다시 한 차례 문예부흥이 일어나게 했다. 한편 이들은 외지인들로서 소쇄원 시단의 구성인물이 외부로까지 널리 확장되는 계기가 되기도 하였다. 이들은 소쇄원가의 후손들과 두터운 세교가 형성되어 있었던 사람들이다. 또한 이 시기에는 소쇄원에 유람을 다녀간 사람들이 시문을 남긴 경우가 많은데, 이것은 소쇄원이 이미 외부에 널리 알려졌음을 의미한다.

소쇄원에 왕래하는 사람들 대부분이 세교가 있던 사람들이거나 같은 지역에 살고 있는 사람들이다. 김창흡의 증조부인 김상헌과 조정만의 증조부인 조희일은 양천운과 동방동연同榜同研의 계가 있었던 사람들이다. 이러한 인연에 의해서 그 자손들도 대대로 정의가 두터운 관계를 맺어가게 되었다.

이들 중 먼저 조정만[63]을 보면, 그는 조경망의 아들로서 양진태나 양경지 등과 교의가 두터웠는데, 그것은 세의世誼가 있었던 탓이기도 하고,

---

63) 조정만趙正萬(1656~1739) : 자는 정이定而이고, 호는 오재寤齋이며, 본관은 임천林川, 시호는 효정孝貞이다. 아버지는 조경망이고, 송준길 · 송시열의 문인이다. 1681년에 진사시에 장원으로 합격하였으며, 벼슬은 지중추부사에 이르렀고, 시문과 서예에 뛰어났으며, 특히 경사백가에 조예가 깊었다. 1715~1717에 능주목사를 역임했다. 신임사화辛壬士禍로 인해 1722~1725에는 벽동과 영변으로 유배를 갔었다. 저서로는 『오재집寤齋集』이 있는데, 필사본으로 규장각에 4책이 보관되어 있다.

함께 송시열 문하에 드나들었기 때문이기도 하다. 조정만이 소쇄원가의 후손들과 매우 친밀하게 지내었음은 다음 양진태의 만시를 통해서도 알 수 있다.

〈梁來叔挽〉
양내숙의 죽음을 애도하다.

| | |
|---|---|
| 往歲賢咸玉樹摧 | 몇 년 전에는 조카가 죽었는데, |
| 聞君今日又泉臺 | 오늘은 그대가 또 저세상으로 갔다는 소식을 들었네. |
| 阮氏風流凋謝盡 | 완적阮籍과 완함阮咸의 풍류 사라져 다했으니, |
| 何人更入竹林來 | 어떤 사람이 다시 죽림에 들어오려나. |
| | |
| 梁園水石素稱奇 | 소쇄원의 수석은 본래 기이하고, |
| 霽月堂高俯碧池 | 제월당은 높아 푸른 못을 굽어보네. |
| 尙記松壇移席坐 | 기억하노니, 송단松壇에서 자리를 옮겨가며 앉기도 하고, |
| 梅花折取雪中枝 | 매화가지 눈 속에서 꺾기도 했었지. |
| | |
| 赤壁簫聲夢裡聞 | 적벽에서 피리소리 꿈결인양 듣고, |
| 瑞峰明月話宵分 | 서봉의 명월아래 밤새워 얘기도 나누었네. |
| 可憐他日江南路 | 가련하구나. 다른 날 남쪽을 갈 때는 |
| 何處回頭不憶君 | 어느 곳으로 머리 돌려야 그대 생각 안날런지.64) |

양진태 사망 소식을 받고 지어 보낸 3수의 만가는 모두 지난 날 좋은 때를 기억하면서 고인의 죽음을 애도하는 내용이다. 양택지에 이어서 양진태가 죽었으니 소쇄원 안에서 그전처럼 풍류를 이을 사람은 누가 있을까라고 탄식하고 있다. 작자는 지난 날 소쇄원에 자주 들러 양진태 가족들과 많은 시간을 함께 했고, 주변의 승지를 돌아다니면서 많은 시를 수창하였다. 그런데 이제 그마저 떠났으니 그동안 함께 했던 많은 승지를 다시 볼 때면 그의 생각이 나지 않는 곳이 없을 것이다. 첫 번 째 시에서

---

64) 『오재집寤齋集』 권2.

는 양진태와 양택지의 죽음을 죽림칠현인 완적阮籍과 완함阮咸의 고사를
이용하여 삼촌과 조카가 사라진 소쇄원이 쓸쓸해졌음을 표현하였다. 세
번 째의 시에서는 작자가 지난 날 적벽이나 서봉사에서 함께 노닐던 때
를 기억하며, 벗을 잃은 슬픔을 절절하게 잘 표현하고 있다.

한편 『소쇄원사실』에는 조경창·조경망·조정만의 시가 연달아 실려
있는데, 이들은 모두 한 집안 사람들이다. 조경망은 1677년 7월에 동복
현감으로 부임해서 1679년 2월에 사직하였는데, 이때 소쇄원에 드나들
며 시문을 남겼던 것으로 보인다. 그는 자신만 소쇄원을 왕래하지 아니
하고 동생인 조경창과 아들 조정만도 함께 하였다. 그 후 조정만은 다시
40년쯤 뒤에 능주목사에 부임하였으며, 그때 소쇄원에 왕래하여 양경
지·김창흡 등과 함께 주변의 명승지를 돌고 많은 시문을 남기기도 하였
다. 조정만 집안65)과 소쇄원가가 교분이 두터웠음은 다음 양경지의 『방
암유고』에서 구체적으로 볼 수 있다.

〈謹次竹陰先生 贈曾王考瀛洲公韻 奉呈綾伯趙定而 竹陰曾孫 丁未臘月〉
　　삼가 죽음선생이 증조할아버지 영주공에게 준 운을 차운하여 능주목사인 조
정이에게 드리다. 조정이는 죽음증손이다. 정미년(1727) 12월.

| | |
|---|---|
| 竹老文瀾闊 | 죽음선생의 문장은 매끄러워서 |
| 手分銀漢決 | 손으로는 은하수를 나누었네. |
| 作我先墓表 | 우리 선조의 묘표를 지어주셨으니, |
| 磊落映星月 | 뇌락磊落함이 별과 달을 비추네. |
| | |
| 垂老怕盃觴 | 칠순 늙은이 술잔 겁이 나서 |
| 逢場持未決 | 만나는 곳마다 미적거리네. |
| 況與君作別 | 하물며 그대와 작별을 함에는 |
| 南北閱幾月 | 남북이 몇 달이나 걸릴꼬. |

─────────────
65) 조정만 가계도 : 조원趙瑗─조희일趙希逸─조석형趙錫馨─조경망趙景望·조경창趙景昌
　　─조정만趙正萬.

竹陰元韻 天啓甲子孟冬上浣  죽음의 원운이다. 천계 갑자년(1624) 10월 초순.

| | |
|---|---|
| 我生如蟄蟲 | 나의 생활 칩충 같아서 |
| 行藏早自決 | 행장行藏(出處)을 일찍 결정했다네. |
| 棲遲江海間 | 강호에 노닐면서, |
| 瀟灑送日月 | 소쇄하게 일월을 보내네. |
| 曾王考次韻 | 증조할아버지 양천운이 차운하다. |

| | |
|---|---|
| 摻得未分手 | 잡은 손을 떼지 못하고, |
| 相看不忍決 | 서로 바라보며 차마 떨어질 수 없네. |
| 更把一盃酒 | 다시 술 한 잔 잡고서 |
| 還對殘宵月 | 이지러져가는 달을 대하네. |

近水軒次韻 竹陰子 名錫馨 字子服  근수헌이 차운하다. 죽음의 아들, 이름은 석형이고, 자는 자복이다.

| | |
|---|---|
| 君俟不羈才 | 그대의 얽매이지 않은 재주가 커서 |
| 浩蕩江河決 | 호탕하게 강물을 터놓은 듯. |
| 文章世有人 | 문장은 세상을 울리었고, |
| 高名懸日月 | 높은 이름은 일월처럼 밝네. |

仲父忍齋公次贈趙同福雲老 名景望 竹陰孫 近水軒子  중부 인재공이 차운하여 동복 조운로에게 주다. 이름은 경망이고, 죽음의 손자이며, 근수헌의 아들이다.

| | |
|---|---|
| 使君擬投綬 | 목사가 되어 능주에 가게 되니, |
| 有若輕鳧決 | 가벼운 오리가 물살가름과 같네. |
| 明知琴鶴行 | 고매하게 사는 것 밝게 알아서 |
| 期在仲春月 | 중춘월에 만나길 기약하네.[66] |
| 寤齋次韻 | 오재 조정만이 차운하다. |

위 시들을 통해 조정만 집안과 양경지 집안이 대대로 교분이 두터웠다는 사실을 알 수 있다. 조희일이 시를 남길 때와 양경지가 차운한 때는 100여 년의 간격이 있다. 시를 통해서 4대가 한자리에 함께 할 수

---

66) 『방암유고』 101~106쪽.

있었던 것이다. 조희일(1575~1638)은 양천운과 한 스승문하에서 공부한 인연으로 소쇄원을 오가게 되었는데, 『소쇄원사실』에는 조희일이 양천운에게 보낸 편지가 2편 실려 있다.

위 시는 양경지가 읊은 시가 가장 먼저 나오는데, 시기적으로는 가장 뒤에 읊은 시에 해당된다. 즉 시간 순으로 하자면, 조희일이 읊은 시에 양천운이 차운하였고, 이에 대해 조희일의 아들인 조석형(1598~1656)이 또 차운하였으며, 다음에는 양진태가 차운하여 동복군수를 지내고 있던 조석형의 아들 즉 조경망(1629~1694)에게 주었다. 이 시에 대하여는 다시 조정만이 능주목사에 부임했을 무렵에 차운하였고, 이것을 다시 10년 후에 양경지가 또 차운하여 조정만에게 준 것이다. 위 시 중 앞의 조희일의 시와 양천운의 차운시, 그리고 조석형의 차운시는 『소쇄원사실』 권11에도 실려 있다. 이밖에도 양천운이 조희일에게 준 시 두 수가 같은 곳에 실려 있다.

위 시들은 경물을 읊고 있는 것이 아니라 사람과의 정의를 읊고 있다. 양경지의 시에서는 먼저 조희일이 문장력이 뛰어나 양자징의 묘갈명을 쓴 것에 대해 감사해하며 찬탄하고 있다. 조희일의 시는 그가 광주목사를 지내다 체직되어 서울로 돌아가면서 지은 시로 보인다. 다음 양천운의 차운시는 이미 자연 속에서 소쇄하게 지내기로 마음먹은 출처관을 노래하였으며, 조석형의 시에서는 이별하면서 차마 잡은 손을 뗄 수 없음을 말하고 있다. 양진태와 조정만의 시에서는 서로 상대방을 찬탄하는 내용이 담겨 있다.

김창흡의 경우 비록 소쇄원에 시문은 얼마 남기지 않았으나[67], 소쇄원과의 인연을 증조부인 김상헌 때부터 가져서 아버지 김수항과 자신의 형제들, 그리고 조카 김신겸金信謙까지 이어가고 있음을 볼 수 있다.[68] 그

---

67) 이승수는 그의 논문에서 김창흡이 평생에 남긴 시는 3000수에 달한다고 밝히고 있다(이승수, 「김창흡의 생애와 시세계의 변모」, 『한양어문연구』 9집, 1991, 265쪽).

는 소쇄원가의 후손들과 골고루 편지를 주고받는데, 먼저 양택지에게 보
낸 편지를 통해서 그와의 교유관계를 추정할 수 있다.

　　　〈양여정 택지에게 답하다. 정유년1717〉

　　창흡은 아룁니다. 소식이 막힌 지 한 해가 지났습니다. 그리운 마음이 가슴을
휘감고 있었는데 문득 심부름꾼이 찾아와서 전해준 편지를 조급하게 뜯어보았습
니다. 그런데 뜻밖에도 당신 아들의 흉사를 대하게 되어 경악스럽고 참혹함에 말
할 바를 모를 지경이었습니다. 현명한 아버지에 훌륭한 아이가 시례詩禮의 가르침
을 이음은 하늘이 사문을 장대하게 하려고 한 바였는데, 또 일찍 죽게 하니 신의
이치가 어찌 이와 같단 말입니까. 부음을 받고 더욱 사람의 간담이 졸아들게 되
었습니다. 추위가 이렇게 혹심한데 먼 길을 영영 떠날 때가 되었군요. 당신께서
는 복을 입고 장사를 지내는 일 등을 어떻게 견디어가고 있는지 모르겠습니다.
그럴수록 더욱 마음을 다잡고 억지로라도 음식을 드시어 이 걱정하는 마음에 부
응해주시길 바랍니다. (중략)69)

　　위 글은 김창흡이 영시암에서 은거중일 때 보낸 편지로, 양택지의
둘째아들인 운룡의 죽음을 애도하는 내용이다. 양택지의 생몰연대는
1650~1711년이고, 양운룡의 사망은 1710년인데, 이 편지는 간지가 정유

---

68) 김창협의 가계도

　　김상헌 ─ 김광찬 ┬ 김수증
　　　　　　　　　　└ 김수항 ┬ 김창집
　　　　　　　　　　　　　　　├ 김창협 ── 김숭겸
　　　　　　　　　　　　　　　├ 김창흡 ─ 김양겸·김치겸 ── 김원행 ─ 김이안
　　　　　　　　　　　　　　　│　　　　　·김후겸
　　　　　　　　　　　　　　　├ 김창업 ── 김신겸
　　　　　　　　　　　　　　　├ 김창즙
　　　　　　　　　　　　　　　└ 김창립

69) 『삼연집』습유 권17「서書」〈답양여정택지答梁汝精擇之 정유丁酉〉, "昌翕白. 阻闊
經年, 思仰縈抱, 忽此專使至, 忙手拆惠簡, 則便是令嗣凶問, 驚愕慘怛, 不知所喩.
賢父佳兒, 詩禮有述, 殄天所張大斯文, 而短折舛逆, 神理乃如此. 承訃尤令人膽消.
至寒此酷, 仍以遠日, 不審尊持服營窆, 何以支遣. 尙冀寬中强食, 副此忉忉 (중략)"

년(1717)으로 되어있어서 문집을 정리하는 사람들이 착오를 일으켰음을
알 수 있다. 여기에서 발신자는 평상시 두터운 친분관계가 있는 지인이
사랑하는 자식을 잃었다는 소식을 듣고 그의 안타까운 마음을 절절하게
써서 보내고 있다. 그리고 이때 그는 양운룡의 만사 3수도 함께 지어 보
냈다. 그는 양택지 뿐만이 아니라, 양진태나 양경지, 또는 양익룡 등과
편지를 주고받는다. 이는 소쇄원가의 모든 사람들과 김창흡 집안사람들
이 대대로 친분이 있었기에 가능한 일이었다. 김창흡의 동생인 김창업金
昌業70)도  양택지의 만사를 지은 적이 있다.71)

〈양내숙에게 답하다. 신미년(1691)〉

(중략) 서두의 내용은 곧 당신의 종질인 상사공上舍公(양택지)의 흉변이었으니,
아, 어쩌다 이 같은 지경에까지 이르게 되었습니까. 어떻게 믿을 수 있겠습니까.
경악스러운 것이 극에 달하여 무너지고 찢어지는 제 마음을 차마 말할 수 없을
지경입니다. 지난해에 아들 운룡雲龍의 죽음을 당한 일도 매우 참혹하였으니, 이
른바 혈증이란 것도 어찌 지나친 슬픔이 병이 된 것이 아니겠습니까. 생각이 이
에 미치니 더욱 절절히 슬픕니다. 연전에 서울지역에서 한 가지 약속을 하여 서
로 서석산과 설악산 사이에서 손님과 주인이 되자고 했던 것이 마음에 잊히지 않
는데, 매양 들쭉날쭉하니 한스럽습니다. 어찌 잠깐사이에 삶과 죽음이 엇갈려 이
산에서 이 만사를 지을 줄 생각이나 했겠습니까. (중략)72)

---

70) 김창업金昌業(1658~1721) : 자는 대유大有이고, 호는 노가재老稼齋이며, 본관은 안동이
다. 김수항金壽恒의 넷째 아들로, 형들인 창집昌集·창협昌協·창흡昌翕과 함께 도학과
문장으로 이름을 떨쳤으며, 소쇄원가와 많은 인연을 맺고 있다. 그는 그림도 잘
그려서 <추강만박도秋江晚泊圖>와 <송시열 77세상> 등이 남아 있다. 그의 저서
에는 『연행일기燕行日記』와 『노가재집老稼齋集』이 있다.
71) 『노가재집老稼齋集』 권4 시詩.
 <挽梁進士擇之> 昌平人
 瑞石山前綠竹林　今人還有古人心
 幽居寄在丹青裏　怊悵高蹤何處尋
72) 『삼연집』 습유 권17 「서書」 <답양래숙答梁來叔 신미辛未>, "(중략) 辭頭所擧, 卽
令從姪上舍公凶問. 嗚呼. 何爲而至此. 豈信然耶. 豈信然耶. 驚愕之極, 繼以摧剝,
殆不忍爲喩, 去年喪明之遭, 誠爲慘毒. 所謂血證, 豈過哀之爲祟耶. 言念及此, 尤切

위는 김창흡이 양진태에게 보낸 답장 편지로, 간지에는 신미년辛未年 (1691)으로 표기되어 있지만, 여러 가지 편지 내용을 살펴본 바로는 신묘 년辛卯年(1711)을 잘못 표기한 것으로 보인다. 왜냐하면 편지내용에 종질인 상사공의 흥변을 일컬었는데, 이때 종질 상사공은 바로 양택지를 가리킨 것이며, 양택지는 바로 1711년에 사망하였고, 역시 양택지의 아들 운룡 은 바로 전해인 1710년에 사망하였다. 발신자는 양택지의 사망원인을 자식을 앞에 보내게 되어 생긴 혈증 때문이라고 보고 있다. 위와 같이 간지를 잘못 표기하는 경우는 간찰의 경우 종종 나타나는 현상이다. 양 진태는 그동안 소쇄원 사람들과 절친하게 지낸 김창흡에게 양택지의 사 망을 알리면서 만사를 부탁하였던 듯싶다. 그러나 편지내용에서와 같이 김창흡이 벽지에 있던 관계로 편지가 장례를 이미 치룬 이후에야 도착하 게 되었다. 그래서 답장편지에서는 만사도 늦을 것이라는 내용과 함께 지인의 죽음에 대한 경악스러움을 표현하고 있다. 김창흡은 위 편지 외 에도 다음 시기의 인물인 양익룡에게도 편지를 보내고 있다.

그 후 김창흡은 1717년에 남유南遊한 적이 있는데, 이때 소쇄원을 방 문하여 몇 달을 머물면서 양경지와 학문을 강론하고 시를 수창하기도 하 였다. 이때 능주목사를 지내던 조정만도 와서 함께 수창하였으며, 또한 당시 나주목사이던 김진옥金鎭玉73)도 시를 부쳐와서 화운하기를 구하였 는데, 이후부터 양경지와 많은 시를 수창하며 막역지우가 되었다.74) 이 들은 모두 세교世交가 있는 집의 자손들이란 점이 특징이다.

그의 남유는 이 지역의 시단에 생기를 불러일으켰다. 그가 소쇄원에

---

忉悒. 年前洛下, 與設一約, 互爲賓主於瑞石·雪岳之間者, 耿耿在心, 每以差池爲恨, 豈料轉頭存沒, 題此挽於此山耶 (중략)"

73) 김진옥金鎭玉(1659~1736) : 자는 백온伯溫이고, 호는 유하柳下·온재韞齋이며, 본관은 광 산이다. 고조부는 김장생金長生이고, 아버지는 만균萬均이며, 송시열의 문인이다. 능주목사를 지낸 적이 있고, 저서로는 김장생의 행장을 기록한『사계연보沙溪年譜』 와『온재유고韞齋遺稿』가 전한다.
74)『방암유고』행장 335~336쪽.

남긴 시는 비록 2수밖에 되지 않지만, 남유로 인해 주변의 누정공간에는 그의 작품이 골고루 남게 되었고, 여기에 차운하는 시가 많이 나타났다. 김창흡 역시 소쇄원 사람들과 골고루 편지를 오래도록 주고받았으며, 그의 문집에는 양산보의 〈면앙정차운시(俛仰亭次韻詩)〉75)가 실려 있을 정도이다. 특히 양경지·조정만과 함께 소쇄원주변에서 수창한 시가 많이 남아 있다. 『소쇄원사실』에는 그의 시가 두 수밖에 없지만, 『방암유고』에는 그와 관련된 시가 다수 실려 있다.

한편 소쇄원 근처에 사는 사람들도 이 시기 소쇄원시단을 형성함에 중요한 역할을 했다. 이들은 토착문인들로서 소쇄원과 함께 주변의 시단이 활성화될 수 있도록 밑거름이 된 사람들이다. 그러나 이들은 역사에서 별 조명을 받지 못한 채 사라지고 마는데, 사회가 이미 중앙에서 벼슬하는 사람을 우선시하는 풍조로 흐르고 있었기 때문이다. 소쇄원과 바로 이웃에 살고 있지는 않지만 같은 지역권내에 살고 있으면서 소쇄원가와 비교적 유대관계를 잘 맺고 있던 사람들로 박중회朴重繪와 유승柳乘, 그리고 서봉령徐鳳翎과 정식鄭湜 등이 있다. 이들은 개인 간의 교유관계보다 집안간의 교유관계에 의해 맺어진 사람들이다. 우선 유승76)이 쓴 양경지의 만사를 살펴보겠다.


〈輓方巖〉
방암의 죽음을 애도하다.

從遊十載荷交懽        10년간 좋은 인연 기뻐하였는데,

---

75) 『삼연집』 습유 권11 「시詩」 <소쇄옹면앙정瀟灑翁俛仰亭>.

76) 유승柳乘(1677~1746) : 자는 자관子寬이고, 호는 현강玄岡이다. 설강 유사雪江柳泗의 7세손으로, 광주 광산구 유계동 동각마을에서 태어났다. 수월헌水月軒이라는 정자를 짓고 살았으며, 조선후기의 성리학자로 덕행이 높았다. 일찍이 박광일 문하에서 수업하였으며, 이재李縡와 특별한 교분이 있다. 문집으로 『현강유고玄岡遺稿』가 있다.

論輩何曾以後看　　토론한 사람들 어찌 이후에 볼 수 있으랴.
自愧冥趨吾且老　　스스로 허둥대다가 늙어버린 날 부끄러워하고,
尙憐風節子終完　　오히려 풍모와 절개 온전히 마친 그대를 부러워하네.
名園夜榻吟還苦　　명원에서 밤에 읊조려도 도리어 쓸쓸하고,
蓮社春期聚未團　　좋은 모임 봄에 기약했지만 모일 수 없네.
可惜牙絃今忽斷　　애달프구나. 백아의 거문고 줄 이제 문득 끊어졌으니,
白頭人世獨懷酸　　늘그막에 이 세상 홀로 남아 서글프구나.[77]

　현재 양경지의 만사는 유승의 작품만이 남아 있다. 이보다 앞서 유사
柳泗(1502~1592)가 양산보의 만시를 지은 적이 있는데, 같은 지역에서 집안
간에 세의世誼가 이어지고 있는 모습이다. 위 만시에서 양경지와 유승이
종유한 지는 10년 정도밖에 되지 않았다는 구절로 보아 같은 지역에 살
면서도 내왕한지는 별로 오래되지 않았음을 알 수 있다. 그는 양경지의
죽음에 대하여 함께 학문을 논할 수 있는 상대를 다시 어디서 볼 수 있
을 것인가라고 애달아하고 있다. 비슷한 처지의 두 사람은 모두 훌륭한
선대를 둔 까닭에 그들의 유업을 받들기 위해 열심히 노력해야만 했다.
다른 시에서는 양경지의 뛰어난 작시 능력을 찬탄하고 세상이 이를 알아
주지 않아서 그가 평생을 계산에서 보내게 되었음을 말하면서, 한편으론
이것을 슬퍼하지 말라고 위로하고 있다. 왜냐하면 벼슬살이를 하지 않은
덕분에 맑고 한가하게 여생을 보낼 수 있었다고 생각하기 때문이다.
　『현강유고玄岡遺稿』에는 위 만사 외에도 양경지의 시에 차운한 시[78]가
더 있고, 양경지가 유승에게 주는 시도『방암유고』에 실려 있다.[79] 또한
유승·이덕후李德厚와 함께 선유동仙遊洞에 놀러간 일과, 이 두 사람에게 부
친 시 등이 더 있으며, 유승의 시는『소쇄원사실』에도 한 수[80] 있다. 이

---

77)『현강유고玄岡遺稿』94쪽.
78) 앞의 책, 56쪽 <방암우기일절 차운각봉方巖又寄一絶 次韻却奉>.
79)『방암유고』306쪽 <첩루운 녹봉현강연촌疊樓韻 錄奉玄岡淵村>.
80)『소쇄원사실』권13「제현제영창수諸賢題詠唱酬」부록 <소쇄원차운>.

상에서 볼 때 양경지와 유승은 돈독한 교유관계를 가졌음을 알 수 있다.

　다음은 소쇄원의 이웃에 살면서 소쇄원과 긴밀한 관계를 맺고 있는 사람 중의 한 사람인 정식(鄭湜81))의 시이다.

〈宿瀟灑園〉
소쇄원에서 유숙하다.

| | |
|---|---|
| 梅梢月色雨餘多 | 매화 끝의 달빛이 비온 뒤에 더 밝은데, |
| 夜宿梁園竹裏家 | 소쇄원의 대숲 집에서 밤을 지내네. |
| 團會偶然成七子 | 모인 숫자가 우연히 칠자七子를 이루었으니, |
| 好將詩酒領春華 | 장차 시주詩酒로 봄경치가 좋아지겠네.82) |

　정식은 양경지와 절친한 친구이면서, 소쇄원과는 바로 이웃에서 대대로 살아온 사람이기도 하다. 이때 모인 숫자가 7명을 이루었다고 했는데, 소쇄원에서의 모임을 죽림칠현으로 변모시키고 있음을 볼 수 있다. 기록이 없어서 누가 모였었는지에 대해서는 알 수 없고, 다만 봄밤에 마음에 맞는 사람들이 모여서 시주를 즐겼음을 짐작할 수 있다. 이 시기에 들어서면 소쇄원에서뿐만 아니라 주변의 문화 공간에서도 이러한 소규모의 시회가 자주 보인다.

　양경지가 교유한 인물들은 당대의 유명한 문인이었던 김창흡이나 조정만 등이 있는가 하면, 이름도 잘 알려지지 않은 지역문인들도 있어서 그의 교유의 폭이 상당히 넓었음을 알 수 있다. 그리고 그의 시문은 인간관계에 대하여 읊은 내용이 주로 많고, 이외에도 자연의 경관을 읊거나 시작연습을 하기 위해 지은 시 등도 많이 있다. 시의 특징은 진솔한 인간의 감정을 표현하고 있으면서 담백하고 꾸밈이 없고, 질 높은 정신

---

81) 정식鄭湜(1661~1731) : 초명은 급汲이고, 자는 계심季深이며, 본관은 연일이다. 정철의 현손으로, 1702년에 진사가 되었으며, 음직으로 용궁현감을 역임했다.
82) 『소쇄원사실』 권13 「제현제영창수諸賢題詠唱酬」 부록.

세계를 추구하고 있는 경우가 많다.

소쇄원을 왕래하는 인물 중에는 지방관직의 임기 중에 있던 사람도 많았다. 이들도 소쇄원 문학의 형성에 한 몫 하였음을 알 수 있다. 이민서李敏敍나 이영李泳, 이병상李秉常83) 등은 소쇄원 인근 지역에 관리로 부임해 와서 소쇄원을 왕래한 사람들이다.

〈瀟灑園次三淵韻 甲寅〉
소쇄원에서 삼연의 시에 차운하다. 갑인년(1734)

結棲曾處士　　　일찍 처사공이 보금자리를 얽으니,
題卷摠名人　　　제명록에는 모두 다 이름난 인물들이네.
已莫拚遺勝　　　물려받은 경승지를 버리지 말지어다.
將何覓古眞　　　장차 어느 곳에서 옛 진적을 찾을 것인가.
流泉自今昔　　　흐르는 물은 예나 지금이나 같으니,
遊客孰親疎　　　유람객에게 어디 친소가 있겠는가.
不惜分餘派　　　남은 물줄기 나눠줌을 애석해하지 않으니,
容余濯累巾　　　나의 더러운 수건 씻을 만하네.84)

위 시는 이병상이 지방관직을 역임하는 중에 소쇄원에 들러서 시문을 남긴 경우이다. 그가 위 시를 남길 때는 광주목사를 역임하고 있었던 1734년 무렵으로, 원림을 방문하고 제명록을 열람하고 있다. 제명록에는 앞서 다녀간 사람들의 이름과 시문이 함께 남겨 있는데, 모두 이름난 인물들이다. 소쇄원에는 친한 이나 소원한 이가 모두 찾아와, 흐르는 물을 보면서 때 묻은 마음을 씻어내고 소쇄한 본성을 기르고자 하였음을 알 수 있다.

---

83) 이병상李秉常(1676~1748) : 자는 여오汝五이고, 호는 삼산三山이며, 본관은 한산이다. 참판 정기廷夔의 손자로 1705년에 생원시에 합격하고, 1729년 대사헌이 되었으며, 이어 형조판서·광주목사를 역임하였다. 소쇄원은 광주목사(1733~1734)를 지내는 중에 왕래하였던 듯하다.

84) 『소쇄원사실』 권13 「제현제영창수諸賢題詠唱酬」 부록.

또한 이 시기에는 다음과 같이 소쇄원에 유람차 들러서 시문을 남긴 경우가 특별히 많이 나타나기도 한다. 먼저 이은상과 이단상의 시를 보겠다.

〈瀟灑園　次金河西韻〉
소쇄원에서 김하서의 시에 차운하다.

| | |
|---|---|
| 河老有遺迹 | 하서가 남긴 발자취 있어 |
| 登臨傷客心 | 올라보니 객의 마음 서글퍼지네. |
| 寒松看晚節 | 찬 소나무는 늦도록 절조를 보이고, |
| 脩竹帶淸陰 | 긴 대나무는 맑은 그늘 띠었네. |
| 岳色當危檻 | 산 빛깔은 높은 난간에 이르고, |
| 溪流雜短吟 | 시냇물 소리에 나직한 읊조림 뒤섞였네. |
| 殘花春近淚 | 시든 꽃 가까이에서 눈물 흘리며, |
| 孤坐到棲禽 | 외로이 앉아 있으니 새가 둥지로 날아드네.[85] |

〈昌平瀟灑園　錄上畸翁〉
창평 소쇄원에서 정홍명에게 적어 올리다.

| | |
|---|---|
| 蕭蕭風雪打疏籬 | 쓸쓸하게 풍설이 성긴 울타리에 내리치는데, |
| 有客門前鶴報遲 | 문전에 객이 와도 학의 알림은 더디다네. |
| 碧落高名懸日月 | 푸른 하늘엔 고매한 명성 일월처럼 매달렸고, |
| 靑山幽興在琴棋 | 청산의 그윽한 흥취는 거문고와 바둑에 있네. |
| 梅花繞枕香生夢 | 매화가 침상에 둘러있어 향기가 꿈에서도 생겨나고, |
| 竹影侵床韻入詩 | 대나무 그림자 책상까지 오니 운치가 시로 들어오네. |
| 相對不言唯一笑 | 서로 마주하여 말없이 다만 한 번 웃을 뿐, |
| 窓間流水照襟期 | 창 사이 흐르는 물에 가슴속의 회포를 비춰보네.[86] |

이은상李殷相[87]이 언제 소쇄원에 왔었는지는 확실히 알 수 없다. 그러

---

85) 『동리집東里集』 권1.
86) 『정관재선생집靜觀齋先生集』 권1.
87) 이은상李殷相(1617~1678) : 자는 열경說卿이고, 호는 동리東里이며, 본관은 연안, 시호

나 그의 시가 환벽당과 면앙정에도 있는 것을 보면 호남지역을 두루 유
람한 적이 있다고 추정된다. 이은상의 할아버지인 이정구李廷龜는 1584년
에 동복군수를 재직한 적이 있는데, 이때부터 이 지역과의 인연이 맺어
진 듯싶다. 그는 김인후의 시에 차운하면서 그가 남긴 발자취를 가까이
대해보고 마음이 서글퍼지고 있음을 표현하고 있다. 소나무와 대나무는
아직도 그 푸르름과 맑음을 띠고 있는데, 여기에서 노닐던 사람은 모두
떠나버린 사실이 가슴을 서글프게 하고 있다. 대부분의 유람객들이 소쇄
원을 찾아서 남긴 시문에는 선대 훌륭했던 사람들의 발자취가 남은 곳에
와서 그 감회를 읊고 있는데, 위 시도 그중 하나라 하겠다.

한편 이단상李端相[88]이 소쇄원을 찾을 때는 젊은 시절 눈보라치는 겨
울날이었다. 손님이 찾아와도 눈보라 소리 때문에 기척을 못 알아들었는
지 맞이하는 일이 늦다. 소쇄원에 대한 이름은 이미 널리 알려져 있어서
일월처럼 높다고 했다. 매화향과 대나무 그림자는 좋은 시제가 되고 있
는데, 한 겨울에 피어나서 그 향기를 뿜어내는 매화나 푸르름을 자랑하
는 대나무는 바로 소쇄원 주인의 고절孤節한 기상을 표현하는 자연물이
기도 하고, 초기부터 소쇄원을 대표하는 식물이기도 하다. 이 사이에서
주인과 객은 많은 말이 필요 없다. 언어를 사용하지 않더라도 원림의 모
든 물색이 소쇄함을 느끼게 하며, 주인에게서도 그러한 분위기를 감지할
수 있음이다. 다음은 이하곤李夏坤의 시이다.

---

는 문량文良이다. 조선 중기 한학 4대가의 한 사람인 정구廷龜의 손자로, 소한昭漢
의 아들이다. 할아버지와 큰아버지 명한明漢은 모두 제학 또는 대제학을 역임하였
으며, 아버지와 사촌형제들이 모두 문장에 뛰어나 일가가 사림을 이루었다. 김만
중의 장인이며, 저서로는 『동리집東里集』이 남아 있다.

88) 이단상李端相(1628~1669) : 자 유능幼能이고, 호는 정관재靜觀齋·서호西湖이며, 본관은
연안, 시호는 문정文貞이다. 가릉초당에서 읊은 시가 많고, 시적 교유를 한 사람은
주로 남용익·이단하·이심보·홍군실 등이다.

〈瀟灑園 口占長律示主人〉
소쇄원에서 입으로 시를 읊어서 주인에게 보이다.


瀟灑名亭不負名   소쇄원의 훌륭한 이름 저버리지 않았구나.
坐來幽意自然生   앉아보니 그윽한 뜻이 저절로 생겨나네.
老松漠漠常古色   노송은 고요하게 항상 옛 빛을 띠고,
脩竹蕭蕭非世情   수죽은 쓸쓸하여 인간세상이 아니네.
天棘映堦靑不死   천문동은 섬돌에 비치어 푸르름이 사그라들지 않고,
槽泉依石凍無聲   조담의 물은 돌에 얼어붙어 소리 나지 않네.
墻陰鑱得河西筆   담에 하서의 글씨가 써있어
三復遺詩更覺淸   세 번을 읽으며 남긴 시에서 맑음을 다시 깨닫네.
墻間安黑色方石, 金河西以粉字書四十八絶, 尙可讀   담 사이에는 흑색 네모난 돌을 박아서 김하서의 48영을 회분가루로 쓴 글씨가 있는데 아직도 읽을 수 있다.


〈次三淵金丈韵〉
김창협 어른의 시에 차운하다.


人去亭空在   사람이 가고 정자만 공연히 남아 있어,
賓來卽主人   손님이 오면 곧 주인이 되네.
泉聲猶太古   샘물소리는 오히려 태고의 것이고,
竹色自天眞   대나무 색깔은 스스로 천진스럽네.
盤石偏宜坐   반석은 앉기에 마땅하고,
孤松更可親   외로운 소나무는 다시 친할 만하네.
晩來池上立   느즈막이 와서 못가에 서니,
淸影落烏巾   맑은 그림자 오건烏巾이 비치네.[89]


　　이하곤은 남쪽지방 순례시 「남유록南遊錄」과 「남행집南行集」을 남겼는데, 전자는 기행하면서 쓴 산문일기이고, 후자는 이때 읊은 시의 모음집이다. 이 작품은 그가 1722년 10월 13일부터 시작해서 같은 해 12월 18일까지의 일정 안에서 이루어졌으며, 이곳에서의 여행노정은 '동복-적

89)『두타초頭陀草』 책10 「남행집南行集」 下.

벽-물염정-서봉사-소쇄원-환벽당-식영정-창평현'의 순서이다.
그가 소쇄원에 왔을 때는 양익룡이 지키고 있던 때로, 그는 상중이어서
족제族弟를 시켜 맞아들게 하였고, 양경지와 양채지도 곧 왔다고 하였다.

앞의 시가 주로 정경을 읊었다면, 뒤의 시는 주로 작자의 심회를 읊고
있다. 작자는 소쇄원을 방문하여 소나무와 대나무가 우거진 소쇄원 경내
를 돌아보면서 얼어붙은 계곡물도 바라보고 담에 쓰여 있는 김인후의
〈48영〉도 보면서 마음이 맑아짐을 깨닫고 있다. 이하곤은 김창흡과 절
친한 사이여서 이미 소쇄원에 대해서 익히 들었으리라고 생각된다. 소쇄
원에 와서는 김창흡의 구적을 밟아보면서 원림의 경물이 소쇄라는 이름
을 빌리지 않더라도 보는 것마다 소쇄하여 속세의 정을 벗어난 듯이 보
인다고 하였다. 그리고 그는 '태고太古'와 '천진天眞'이라는 말을 빌려 소쇄
원의 풍취를 표현하고 있다. 그가 소쇄원에 대하여 읊은 시가 〈소쇄원감
회 우득장율瀟灑園感懷又得長律〉90)이란 제목으로 한 수 더 있는데, 이때는
저물녘으로 모든 빛이 쓸쓸함을 띠고 있을 때인지라 김창흡의 발자취와
김인후의 〈48영〉도 점점 세월에 묻혀 가는 것처럼 보여서 작자에게 슬
픈 감정을 일으킨 내용이다. 산수여행을 즐겼던 이하곤은 자기 나름대로
의 산수관을 확립하였다고 본다. 그는 산수미 감상의 태도에 있어서 오
로지 이에 순수하게 심취할 때, 진정 오묘한 산수 자연미를 만끽할 수
있다고 보았다.91)

이번에는 조금 색다른 사람인 심육沈銪92)의 시이다.

---

90) 『소쇄원사실』에는 <제소쇄원題瀟灑園>이란 제목으로 나와 있다.

91) 이성주, 「담헌 이하곤 문학의 연구」, 성균관대학교 대학원 박사학위논문, 1994,
155쪽.

92) 심육沈銪(1685~1753) : 호는 저촌樗村이고, 본관은 청송이다. 하곡 정제두鄭齊斗의 문
인으로서 강화학파의 중심인물이다. 평생 몇 번의 소명에 나아갔다가 돌아온 것
이외에는 벼슬에 나아가지 않고 대부분을 강학과 유람으로 보냈다.

〈瀟灑園主人 卽梁處士山甫之後也〉
소쇄원의 주인은 곧 처사 양산보의 후예이다.

| | |
|---|---|
| 蕭洒名園色 | 소쇄한 명원의 경치가 |
| 看來却會心 | 볼수록 도리어 마음에 와 닿네. |
| 入林聽竹籟 | 숲에 들어가 대나무 소리 듣고, |
| 移席坐松陰 | 자리 옮겨 솔 그늘에 앉아보네. |
| 酒放山寒醉 | 술은 거나하여 산의 추위와 함께 취하고, |
| 詩和澗籟吟 | 시는 시냇물소리와 어울려 읊조리네. |
| 就中幽事足 | 이 중에 그윽한 일에 만족하니, |
| 盡日啅閑禽 | 날이 다하도록 새는 한가로이 쪼기만 하네.93) |

위 시는 심육이 그의 나이 25살 때인 1709년 25세 봄에 천안天安을 거
쳐 담양潭陽, 장성長城 등 호남湖南 일대를 유람한 적이 있는데, 이때 소쇄
원도 방문하여 남긴 작품이다. 작자는 그동안 명성으로만 들어왔던 이곳
을 직접 와서 보고, 볼수록 마음에 더 와 닿음을 느끼고 있다. 그래서
소나무 그늘에도 앉아보고 대잎소리도 들으면서 옛사람의 정취에 취해
있다.

위에서 살폈듯이 이 시기에는 소쇄원을 멀리에서 찾는 사람들이 늘어
나는 시기였다. 이곳의 명성이 그동안 지인들의 입을 통해 멀리까지 알
려지게 되었음을 알 수 있다. 이는 소쇄원가의 후손들이 원림과 선조의
덕업을 드높이고자하는 노력에 의해서도 이루어졌다고 본다. 유람자들
이 들러서 남긴 시의 특징도 선대에 이루어놓은 원림의 물색이 예와 같
음을 주로 노래하고 있다.

소쇄원은 또한 이때에 소규모의 시회가 열려 시단이 활성화되었다.
그중 한 예로 '제명록'을 만들어놓고 시회를 열면서 여기에 이름과 시문

---

93) 『저촌선생유고樗村先生遺稿』 권2 민족문화추진회에서 간행한 한국문집총간을 저본
으로 하였다. 이 문집은 1938년에 등사된 필사본으로, 47권 18책으로 구성되어
있다.

을 기록한 일을 들 수 있다. 이 책자가 최근까지 원림의 명물로 전해져
왔다고 한다. 제명록에 처음 시를 지은 사람은 조경망趙景望으로, 『소쇄원
사실』에 실린 시 중에서 여기에 차운한 시는 8명 17수가 있는데, 다음은
그 중 한사람의 시이다.

〈次題名錄韻〉
제명록의 시에 차운하다.

勝日名園誰共遊    좋은 날 이름난 원림에서 누가 함께 노니는가.
座中老少盡淸流    좌중의 노소가 모두 맑은 무리이네.
自慙詞列諸公上    나의 시가 부끄럽게도 여러 사람들과 함께 놓여있어
薄劣名垂萬古秋    부족한 이름이 만고에 드리우겠네.94)

위 시는 고두명高斗明95)이 지은 작품으로, 1677년 무렵 소쇄원이 중창
되는 과정에서 시회가 열렸음을 짐작할 수 있다. 여기에 모인 여러 사람
들이 제명록에 시를 적으면서 이 시가 후대에도 길이 남겨지리라 생각하
고 있다. 이러한 시회는 다만 이 시기만의 특징은 아니지만, 소쇄원이
한차례 쇄신을 하였음을 알려주는 내용이다. 이때 노소가 함께 모여서
시문을 남기고 있음을 위 시의 내용을 통해서 알 수 있으나, 좌중이 누
구였는지는 확실하지 않다. 위 시에 차운한 사람은 조경망·양진태·박민
행·이원표·고두명·정리·조항·조근하 등으로, 내용은 대부분  아름다운
모임을 찬탄하고, 자신들의 이름도 앞 세대의 혁혁한 이름처럼 소쇄원에
오래도록 남으리라는 기대를 갖고 있는 것이다.
　이외에도 앞에서 정식鄭湜의 시에서 살폈듯이 7명이 단란하게 모여서
시회를 여는 경우도 예로 들 수 있다. 이 시기에는 이처럼 소규모 시회

---

94) 『소쇄원사실』 권13 「제현제영창수諸賢題詠唱酬」부록
95) 고두명高斗明(1623~?) : 자는 시백時伯이고, 호는 비애飛崖이며, 본관은 장흥이다. 창
　　평현 출신이고, 아버지는 고부천高傅川(1578~1636)이며, 송시열의 문인이다.

가 자주 열렸음을 알 수 있는데, 이러한 시회는 소쇄원에서 뿐만 아니라, 반석에서나 서봉사에서도 열렸음을 확인할 수 있다. 초기에는 주로 시회 라기보다는 개인과 개인이 만나는 경우가 많았음에 비해, 이 시기에는 5~6명이 한자리에 모여 시회를 이루고 있음이 특징이다. 이러한 점은 한 사람이 많은 분량의 시문을 남기지 못하는 결과를 가져오기도 하였 다. 이러한 상황은 후대로 갈수록 더해진다.

　소쇄원은 경관이 아름답기도 하지만, 그보다는 선대의 훌륭한 행적이 남아 있고, 절의정신이 살아있는 곳이라는 생각이 더욱 강하게 남아있는 장소이다. 그래서 이 시기에 이곳에서 창작된 작품들의 주제는 주로 풍 류적인 내용보다는 앞사람의 맑은 정신을 흠모하고, 그들의 고절함을 숭 상하며, 자신의 경계처로써 이곳을 바라보는 경우가 많다. 그중 대표적 인 사람으로 서봉령을 들 수 있는데, 그가 소쇄원가에 쓴 편지는 이미 앞에서 살펴보았다. 그는 원림에 애정을 가지고 이곳에서 이루어졌던 시 문들을 모두 모아두어 후대에도 볼 수 있게 하라는 조언을 했었다. 여기 에서는 그가 쓴 시를 통해서 소쇄원에 대하여 어떻게 여기고 있는지를 보겠다.

〈和寄瀟灑園〉
소쇄원 시에 화운하여 부치다.

| | |
|---|---|
| 仙庄物色想難裁 | 선장仙庄의 물색物色은 짓기 어렵게 생각되는데, |
| 蓑笛分明月下來 | 풀피리소리 분명하게 달 아래서 들려오네. |
| 當日江山養豪俊 | 당일에 강산은 큰 준재를 길러내고, |
| 至今花竹護亭臺 | 지금은 꽃과 대나무가 정대亭臺를 감쌌네. |
| 四時佳興入窓集 | 사시에 좋은 흥은 창문으로 모여들고, |
| 九曲風煙一壑開 | 구곡이 내에 잠겼는데 한 골짜기만이 열려있네. |
| 富馬卲程添勝處 | 부필·사마광·소옹·정자의 승지勝地를 더한 곳, |
| 不知何日奠椒盃 | 어느 날에나 술잔 올리게 될지.96) |

서봉령은 소쇄원에 대하여 당대에 뛰어난 인재들을 배출하였던 장소이며, 지금까지 아름다운 자연이 그 유적을 보호하고 있는 곳으로 여기고 있다. 소쇄원을 구곡九曲의 하나로 인식하고 있는데, 조선 후기에 가면 이미 구곡을 경영하는 것이 유행하기에 이르렀고, 많은 사람들이 원림의 대명사로 이 말을 사용하기도 하였다. 구곡가 형태의 연작시가 유행한 사실도 이와 맥락을 같이 한다. 소쇄원을 구곡에 비유하고 있는 경우는 비단 서봉령 만은 아니었다. 소쇄원에 오곡문五曲門을 명명한 것도 이미 그 생각이 밑바탕에 깔려 있었음을 의미한다. 이이李珥나 이황李滉이 이미 구곡을 경영하였고, 구곡가를 지었음을 보더라도 조선시대 선비들은 원림경영에 있어서 무이구곡을 염두에 두고 있었음을 알 수 있다. 또한 그는 소쇄원이 부필富弼·사마광司馬光·소옹邵雍·정자程子의 정신이 흐르고 있는 곳으로 여기고 있다. 이들은 모두 송나라 때의 학덕이 높고 인품이 고명한 대학자들이다. 소쇄원 역시 이러한 사람들이 모여들었던 곳으로 인식하고 있다. 작자의 그러한 인식은 다음 시에서도 보인다.

〈憶瀟灑園環碧堂聚星名迹 感吟一篇 小序〉
소쇄원과 환벽당은 별들이 모이는 이름난 유적이라는 것을 생각하며 이에 느낌 한 편을 읊고 서를 하다.

| | |
|---|---|
| 環碧堂連瀟灑園 | 환벽당과 소쇄원이 이어져 있어서 |
| 昔賢於此幾盤桓 | 옛날의 현인들이 이곳에서 몇 번이나 서성이었나. |
| 長松帶雪留顏範 | 장송에 두른 눈, 얼굴모습이 머무르고, |
| 秋月澄潭見肺肝 | 가을 달 비친 맑은 못, 속까지 훤히 보이네. |
| 節義正當扶宇宙 | 절의는 정당하게 우주를 떠받쳤으며, |
| 文章奚獨富波瀾 | 문장도 어찌 홀로 질굉기복跌宏起伏이 풍부한가. |
| 洲翁衰筆舍嚴鋮 | 주옹洲翁(권필)의 곤필衰筆에는 엄한 도끼날이 머무니, |
| 千古奸譃骨亦寒 | 천고에 간사한 수다쟁이 뼛골이 오싹하리.97) |

---

96) 『소쇄원사실』 권13 「제현제영창수諸賢題詠唱酬」부록.
97) 『매학선생집』 권3 <억소쇄원·환벽당 취성명적, 감음일편憶瀟灑園 環碧堂 聚星名迹 感

위 시와 함께 쓰여 있는 소서小序를 보면, 서봉령은 소쇄원과 환벽당을 인재들이 별처럼 모여드는 곳으로 기억하고 있다. 소쇄원과 환벽당이 연이어 있고, 많은 현인들이 노닐던 곳은 다른 지역에 살고 있는 사람들에겐 신화나 전설처럼 다가섰으리라 본다. 이곳의 모든 물색은 깨끗하고, 주인들의 절의와 문장 또한 세태에 부응하지 않고 뛰어나다고 말하고 있다. 이곳에서 많은 현인들이 모여들어 훌륭한 발자취를 남기었는데, 이제 그 흔적들이 묻히고 있으며, 사마司馬씨 같은 훌륭한 사가가 없어서 그 아름다운 일이 진가를 드러내지 못한다고 했다. 또한 이 지역에는 김덕령金德齡에 대한 권필權韠의 시도 있어서, 그야말로 절의가 살아 있고, 엄함이 서려있으며, 청정함이 남아있는 곳으로 인식하고 있다.

작자는 그 현인들을 몹시 사모하면서 그러한 곳을 잘 유지해나가기를 바라고 있다. 또한 이곳에 대해서는 "산고수장지풍, 우기하어칠리지엄탄야재山高水長之風, 又豈下於七里之嚴灘也哉"라는 글귀를 사용하여, 벼슬하지 않으면서 자신의 일을 높이 숭상하는 것이 엄자릉嚴子陵의 처사풍보다 아래 있지 않다고 말하고 있다. 엄자릉은 한 광무제漢光武帝의 어릴 적 친구로, 광무제가 즉위한 후 간의대부에 임명했으나 부춘산富春山으로 들어가 은거하며, 농사와 낚시로 세월을 보낸 인물이다. 그리고 칠리탄七里灘은 부춘산에 있는 여울로, 엄자릉이 낚시하던 곳이다. 이때의 이 글귀는 『주역』「산풍고괘山風蠱掛」에 나온 "고상기사高尙其事"와 의미가 상통하는 말

---

吟一篇, 소서小序>, "謹按瀟灑翁, 養德山樊家傳文獻, 如蔡西山·劉南原之父子, 師友淵源, 而友德輔仁, 如河西諸賢, 皆極一時名勝, 猗歟盛哉. 且環碧堂 金斯文, 以朱陳一家, 而風流文雅, 並擅一壑, 而且與河西·石川·企村·松川·苔軒·松江, 諸名勝皆有茇葛之義, 其爲交契, 亦不啻松栢芝蘭, 齊芳倂美, 而一時英賢, 如靈川高峰倂留名迹於巖崖, 抑何奇哉. 況敲巖先生, 過庭詩禮, 蔚爲名儒, 與退溪·高峰·牛溪·栗谷·重峰 諸先生, 講明道學. 且與思菴·松江·霽峰·健齋·玉峰·鳴皐 諸名流 倂爲師友, 以扶植斯文 (중략). 以此觀之 則瀟灑·環碧之靈傑芳聲, 正不下於南昌故郡, 而山高水長之風, 又豈下於七里之嚴灘也哉. 宜令人感念懷仰之不已, 而直欲擧千載之欠事, 唱萬世之淸風而後已 (중략)"

이다. 즉 소쇄원을 엄자릉이 가진 고상기사의 기상이 있는 곳으로 보고 있다. 이밖에 이치李治도 "운산雲山은 오래도록 엄자릉의 대를 지킨다"[98]라고 하여, 소쇄원의 양산보를 엄자릉으로 보고 있다.

이상에서 소쇄원 제2기의 교유인물은 외부지역으로까지 확대되었고, 주로 세교가 있는 사람들임을 알게 되었다. 이곳에서 읊은 시문의 내용은 대개가 선대의 빛나는 행적 앞에서 숭모의 감회를 읊고 있고, 인간관계를 읊은 시문은 명원名園의 후손으로 높은 풍류를 지녔음을 찬탄하는 내용들이 많음을 확인할 수 있었다.

## 2) 〈소쇄원30영〉

소쇄원의 연작제영 중에는 초기에 나온 〈48영〉이 있는가 하면, 다음 시기에 나온 〈30영〉이 있다. 전자는 1540년대에 외부인이 지었고, 후자는 제목에도 보이듯이 1690년대에 내부인이 지었다. 〈30영〉의 내용은 소쇄원과 주변의 경점을 30군데로 정해놓고 읊고 있으며, 경점의 이름이 함유하고 있는 고사나 그곳에 담겨있는 의미를 표현하고 있는 경우가 많다. 대신 경관의 모습이나 아름다움을 읊은 내용은 매우 적다고 하겠다.

소쇄원은 임병양란을 겪으면서 활동이 많이 저조해졌으며, 양천운의 사후에는 더욱 침체되었다. 그러한 소쇄원을 제5대에 와서 한차례 크게 중흥시키고, 그 일환으로 〈30영〉을 짓게 되었다. 이 〈30영〉은 양진태가 먼저 읊은 적이 있고, 이후 조카 양경지가 차운하여 지었다. 현재로서는 양경지의 〈30영〉만이 그의 문집인 『방암유고』에 〈근차중부가산30영〉이란 제목으로 실려 있어서, 그 전모를 살필 수 있다.

『소쇄원사실』에는 소쇄원 내원인 '소쇄원·제월당·광풍각·애양단·대

---

98) 『소쇄원사실』 권13 「제현제영창수諸賢題詠唱酬」부록 <숙소쇄원차권중운宿瀟灑園次卷中韻>, "雲山長護子陵臺"

봉대·오곡문'을 읊은 시문이 두 번에 걸쳐 나타나는데, 이는 양진태와 양경지 두 사람이 지은 작품이다. 즉 양진태와 양경지는 〈가산30영家山30詠〉을 읊었는데, 문집을 만들 때는 내원을 읊은 제영만 가려 뽑아서 실었던 것이다. 그런데 양진태의 문집은 뒤에 일실되어버려서 결국 〈30영〉 전부가 남지 못하고『소쇄원사실』에 실어놓은 6수만이 남을 수 있었다. 여기에서 양진태가 먼저 〈30영〉을 지었음을 알 수 있다.

　김대현은 〈30영〉이 소쇄원을 일상적인 생활공간이 아닌, 고원高遠한 경지를 꿈꾸는 공간으로 바라보고 있으며, 시어 또한 아름답고 화려한 경지를 추구하는 것은 아니라고 설명하고 있다.99) 그는 결론적으로 〈30영〉의 풍격을 깨끗하고 높은 뜻을 나타내는 청원淸遠함이라고 말하고 있다. 이처럼 〈30영〉은 실재적인 경물보다는 그 경점이 갖는 의미를 읊는 경우가 많다.

　그렇다면 우선 양진태와 양경지가 읊은 〈30영〉은 서로 차이가 있는지 없는지를 〈소쇄원〉이란 제영을 가지고 비교해보겠다.

〈瀟灑園 有尤菴先生手筆 復刻于瀑流巖南〉
소쇄원 우암선생의 수필이 있어 폭포바위 남쪽에 새기다.

獨樂非忘世　　　홀로 즐기되 세상을 잊지는 않아
平泉謾有營　　　평천장을 그저 경영하셨네.
何如瀟灑境　　　어찌하여 소쇄원의 지경이
媲水以成名　　　물과 짝 맞추어 이름을 이루었나.100)

超然退遯日　　　초연히 멀리 숨으신 날에
亭沼此經營　　　정자와 연못을 경영하셨네.
水石偏瀟灑　　　수석이 이리도 소쇄하니,
方知不爽名　　　바야흐로 이름이 안 틀림을 알겠네.101)

---

99) 김대현, 앞의 논문, 39쪽·45쪽.
100)『소쇄원사실』권13「제현제영창수諸賢題詠唱酬」부록.

두 경우가 모두 이곳을 처음 세운 양산보와 그가 조영한 원림의 모습을 읊고 있다. 제목이 같아서이기도 하겠지만 시상의 전개방식이 대단히 비슷하다. 그 내용은 바로 선조 양산보가 소쇄원을 경영한 사실을 추앙하고 있으며, 원림의 모든 물색도 양산보처럼 소쇄함을 간직하고 있음을 표현한 것이다. 앞 시는 양진태의 작품으로, 그 세주에 보이듯이 송시열이 글씨를 써주어서 그것을 바위에 새긴 이후이다. 그는 송시열에게 1684년과 1685년에 양산보와 양자징의 행장을 받아온 적이 있다. 이때 현재 소쇄원에 전하고 있는 송시열의 글씨들도 함께 받아왔을 것으로 추측된다. 그렇다면 양진태의 〈소쇄원30영〉이 나온 시기는 1685년에서 1696년 사이라고 할 수 있다. 앞에서 살폈듯이 양경지의 〈가산30영〉은 1696년에 지어졌기 때문이다. 이 무렵에는 소쇄원도 한차례의 중흥활동을 마쳤을 때이다.

원림의 아름다움이 김인후의 〈48영〉에 충분히 드러나 있지만, 시대적인 조류에 의해 주변의 경관까지 음영대상을 확대해서 〈30영〉을 제작하게 된다. 즉 이 시기에 구곡을 경영하고 구곡가를 읊는 경우가 유행하였던 사실과 그 맥을 같이 한다.[102] 구곡가九曲歌는 주희가 무이산武夷山에 거처하며 무이구곡의 아름다움을 〈무이도가武夷櫂歌〉로 표현한 것이 원류

---

101) 『방암유고』 55쪽 / 『소쇄원사실』 권13 「제현제영창수諸賢題詠唱酬」 부록.

102) 우리나라의 구곡이나 구곡시에 대해서는 많은 연구가 축적되어 있다. 이상주는 충북지역에 화양구곡·갈은구곡·연하구곡·선유구곡·옥화구곡·낙우당구곡 ·서계구곡 등을 발굴하여 정리했으며(각각의 논문이 있으나 생략함), 김문기·안태현은 문경지방에 선유구곡·쌍룡구곡·화지구곡·석문구곡을 발굴하여 구곡시의 특징을 연구했다(김문기·안태현, 「문경지방의 구곡원림과 구곡시가 연구」 『퇴계학과 한국문화』 35호, 2004). 이밖에도 임재철·장도수는 벽계구곡의 경관이 갖는 의미에 대해서 밝혔고(임재철·장도수, 「벽계구곡의 경관의미」 『한국전통조경학회지』 19집, 한국전통조경학회, 2001), 이석해·이행렬은 곡운구곡에 대한 연구를 하였으며(이석해·이행렬, 「문화경관으로 본 곡운구곡의 특성」 『한국전통조경학회지』 19집, 한국전통조경학회, 2001), 박이정 등은 황강구곡가에 대하여 연구하였다.

인데, 우리나라에서도 주자를 흠모하여 그를 본받고 그가 거처했던 무이구곡을 본뜨는 일이 유행하기 시작하였다. 이러한 구곡가는 이이李珥가 해주에 있는 석담구곡石潭九曲에 은병정사隱屛精舍를 경영하며, 그 석담구곡의 경관을 노래하는 일에서부터 유행하기 시작했으며, 이때 구곡은 원림 내부만이 대상이 되지 않고, 원림주변을 거시적으로 관망하며 순서적으로 경관을 바라보고 있음이 특징이다. 중기의 소쇄원도 내원의 조망에만 그치지 않고 그 골짜기 전체를 순서에 따라 읊고 있다. 그러나 입지의 특성상 그 범위는 그리 넓지 못하다.

〈30영〉은 소쇄원 내원과 주변의 경관을 30군데로 정하여 읊고 있는 연작제영으로, 그 경점은 원림 입구에서부터 시작하여 내원과 주변의 산이나 골짜기 등을 두루 돌아서 다시 밖으로 나오는 순서를 취하고 있다. 즉 주변의 경관을 무작위로 읊고 있는 것이 아니라, 발길의 순서에 따라 읊고 있다.

위 제영의 제목은 모두 3자로 통일되어 있으며, 명사들로만 이루어졌다. 이렇게 제목이 경점을 가리키는 경우는 그 역사를 소급해보면 왕유王維의 '망천별업輞川別業'에서도 확인할 수 있다. 우리나라 사람들이 많이 보았음직한 왕유의 『망천집輞川集』을 보면, 왕유는 망천의 산곡을 20곳으로 정해놓고 배적裴迪과 함께 읊었는데, 그 20영의 제목은 '맹성요孟城坳·화자강華子岡·문행관文杏館·청죽령靑竹嶺·녹시鹿柴·목란시木蘭柴·수유茱萸·궁괴백宮槐陌·임호정臨湖亭·남타南垞·의호欹湖·유랑柳浪·난가뢰欒家瀨·금설천金屑泉·백석탄白石灘·북타北垞·죽리관竹里館·신이오辛夷塢·칠원漆園·초원椒園' 등이다. 〈망천별업20영〉의 제목들이 주로 건물이나 동산, 또는 언덕 등 큰 자연물을 대상으로 읊고 있어서 〈소쇄원30영〉과 그 제목에서 유사성을 발견할 수 있다. 이것은 중국에서 옛날부터 경점을 읊는 방식으로, 현재에도 많이 행해지고 있다. 그러나 이 제목에서는 어떤 통일성도 보이지 않는다. 〈30영〉의 경우는 경점을 읊는 점에 있어서는 위와 비슷하나 우

선 제목에서 통일성을 보이고 있으며, 읊는 과정은 구곡가의 음영과 비
슷한 형식을 취하고 있다.

한편 〈30영〉은 경물을 보고 그 이름이 가지는 의미를 더 많이 읊고
있기 때문에 당연히 그 시어에도 관념적인 사상이 드러나고 있다. 〈애양
단〉이나 〈부훤당〉 등에는 충효사상이 드러나고 있는데, 이것은 소쇄원
이 애초에 도학의 실천장으로 경영되었음을 나타낸다. 또한 통사곡通仕谷
이나 진사록進賜麓 등은 은둔 처사를 지향하고 있기도 한다. 이러한 사상
은 조영 초기부터 깃들어있던 사상이다. 그런데 이 시기에 오면 신선사
상이 더 심화되고 있음을 느낄 수 있다. 그 예를 다음 시를 통해서 확인
해 보겠다.

〈鰲巖井〉 오암정

| | |
|---|---|
| 鰲頭吐瓊液 | 거북의 머리가 경액을 토해내어 |
| 再掬欲成仙 | 다시 움켜쥐며 신선을 이루고자 하네. |
| 疑是武陵近 | 이곳이 무릉의 근처인가 하노니, |
| 霞光井底天 | 노을빛이 샘 밑까지 비치네.[103] |

위 시는 28번째 영으로 옹정봉까지 올라갔다가 다시 내려와서 소쇄원
의 오곡문 곁에 있는 〈오암정〉을 읊은 작품이다. 오암의 바로 아래에
자리하고 있는 이 오암정은 그 이름에서 이미 알 수 있듯이, 신선사상이
배어있다. 오암은 삼신산三神山을 등에 업고 있는 거북바위를 말하며, 경
액은 신비로운 효험이 있는 약수를 뜻한다. 소쇄원은 도학사상을 실현하
는 장소이면서 동시에 외부지역은 바로 이상세계나 신선세계의 한 영역
으로 간주되고 있다. 양경지는 〈오곡문五曲門〉을 읊을 때도 "선단仙壇을
잠궈두지 않는다"[104]라고 하여서, 신선세계임을 표현하고 있다. 이와

---

103) 『방암유고』 60쪽.

비슷한 사상을 드러내는 제영으로 〈봉황암鳳凰巖〉·〈영지동靈芝洞〉·〈장자담莊子潭〉·〈황금정黃金亭〉·〈대봉대待鳳臺〉 등이 더 있다. 이처럼 소쇄원은 무릉도원이나 별천지로 묘사되는 경우가 많다. 이것은 원림을 경영했던 많은 유자들의 사유방식으로, 유가적인 신선사상의 지향이라고 할 수 있다.

한편 〈소쇄원30영〉과 형태를 같이한 연작제영105) 중에는 〈면앙정30영〉이 대표적이라고 할 수 있다. 우선 그 제목을 보면, '추월취벽秋月翠壁·용구만운龍龜晩雲·몽선창송夢仙蒼松·불대낙조佛臺落照·어등모우魚登暮雨·용진기봉湧珍奇峯·금성묘애錦城杳靄·서석청람瑞石晴嵐·금성고적金城古迹·옹암고표瓮巖孤標·대추초가大秋樵歌·목산어적木山漁笛·석불소종石佛疎鍾·칠구귀안漆水歸雁·혈포효무穴浦曉霧·신통수죽神通脩竹·산성조각山城早角·이천추월二川秋月·칠곡춘화七曲春花·송림세경松林細逕·죽곡청풍竹谷清風·평교제설平郊霽雪·원수취연遠樹炊煙·극포평사極浦平沙·광야황도曠野黃稻·전계소교前溪小橋·후림유조後林幽鳥·청파도어清波跳魚·간곡홍료澗曲紅蓼·사두편로沙頭眠鷺' 등으로 제목의 구성에서부터 〈소쇄원30영〉과 판연하게 다름을 알 수 있다. 다른 30영의 경우도 모두 〈면앙정30영〉과 같은 구도를 가지고 있다. 즉 〈소쇄원30영〉의 경우 제목이 모두 명사이며, 3자로 통일성을 유지함에 비해, 〈면앙정30영〉의 경우는 4자인 '장소+물상'으로 통일성을 가지고 있다. 내용에 있어서도 〈소쇄원30영〉은 구곡가적인 경관을 읊었다면, 면앙정을 위시한 다른 30영은 모두 소상팔경적인 경관을 읊고 있다. 여기에서 구곡가적인 경물과 소상팔경적 경물의 음영방식이 다른 점을 알 수 있다. 전자는

---

104) 앞의 책, 56쪽 <오곡문五曲門>, "不遺鎖仙壇"
105) 우리나라의 제영 중 현재 알려진 30영의 경우는 <면앙정30영俛仰亭30詠>·<수월정水月亭30詠>·<현산30영峴山30詠> 정도가 있다. <면앙정30영>의 경우는 임억령·김인후·박순·고경명·양대박 등 5사람이 차운하고 있고, <수월정 30영>은 강항姜沆이 지었으며, <현산30영>은 김창흡金昌翕과 이해조李海朝가 각각 지었다.

아래에서부터 점점 올라가서 제일 높은 곳까지 갔다가 내려온, 상경자의 몸이 직접 움직이고 있는 것임에 비해, 후자는 이미 높은 곳에 위치하고 있는 장소의 특점 때문에 상경자는 가만히 선 채 시선만으로 주변을 둘러보고 있는 형식이다.

〈48영〉과 〈30영〉을 비교해보면, 전자가 주로 소쇄원 내원의 물상과 행위들을 읊고 있음에 비해, 후자는 이와 사뭇 다르게 소쇄원이 위치한 골짜기 전체에 대하여 구체적 이름을 정하여 읊고 있다. 또한 전자가 카메라렌즈를 물상 가까이에 대고 촬영한 것과 같은 방식이라면, 후자는 렌즈를 멀리해서 주로 원경으로 촬영하고 있는 방식이다.

〈48영〉의 경우 제목의 형식을 보면, 4자 형식으로 주로 '장소+물상 또는 +행위설명'의 방식을 가지고 있고, 〈30영〉의 경우는 주변 사물의 이름을 모두 3자 형식으로 맞추었으며, 명사만으로 표현하고 있다. 〈48영〉의 제목에서는 앞에서도 살폈듯이 현장성이 느껴진다. 그것은 물상들의 상황이나 인간의 행위를 설명하는 방식을 사용했기 때문이다. 〈30영〉의 경우는 화조류를 읊는다거나 인간의 행위를 읊는 것이 아니라, 바로 건물이나 산 또는 골짜기 등에 담긴 의미를 읊고 있다. 이 두 가지가 읊고 있는 경물은 서로 판연하게 다름을 알 수 있다.

이들의 읊는 순서를 보면, 전자는 일정한 순서가 없는 듯이 보인다. 이는 동선이 시점과 발길에 따른 복합적인 이동방식이기 때문이다. 〈48영〉이 읊어진 경점을 따라가 보면 소정에서부터 시작하여 소쇄원의 내원을 시점과 발길의 이동에 따라 움직이는데, 계류 주변에서는 그 동선이 짧게 좁혀졌다가 주변에서는 다시 넓혀지면서 마지막에는 소쇄원의 담장에서 그친다.

〈30영〉을 읊은 순서는 주로 소쇄원 입구에서부터 시작해서 소쇄원 경내를 돌고, 그리고 주변의 산골짜기나 등성이를 돌아서 다시 아래로 내려오는 방식을 취하고 있다. 이 제영의 경점은 발길이 닿는 곳을 따라 펼쳐지고 있어서, 움직이는 시점을 갖고 있다. 그래서 처음 시작은 지석리이고, 마지막 종결지는 황금정이 된다. 가장 정점은 '옹정봉'이 되겠는데, 옹정봉에서 아래를 내려다보면 소쇄원을 위시하여 그 주변과 저 멀리까지 다 내려다보인다. 이 '옹정봉'은 송시열이 이름을 지었으며, 소쇄원에서 차지하는 위상은 매우 높다. 그것은 마치 구곡가 중에서 가장 높은 구곡에 오르면 아래가 다 내려다보여서 학문의 성취점을 뜻하는 사실과 같다.

이와 같이 〈48영〉의 음영 범위와 〈30영〉의 음영 범위는 서로 다르다. 전자의 대상은 내원에 한정되어 있고, 후자의 대상은 주로 내원의 건축물과 외부의 산야를 대상으로 하였다. 이러한 현상은 소쇄원의 제영이 전기에는 〈비해당48영〉과 같이 영물시가 유행하던 사실과 관계되고, 조선 후기에는 구곡가와 같이 구곡을 경영하던 일이 유행하였던 사실과 관련이 있다. 소쇄원의 경우는 특별히 구곡가를 읊지는 않았지만, 후대의 많은 사람들이 관념적으로 원림 주변에 구곡을 상정하고 있었음을 볼 때, 소쇄원의 경우도 소쇄원을 구곡 가운데 하나쯤으로 생각했음을 짐작할 수 있다. 초창기부터 원래 '오곡'을 명명한 것을 보면 구곡을 잠정적으로 염두에 두고 있었음은 명확하다. 그것이 양진태·양경지 대에 와서 소쇄원을 한차례 중흥시키면서 중흥 활동의 일환으로 소쇄원의 경물에 대한 음영을 주변에까지 확대시켜서 소쇄원의 상경영역을 넓혀가게 되었다.

다음은 〈48영〉과 〈30영〉이 그 내용에 있어서는 다름이 있는지를, 같은 소재를 다룬 〈양단동오陽壇冬午〉와 〈애양단愛陽壇〉을 비교해 살펴보겠다.

〈陽壇冬午〉  양단의 겨울 낮

壇前溪尙凍          양단 앞 저 냇물은 아직 얼어있어도
壇上雪全消          단 위의 눈은 모두 녹았네.
枕臂迎陽景          팔베고 따뜻한 볕 쬐다보면
鷄聲到午橋          닭울음소리 오교午橋까지 들리네.106)

〈愛陽壇〉  애양단

濯髮巖頭水          바위 가의 물에서 머리를 감고,
晞之壇上暄          따뜻한 단의 위에서 말리네.
瑞光無不燭          서광이 아니 비춘 곳 없으니,
亦自到山門          또한 산문에까지도 이르네.107)

　　모두 오언절구 형식을 취하고 있으며, 〈48영〉의 시에서나 〈30영〉의
시에서 모두 애양단의 이미지를 따뜻함에 두고 있다. 앞의 시에서는 닭
소리가 오교午橋까지 들리고, 뒤의 시에서는 서광이 산문에까지 이른다고
하여, 모두 애양의 의미를 깊이 궁구하거나 실천하다보면 궁극에 가서는
도학이 실현될 수 있다는 내용이다. 여기에서 '오교'란 배도裴度가 경영한
녹야당綠野堂이란 별서가 있는 곳을 말하는데, 바로 소쇄원을 표현한 말
이며, 산문山門도 역시 같은 표현이다.
　　한편 '애양愛陽'에 대해서 양진태의 시에서는 '부훤負暄'과 같은 의미로
해석하고 있다. 그동안 '애양'은 '애일愛日'의 의미로만 해석하여 '효孝'를
나타낸다고 말해왔다. 그러나 바로 '충忠'의 뜻도 담겨 있음을 간과해서
는 안 된다. 즉 도학자의 기본 수신양성의 덕목인 효사상은 경국제세經國
濟世의 바탕이 되고, 이것은 나라가 위난에 처했을 때는 충忠으로 표현된
다. 이때 '애양'이란 의미가 '부훤'이란 의미와 상통함을 알 수 있다. 양

---

106) 『소쇄원사실』 권4 「소쇄원제영」 <48영>.
107) 앞의 책, 권13 「제현제영창수諸賢題詠唱酬」 부록 / 『방암유고』, 56쪽.

진태는 "조광朝光을 만일 움켜쥘 수만 있다면 그것을 임금에게 바치고 싶다"[108]라고 하여 연궐戀闕하는 정성을 표현하고 있다. 충과 효는 한 모습임을 드러낸 말이다. 이상에서 소쇄원에서 읊어진 연작제영은 단순한 경물을 읊기보다는 경치를 보고서 생각을 일으킨 것임을 이해할 수 있다.

지금까지 소쇄원의 연작제영에 대해 살펴보았다. 연작제영은 주변의 경물을 짜임새 있고 계획적으로 읊고 있기 때문에 이러한 연작제영을 살펴봄으로 해서 누정이나 원림의 주변 경물을 살필 수 있게 된다. 소쇄원에서는 두 번에 걸쳐 연작제영이 지어졌는데, 서로 음영 방식이 다름을 알 수 있었다. 근경의 사물을 읊는 경우가 있는가 하면, 원경의 경치를 읊는 경우도 있고, 또한 추상적인 정경을 읊조리고 있는가 하면, 구체적인 실상을 노래하는 경우도 있음을 알았다. 이밖에도 누정·원림의 위치에 따라 음영 방법이 달라짐도 알 수 있었다. 이러한 음영 방식의 변화는 시대적인 흐름과 그 궤를 같이하고 있어서, 이를 통해서 문학사적인 흐름도 파악할 수가 있다.

---

108) 앞의 책, 권13 「제현제영창수諸賢題詠唱酬」 부록, 양진태의 시.
    ＜愛陽壇＞
    高處閑晞髮    幽時獨負暄
    朝光如可掬    端欲獻君門

# 제3기, 소쇄원의 선양宣揚과 지역 문화의 선도先導

　　제3기는 소쇄원의 제7대부터 제10대까지를 구분하였으며, 시기적으로는 18세기 초에서 19세기 중엽까지가 이에 속한다. 이 시기는 앞 세대에서 이룩하였던 각종 활동들이 결실을 맺어간 때이다. 그동안 수집한 자료를 책으로 만들어 출간하는 작업과 족보를 만드는 활동, 그리고 조상들을 높이 선양하는 사업 등이 이때 이루어졌고, 그것을 후대에까지 전해질 수 있게 하였다. 또한 소쇄원가의 후손들도 주도적인 위치에서 지역 문화를 이끌어가는 시기이기도 하다. 그러나 한편으로는 그동안 활발하게 소쇄원을 왕래하며 교유했던 인물들의 모습이 이 시기에는 잘 보이지 않고 있으며, 소쇄원에도 문집을 남긴 후손이 없어서 문학적인 활동은 살펴보기 어려운 시기이다. 다만 그들의 활동이 여기저기에 편린으로 남아있어서 이를 중심으로 소쇄원의 후기 활동들을 짐작해볼 수 있다.

## 1. 소쇄원의 형태 및 인식

소쇄원이 후기에 들어서서 커다란 변화가 있었다고는 생각되지 않는
다. 국가적으로도 큰 전란이 없었기 때문에 원림에 큰 타격이 없었을 것
이고, 원림을 새로 건설할만한 새 인물도 나타나지 않아서 큰 변동도 없
었으리라고 생각한다. 다만 선대 때처럼 원림의 경물을 집경해서 읊은
연작제영이 창작되지 않았고, 경물 하나하나를 세밀하게 음영한 경우도
거의 없어서 그 모습을 자세하게 밝힐 수 없을 뿐이다. 그러나 남아있는
몇 편의 시문을 통하여 대략적인 상황을 살필 수 있다. 한편 원림 내에
서의 활동은 그리 활발하지 않았는데, 그 이유는 이 지역의 많은 사람들
이 충청도 기호계열의 문하에서 수학하기 위해 떠나 있었기 때문이다.
호남지역에서의 문예활동도 활발하지 않았으며, 이들을 이끌만한 큰 인
물이 나타나지 않은 데에도 원인이 있다.

이 시기 소쇄원가의 후손들 중 활발한 활동을 한 사람으로 양학연梁學
淵1)과 양학겸梁學謙2)을 들 수 있다. 이들은 가문의 현양을 위해 여러 가
지 일을 하였으나, 앞 세대의 사람들이 소쇄원에 사람을 불러들여 문풍
을 진작시키고자 노력하였음에 비해, 이 시기에는 원림에서의 문예 활동
은 잘 보이지 않고, 외부에서의 활동만이 보이고 있을 뿐이다. 이미 세
태는 많이 변모되어서, 소쇄한 곳에서 자신을 성찰하기보다는 풍류적이
고 대중적인 공간에서의 활동이 더 매력을 끌었던 것이 아닌가한다.

---

1) 양학연梁學淵(1708~1776) : 자는 사우士愚이고, 호는 지촌支村이다. 양경지의 아들로,
   1728년에 진사가 되어서 성균관에 머물면서 장의를 지냈다.
2) 양학겸梁學謙(1712~ ?) : 자는 공백恭伯이다. 양채지의 큰아들로서, 경서공부에 몰두
   하였으며, 감사의 천거로 참봉이 되었다. 송능상·김원행·권진응 등과 교유를 맺
   고 강학하였으며, 양응수와 이理·기氣·심心 등에 대해 논변을 벌이기도 했다. 윤봉
   구의 문인이다. 1759년에 당숙 양경지의 행장行狀을 짓기도 하였다.

이 시기에 지어진 시문을 보면, 소쇄원의 경물을 보고서 이곳에 흐르는 고절한 기상과 맑음에 대해 읊고 있는 경우가 대부분이다. 그리고 구체적인 경물보다는 원림 전체를 대상으로 한 시문이 주로 많다. 이때의 자연물은 선대의 높은 풍모와 고절한 사상을 드러내는 매개체가 될 뿐이다. 이는 소쇄원의 경물이나 양산보의 후손들이 모두 동일시되고 있는 현상으로, 개체로서의 의미보다는 소쇄원의 일원으로서의 의미가 더 강하게 작용한다. 즉 초기에는 인물에 의해 경물이 높은 평가를 받았지만, 후기에 이르러서는 경물이나 후손들은 소쇄원에 있기 때문에 더 높은 평가를 받는다.

기언관奇彦觀3)의 시문에서는 '제월당·노송·대나무·맑은 시내·등넝쿨·선현의 친필시제' 등을 소재로 사용하고 있다. 작자에게 제월당이 높이 자리한 모습은 양산보의 고절함과 소쇄한 기상을 나타내는 역할을 한다. 또한 시냇가에 반굴한 노송과 여윈 대나무들은 소쇄원의 대표적인 식물로, 모두 절개와 지조 및 맑음을 표상하는 상징물이다. 그리고 맑은 시냇물은 원림의 중심 경물로, 쉼 없이 흘러가는 모습을 보고 많은 유자들이 마음을 다잡아가는 역할을 하였다. 이밖에도 등넝쿨이 우거져 있는 모습은 소쇄원이 인간세상과는 동떨어진 곳에 위치한 듯한 인상을 준다. 소쇄원을 별천지로 보려는 사상은 초기부터 있어왔던 것으로, 도잠陶潛류의 은일을 추구하는 조선 선비들이 대부분 갖고 있던 보편적 사고이다. 또한 담 벽에 새겨져 있는 〈48영〉은 소쇄원의 위상을 한껏 높이고 있으며, 원림의 공간이 단지 풍류의 공간으로 그치는 것이 아니라, 수양과 학문 연마의 공간임을 확인시켜줌과 동시에 선현의 혁혁한 위의를 느끼게 해준다. 이 모든 경물이 앞사람의 행적을 살필 수 있는 유적이 되어

---

3) 기언관奇彦觀(1706~1784) : 자는 백첨柏瞻이고, 호는 국천재菊泉齋이며, 본관은 행주이다. 고봉 기대승의 6세손으로, 광산 임곡에서 출생하였다. 문집으로 『국천재유고菊泉齋遺稿』가 있는데, 1987년에 광주에서 간행되었다.

가고 있음을 알 수 있다.

유진태柳震泰4)나 박신극朴新克5)의 시문도 역시 소쇄원 내의 특별한 경물보다는 원림의 소쇄한 정경을 드러내는 데에 초점을 맞추고 있다. 구체적인 경물을 읊기보다는 이곳에서 표상하는 이미지를 잘 담고 있는 대표적인 경물을 읊는 경우가 대부분이다. 그리고 전체적인 모습을 읊어서 소쇄원이 표방하는 사상을 드러내는 것이 이 시기의 특징이다. 이들의 시에서도 소쇄원 내의 계류나 소나무, 또는 대나무 등은 원림의 소쇄한 이미지를 드러내는 매개체로 활용되었으며, 또한 이들은 선현의 맑은 성품과 고절한 기상을 느끼게 하는 도구가 되었다.

여러 가지 정황에 비추어 이 시기에는 원림 내에 새로운 건조물을 축조하는 일은 없었으리라고 본다. 원림의 경물에서는 이미 그동안에 쌓인 오래된 이미지가 소쇄원이 추구하던 정신을 모두 담고 있으며, 또 그것을 통해 선현의 발자취를 느낄 수 있기 때문이다.

앞에서도 살폈듯이 이 시기에 이르러 앞서 그려두었던 〈소쇄원도〉가 판각되었음을 볼 때, 원림의 모습은 전시기에 비해 별달리 달라진 점은 없으리라 본다. 소쇄원에는 이미 완결된 상태로 원림의 모습을 그려놓은 도면과 앞 사람들의 시문을 모아놓은 문집이 있어서 전범이 되고 있기 때문에 원림의 형태나 가치가 변질될 염려가 적었기 때문이다. 그렇기 때문에 후손들의 활동은 보다 외부로 향할 수 있었다고 본다.

또한 이 시기는 소쇄원가의 후손들이 터전의 영역을 확대해간 때이기

---

4) 유진태柳震泰(1703~1773) : 초휘는 진성震垕이고, 자는 대언大彦이며, 호는 불기재不欺齋이고, 본관은 문화이다. 채지홍蔡之洪(1683~1741)의 문인으로, 시 470여 수를 남겼다.

5) 박신극朴新克(1703~1770) : 자는 계당季堂이고, 호는 절와節窩이며, 본관은 함양이다. 기묘명인 박이홍朴以洪의 7대손이면서 진사 박태구朴台龜의 아들로, 창평 절산에서 출생했다. 권상하權尙夏·이재李縡 양선생의 문인으로, 덕망이 당세에 높았으며, 60세에 진사가 되었다. 문집에는 『절와집節窩集』이 있는데, 한국고문연구회에서 1987년에 간행하였다.

도 하다. 자손이 번창하여 밖으로 이거해갈 수밖에 없는 상황이기도 하
고, 숭모의 공간을 아끼는 마음에서도 외부에 자신의 공간을 만들었으리
라고 추정된다. 양학점梁學點6)이 소쇄원과 그리 멀지 않은 연천리에 정우
당淨友堂7)을 건립하고, 양석규梁錫圭8)가 인암마을에 춘추정春秋亭9)을 경영
한 사실을 보더라도 선조의 사상적 여파가 자손들에게까지 길이 전해지
고 있음을 볼 수 있다. 이는 은일의 공간과 도학의 실천 장을 동시에
펼치려고 했던 선현의 사상이 후손에게도 나타나고 있음이다.

　소쇄원은 초기의 활동에 의해서 명실상부한 지역의 대표 원림이 되었
다. 그러나 후기 이후로는 소쇄원가에서 중앙으로 진출한 사람이 나오지
않아서, 향촌의 양반가로 만족해야만 하는 시기이기도 하다. 또한 이 시
기는 지역인물들이 중앙무대로 진출하는 일이 극히 어려운 때이기도 하
였다. 왜냐하면 중앙에서 인물을 뽑을 때 예전처럼 지방에서 널리 인재
를 고르는 일보다는 당파의 이익에 맞는 사람으로 선정하였으며, 비록
과거를 실시하여 인재를 뽑았다 해도 인맥이 튼튼하지 못하면 소외되었
고, 또한 지방에 사는 사람들은 중앙의 소식에 어두울 수밖에 없었기 때
문이다.10) 소쇄원도 그 대세에서 자유로울 수 없었다고 본다. 소쇄원가

---

6) 양학점(1720~1788) : 자는 계흥季興이고, 호는 반계潘溪이다. 생부는 채지采之이고, 취
　 련 골짜기에 정우당淨友堂을 짓고 영둔자적詠遯自適했으며, 선업先業을 잘 기술하였
　 다고 한다.
7) 정우당淨友堂은 담양군 남면 연천리 취련 골짜기에 자리하였으며, 지금은 없어지고
　 대나무만 가득하다.
8) 양석규梁錫圭(1761~1819) : 자는 공서公瑞이고, 호는 규포葵圃이다. 채지의 증손으로,
　 성담 송환기 문인이다. 경서와 사서에 두루 밝았으며, 학문으로 세상에 이름이 알
　 려졌다.
9) 춘추정春秋亭은 담양군 남면 인암리 큰 바위위에 있었다고 하나, 지금은 없어졌다.
10) 이수건은 18세기 이후부터는 사회·경제적 변화가 있게 되어서 결국 사족지배체제
　 와 신분제의 동요를 가져오게 되었다고 본다. 벌열세력의 정권독점과 세도권력의
　 형성 또한 사회·경제적인 변화에 조응하면서 전개되고 있었는데, 이것은 결국 대
　 다수의 양반들을 국가권력으로부터 소외시키고 있었다고 말한다. (이수건, 앞의
　 책, 304쪽)

에서는 양학연梁學淵을 끝으로 생진에 오른 사람이 더 이상 나오지 않는
다.[11] 그래서 교유인물의 폭도 줄어들 수밖에 없었다고 본다.


## 2. 소쇄원의 선양 활동

### 1) 소쇄원과 조상 선양

소쇄원이 후기에 들어서면 조상과 가문을 선양하는 활동을 눈에 띄게
하고 있다. 시대적 조류도 족보를 발간하는 일이 크게 유행하고, 또 서
원이나 사우를 건립하는 일이 급증하고 있는 때이기도 하다. 소쇄원에서
도 앞 시기에 해왔던 작업을 마무리 짓고, 족보를 발간하는 등 조상을
선양하는 일에 총력을 기울인다. 소쇄원가에서 후손들이 조상을 선양하
는 일은 바로 소쇄원을 가꾸어가는 일과 동일한 의미를 갖는다.

원림과 가문을 선양하는 일로 첫 번째로 꼽을 수 있는 것은 『소쇄원
사실』과 〈소쇄원도〉를 판각한 일이다. 이 일은 양경지의 아들 양학연과
양채지의 아들 양학겸이 중심이 되어 이루어졌다. 양학연은 시로 이름이
있다고 알려졌는데, 현재 문집이 남아있지 않아서 다른 사람들의 문집을
통해서만 그의 활동을 엿볼 수 있다. 그는 진사시에 합격한 사람이기도
하며, 아버지의 영향을 받기도 해서 사장학詞章學에 능했으리라고 짐작된
다. 양학연은 외적으로는 호남지방을 대표하는 유림으로서 활동을 하였
고, 내적으로는 소쇄원 가문을 현양하는 활동의 주역을 담당하였다. 그
와 교유했던 사람들의 문집을 통해서 그의 인간관계나 활동들을 확인할

---

11) 양산보의 후손 중 생진에 오른 사람은 양천회·양천운·양몽우·양진섭·양택지·양
    경지·양학연 등이다. 양학연 이후에는 생진에 오른 사람도 나오지 않는데, 이는
    소쇄원이 적막해지게 된 원인이기도 하다.

수 있는데, 그의 시가 남아 있는 문집은 『월성세고月城世稿』와 『금사錦沙·병암유고屛巖遺稿』, 그리고 『절와집節窩集』 등이다.

또한 그는 송능상宋能相(1710~1758)·김원행金元行(1702~1772)·권진응權震應(1711~1775) 등과 교유를 맺고 강학하였으며, 어려운 내용을 윤봉구尹鳳九(1681~1767)에게 질문하였다고 족보에 기록되어 있다. 교유한 사람들을 통해서 볼 때, 학문의 경향이 경학에 역점을 두었으며, 학문의 연원을 송시열宋時烈―권상하權尙夏―윤봉구의 노론계열로 두고 있음도 확인할 수 있다.

그들은 앞 시기에 이미 거의 다 이루어 놓았던 「소쇄원사실」 편집 작업을 마무리하고, 이를 판각에 부쳐 책으로 간행하는 일을 주도하였다. 양학겸은 『소쇄원사실』의 판각에 앞서 발문을 쓰는 기회를 가지게 되었는데, 발문에서 말하길, "『소쇄원사실』 3책은 할아버지 양진태가 모으고, 다른 분들이 편차編次를 하여 집안에 전한 것이다. (중략) 간출刊出까지 이르지 못했는데, 이제 다행히 계당숙季堂叔 및 학연 형이 문중에 의론을 내어 비용을 마련하고, 나에게 명하여 이 역을 감독하게 하여, 이에 앞 세대에서 편차해놓은 것에 의거해서 인쇄에 들어가게 되었다. 그리고 계속해서 그 뒤에 원림에 와서 수창酬唱한 사람들의 시와 〈소쇄원도〉도 부칠 계획이다"[12]라고 밝히고 있어서, 『소쇄원사실』이 나오게 된 경위와 그 책의 구성 등을 알 수가 있다. 즉 이 책은 앞 시기에 모아서 책의 형태로까지 만들었으나 판각을 하지 못한 채 소쇄원에 전해지고 있었다. 이것을 양학연 대에 와서 책으로 만들어 내기에 이르렀다.

또한 이때 〈소쇄원도〉도 함께 판각되었는데, 역시 같은 발문에서 말하길, "원림의 천석泉石이 거의 변천變遷하더라도 이 그림의 모형이 전하고 있으니, 이것은 비단 자손들의 감격스런 일이 될 뿐만이 아니고, 뒤에

---

12) 『소쇄원사실』 「후발後跋」, "瀟灑園事實三册, 王考忍齋公裒輯之, 先君子編次之, 以傳于家者也. (중략) 未及刊出矣. 今幸季堂叔, 曁上舍從祖兄學淵, 議于門中, 辦出工費, 命不肖董役. 於是一依先君所編次入印, 而繼附後來諸公之園亭唱酬, 及園圖, 以爲傳後之計"

관람하는 사람들도 이러한 실록을 보고, 이 원도에 의거해서 우리 선조들이 자신을 닦고 덕을 기른 사실을 만에 하나라도 상상할 수 있도록 한다"[13]라고 하여 그 의도를 밝히고 있다. 소쇄원에서는 이후로 이 문집과 그림에 의거해서 원림의 원형을 유지할 수 있었고, 선대의 훌륭한 행적을 길이 전할 수 있게 되었다.

이밖에도 족보 만든 일을 들 수 있는데, 1755년에는 위 두 사람이 주축이 되어 『제주양씨족보』가 나오게 되었다. 그 사실이 양학겸이 쓴 발문 속에 잘 나타나 있으니, "계유년(1753) 가을부터 지금에 이르도록 천금千金을 마련하고서 제주와 남원의 신구제파新舊諸派를 합인合印하여 창평 절등재에서 1년 6개월 만에 마치게 되었다"[14]라고 쓰고 있다. 그는 또한 족보를 만드는 이유에 대해, 세계世系를 밝혀서 종족宗族을 도탑게 하기위해서 짓는다고 하면서, 계보가 밝혀져 있지 않으면 동성으로서도 결혼을 하여 결국 새나 짐승들이 되고 말며, 인도人道가 행해지지 못하게 되기 때문이라고 말하고 있다.

족보를 만드는 일은 약 50년이 지난 1802년에도 이루어졌는데, 이때는 대종보로 편찬되었으며, 일의 주도는 양석규梁錫圭가 했다. 그는 소쇄원 제9대 중에서 가장 활발한 활동을 한 사람으로 꼽을 수 있는데, 양제곤梁濟坤의 아들이며, 송환기宋煥箕[15]의 문하에서 공부하였다. 이 때 여러

---

13) 『소쇄원사실』「후발後跋」, "園林泉石, 幾乎變遷, 而有斯圖之模傳, 非但爲子孫之感悅. 夫然後庶使後之觀者, 按此實錄, 據玆園圖, 而想像我先祖 藏修養德之萬一"
14) 『제주양씨족보』「서序」<양학겸의 을해년乙亥年 구발舊跋>, "自癸酉秋至于今, 辦出千金之債, 濟南新舊諸派 合印於所居 昌平之絶等齋, 朞而六閲月告訖, 良亦幸矣"
15) 송환기宋煥箕(1728~1807) : 자는 자동子東이고, 호는 심재心齋·성담性潭이며, 본관은 은진, 시호는 문경이다. 종숙인 능상能相의 문인이다. 그는 당시 성리학계에서 심성의 변으로 논쟁을 벌일 때 호론인 한원진韓元震의 주장을 지지했다. 소쇄원가의 많은 후손들이 그의 문인이다. 문집에는 『성담선생집性潭先生集』이 있는데, 초간본은 고종후기에 32권 16책으로 간행되었다. 본고에서는 민족문화추진회에서 편찬한 한국문집총간을 저본으로 삼았다.

사람들과 교유할 수 있는 기회가 있었으며, 학문적으로도 성과가 컸으리라 생각된다.

이때의 족보는 '임술보壬戌譜(1802)'라고도 하는데, 그 서문을 외예外裔들인 이태영李泰永과 조윤대曺允大가 쓰고 있다. 그중 조윤대가 쓴 서문을 보면, 그는 정자程子와 소순蘇洵의 말을 인용하여 족보를 만들어야 되는 필요성에 대해 밝히고 있다. 즉 "정자가 이르길, 풍속을 두터이 함에 있어서는 족보의 계보를 밝히는 것 만한 일이 없다고 했다. 그리고 소순은 우리 족보를 보는 자는 효제孝悌하는 마음이 왕성하게 생긴다고 하였다"라고 말하고 있다.16) 여기에서 소순은 족보를 밝혀놓지 않으면 몇 대만 지나도 길가는 행인처럼 소원해지게 됨을 우려하여 족보를 만들었다고 전해지는 인물이다.

족보를 만드는 일은 15세기에 권씨權氏·안씨安氏·유씨보柳氏譜가 차례로 편간되면서 "제씨성보 뢰차찬성諸氏姓譜, 賴此纂成"이란 김안국金安國의 지적처럼 16세기 후반부터 제가諸家의 족보 편찬이 활기를 띠기 시작했다.17) 소쇄원의 경우도 양진태가 처음 족보를 만들고부터 대동보와 파보를 만드는 작업을 하여갔는데, 근대로 갈수록 빈번히 나타난다.

양석규가 족보를 편찬하는 일에 주축이 되었다는 사실은 다음의 편지를 통해서도 알 수 있다. 이것은 양제신梁濟臣18)의 후손 집안에서 소장하

---

16) 조선시대 족보편찬자들은 그 서문에서 으레 송대宋代 소순蘇洵의 소씨족보인蘇氏族譜引의 몇 개 구절과 정주程朱의 족보 편찬의의에 관한 문건을 인용하고 있지만 족보의 편찬체제는 같지 않았다. '소씨족보蘇氏族譜'는 그 기재범위가 부계친족 중심으로 '상지고조 하지어자 방지시마上止高祖, 下止於子, 旁止媤麻'라는 데서 그야말로 동고조同高祖의 오복친五服親을 대상으로 했던 것이다. (이수건, 앞의 책, 54쪽)
17) 이수건, 앞의 책, 58쪽.
18) 양제신梁濟臣(1611~1688) : 자는 여즙汝楫이고, 호는 관원수灌園叟이며, 양천심(양산보-양자홍-양천심)의 서자이다. 어의御醫로서 임금의 총애를 받았던 듯하며, 관직이 내려지자 이에 반대하는 상소가 빗발치기도 한 사실이 승정원일기에 보인다. 그의 관직은 가선대부 동중추부사 행양근군수 파주목사에 이르렀다. 그 자손은 영광 궁산리에 살고 있다고 족보에 기록되어 있다.

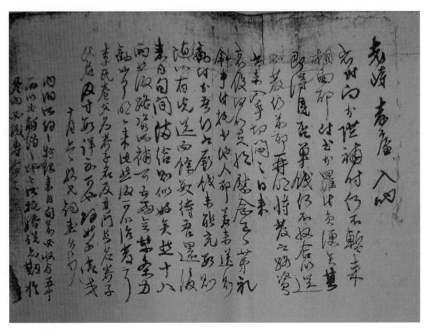

양석규가 보낸 편지

고 있던 자료이다.

〈노치의 상가喪家에 부치다.〉

　서식은 생략하네. 저번에 승보시陞補試 때에 어째서 잠시 와서 얼굴을 뵈이지 않았는가. 나생원에게 부친 편지는 받아보았는가. 단보單譜(족보)를 만들 때 이름 올리는 값은 왜 수합해서 길을 떠나기 전에 보내주지 않는가. 내일모레쯤 출발하려고 하는데 노자를 아직도 손에 넣지 못해서 매우 고민스럽다네. 요즘 상중 생활은 어떻게 견디어내고 있는가. 매우 염려되네. 다름이 아니라, 예사禮斜(예조)에서 발급하는 양자 허가증명서의 일은 다른 사람에게 부탁하였는가. 만약 보내지 못했다면 우리 일행에게 힘써 부탁하게나. 그리고 그 돈을 다 채울 수 없다면 우선 가지고 있는 것이라도 먼저 보내고, 남은 수는 우리가 돌아온 후를 기다렸다가 다음 달 열흘쯤에 납부함이 좋을 듯싶네. 그러나 18냥은 연후에 노자로 충당할 것이니 5냥이면 되겠네. 모쪼록 힘써 권함이 어쩌겠나. 내일 여기에 보내온 연후에야 출발할 수 있을 것이네. 이씨의 양부이름과 양자이름, 그리고 문장門長의 이름, 양자아버지의 이름 및 촌수를 상세히 써주면 좋겠네. 나머지는 이만 줄이네. 10월 6일 족형 양석규 보냄.

내동의 약속한 물건은 다음 달 열흘 전을 기한으로 반드시 50냥을 수합해서 해갈해주길 바라네. 그리고 부탁한 혼설婚說은 겨울 안을 기한으로 하여 반드시 이루어주길 바라네.[19]

　수신자는 양달해梁達海의 아들 중 한 사람이거나 세우世佑의 후손 중 한 사람으로 보인다. 양달해의 준호구 및 호구단자[20]에 의하면, 그는 제신濟臣의 후손이며, 제신은 천심千尋의 서자였다. 제신은 어의御醫로 벼슬살이를 하였으며, 그 아들과 손자들도 음사로 벼슬살이를 한 사람이 몇 명 있다. 제신은 말년에 영광 처가 쪽에서 정착하게 되었고, 그 뒤 현손인 달해 때에 이르러 늙은 나이에 가솔을 거느리고 광주 군분 노치로 이거하였다. 1765년의 호구단자까지는 '영광군 외서면 궁산리'에서 거주하고 있었으며, 1774년부터의 호구단자에는 '광주목 서면 군분 노치리'에서 거주하고 있는 기록이 그 사실을 말해 준다. 양달해가 영광에서 광주로 옮긴 이유는 아마도 이곳에 이미 제신濟臣의 또 다른 후예가 살고 있었기 때문이 아닌가 한다.

---

19) 하상래가 소장고문서 중 간찰, <노치효려입납老峙孝廬入納>, "省式. 向於陞補時, 何不暫來相面耶. 付書於羅生員便矣. 其卽得見否. 單錢何不收合, 以送於發行前耶. 再明將發, 而路資尙未入手, 切悶切悶. 日來哀履 何以支將, 慰念區區. 第禮斜事, 付托於他人耶. 若未送則 勸付於吾行, 而厥錢未能充數, 則隨所有先送, 而餘數待吾還後, 來月旬間, 備給則似好矣. 然十八兩然後, 路資所補 可五兩矣. 某條力勸如何, 明日來此然後, 可以治發耳. 李氏養父名養子名, 及其門長名養子父名, 及寸數詳示可也. 餘姑不宣式. 十月 六日. 族兄 錫圭 欠頓. 內洞所約之物, 限來月旬前, 必收合五十兩, 以爲解渴之地, 而所托婚說, 亦期於冬內必成. 專企專企"

20) 현 충청도 거주 후손가에 보관하고 있는 호구단자 및 준호구는 모두 39건이 전해오고 있는데, 양제신이 68세인 1678년의 한성부에 소재 호구단자부터 1890년의 호구단자까지 있어서 그 후손들이 어디에서 살고 있는지를 한눈에 파악할 수 있다.

위 편지는 양석규가 그와 같은 항렬의 연소자에게 보낸 편지이다. 이
를 통해 승보시陞補試 시험이 이미 치러졌다는 사실과 상대방이 지금 상
중에 있다는 것, 그리고 족보를 만들고 있다는 사실 등을 알 수 있다.
족보에는 1802년에 양석규가 여러 사람들과 함께 대동보를 편찬하였다
는 사실이 기록되어 있는데, 이 편지를 통해서 그 사실을 확인할 수 있
다. 군분 노치 쪽에 살고 있는 상대방은 그곳 단자單子와 단전單錢을 모아
서 보내기로 했는데, 아직도 제대로 수행하고 있지 않아서 양석규가 편
지를 내고 있는 모습이다. 양석규는 당시 여러 곳에 흩어져 있는 족보자
료를 한군데로 모으는 작업을 하고 있었다고 보인다.

한편 후손들은 창평 지역의 유림들과 함께 선조 양산보의 사우 향사
를 위해 노력하였다. 그래서 1825년에 명옥헌鳴玉軒의 뒤에 도장사道藏
祠21)가 세워지고, 여기에 양산보를 배향하게 되었다. 그 첫 제향을 올릴
때는 1825년 8월 23일로 보이며, 이때 사용된 예성축문 두 편이『소쇄원
사실』에 실려 있다. 이 축문은 정민하鄭敏河의 증손인 정재면鄭在勉과 오이
정吳以井의 현손인 오한원吳翰源이 지었다. 그중 오한원22)이 지은 축문 한
편만을 살펴보면, "스승과 벗으로 정암조광조과 담재김인후를 두어 정
도正道로서 명철明哲하셨네. 인품과 절조의 고결함은 세세토록 법칙이 되
셨네. 정암의 고제高弟로써 기묘사화의 유현이셨네. 아들로 고암양자징
을 두셨는데 각각 배향되셨네"23) 라고 하여, 양산보가 조광조와 김인후

---

21) 도장사道藏祠 : 담양군 고서면 후산촌 뒤의 장계정藏溪亭에 1825년에 세워졌으며,
   여기에 배향된 인물은 여덟 사람으로, 양산보梁山甫·오희도吳希道·고부천高傅川·정
   한鄭漢·오이규吳以奎·고두강高斗綱·오이정吳以井·오대경吳大經 등이다. 이곳은 1868
   년에 철폐되었다.
22) 오한원吳翰源(1750~?) : 자는 공예公藝이고, 호는 산운山雲이며, 본관은 금성이다. 아
   버지는 현주鉉冑이며, 이정以井의 현손이다. 1774년에 생원이 되었고, 1775년에 대
   과에 급제하였다. 삼사三司를 두루 거쳐 참판에 이르렀다.
23) 『소쇄원사실』 권4 「창평도장사昌平道藏祠」 <소쇄양선생예성축문瀟灑梁先生禮成祝
   文>, "師友靜湛, 正道明哲, 山高水長, 千世之則, 靜菴高弟, 己卯遺賢, 有子鼓巖,

를 사우로 두었고, 산고수장山高水長의 풍이 있음을 드러내었다.

이상에서 후손들이 소쇄원을 알리고 가문을 드높이는 활동들을 살펴보았다. 이 시기에는 능동적으로 활동하여 가문을 스스로 알리고 자신의 조상을 높이 세우는 일이 미덕이었다. 소쇄원가의 후손들은 내부적으로는 위와 같은 일을 하였을 뿐만 아니라, 외부적으로도 지역문화를 주도해갔으며, 의리를 밝히는 일에 앞장섰다.

## 2) 지역 문화의 주도와 의리 추구

소쇄원가 후손들은 이때 들어 내부에서보다는 외부에서 더 많은 활동을 하고 있다. 그 구체적인 활동으로는 먼저 대학자들의 문묘배향을 적극적으로 추진한 일을 꼽을 수 있다. 그 중심인물로는 역시 양학연을 들 수 있는데, 그는 먼저 송시열과 송준길을 문묘에 배향하기 위해 힘썼으며, 그 사실이 박신극의 『절와집』 가운데 〈봉우암·동춘양선생종향지명유감奉尤庵·同春兩先生從享之命有感〉이란 시에서 나타난다. 이 시는 박신극朴新克·조목趙楘·정취하鄭就河·정방鄭枋·정도鄭棹·양학연梁學淵·유진태柳震泰·이언근李彦根·서필겸徐必謙 등 아홉 사람이 읊고 있는데, 이를 통해서 두 선생을 문묘에 배향하라는 명을 받들고 감격하여 지은 작품임을 알 수 있다. 「숙종실록」에는, 숙종 43년에 정민하鄭敏河 등이 상서하여 송시열과 송준길을 문묘에 종사하라고 청한 내용이 있다.[24] 이러한 문묘배향 운동은 당쟁의 격화와도 매우 관련이 있다. 송시열과 송준길은 노론의 영수인데, 소론이 정계에서 힘을 쓰고 있는 동안에는 문묘종사에 대한 승낙이 이루어지지 못했다. 그러다가 노론이 완전히 정계를 주도하게 되었을 때

---

各享後先"

24) 『국역조선왕조실록』 숙종43(1717) 11월 19일, 유생 정민하 등의 송시열·송준길의 문묘 종사에 관한 상소문.

에야 비로소 문묘에 배향하게 되었다. 그것을 축하하는 양학연의 시는
다음과 같다.

〈奉尤庵同春兩先生從享之命有感〉
우암과 동춘당 두 선생을 문묘에 종향한다는 명을 받들고 느낌이 있어 짓다.

| | |
|---|---|
| 斯文否泰實關天 | 유학의 불행과 흥성은 진실로 하늘에 달려 있어, |
| 俎豆雙添間世賢 | 세상에 드문 현자들을 함께 제향하게 되었네. |
| 今日春秋皆解讀 | 오늘날 춘추를 모두 해독하였으니, |
| 孔門心法宋門傳 | 공자문하의 심법을 송문宋門에서 전수받았네.25) |

우암 송시열과 동춘당 송준길이 문묘에 배향된 시기는 1755년과
1756년으로, 송씨 가문에 두 사람을 잇달아 문묘에 배향하게 된 일대 사
건이 일어났다. 여기에 양학연 등 9명이 모여서 그 감회를 읊고 있는데,
유학의 정통을 송문에서 전수받았다고 감격해하고 있다. 문묘배향 운동
에 직접 참가하였다는 기록은 보이지 않지만, 이 지역에서 이들을 중심
으로 문묘배향 운동을 펼쳐갔을 것임은 자명한 일이다. 앞에서는 이미
소쇄원 제6대 주인인 양택지가 팔도유생 대표로서 김장생의 문묘배향을
상소한 일이 있음을 밝혔었다. 한편 시회에 참석한 사람들은 모두 같은
지역 사람들로, 위 시는 1756년쯤에 읊어졌다고 보인다.

김인후를 문묘에 배향하자는 상소를 가장 먼저 올린 사람도 양학연이
다. 그는 이 지역 유림의 우두머리로서 전라도의 유생들과 함께 1771년
에 김인후를 문묘에 배향하자는 상소를 올린 적이 있다.26) 이때는 비록
관철되지는 못했으나, 이러한 시작이 결국 김인후를 1796년에 가서 호
남사람으로서는 유일하게 문묘에 배향하게 된 결과를 가져오게 하였다.

---

25) 『절와집節窩集』 20쪽.
26) 『하서선생전집』 부록 권4 「연보」, "辛卯. 全羅道儒生, 梁學淵等, 疏請從享先生于
文廟, 未徹"

이밖에도 『호남병자창의록湖南丙子倡義錄』[27]을 교정하는 일을 주도하여
서 의리를 밝히는 일에 앞장섰다. 양학연이 『호남병자창의록』을 교정하
는 일을 주도했다는 사실은 동복同福 지역의 하河씨 가문에서 소장하고
있는 간찰을 통해서 알 수 있다. 현재 화순군 이서면 야사리에는 금사
하윤구河潤九[28]의 후손들이 세거하고 있는데, 그 집안에는 소쇄원의 양학
연과 양학겸이 하영청河永淸[29]에게 보낸 편지가 몇 편 전하고 있다. 여기
에서는 양학연이 보낸 편지를 살펴보겠다.

　　(중략) 『병자의록』은 잘못된 곳이 많아서, 이를 바로잡아 고치는 일로, 이달
　　10일에 귀하의 고을에 있는 유마사에서 모이기로 해서, 통문을 우리 고을에서
　　보내었습니다. 생각건대 이미 여러 고을을 거쳐서 광주로부터 온 것을 과연 보셨
　　겠지요. 여러 해 동안 선조를 위하는 일이 주조에 착오가 있어서 이때를 당하여
　　개정할 회의를 하오니, 형께서는 연소자를 대신 시키지 마시고 반드시 힘을 다해
　　서 회의에 동참하심이 어떠하실지요. 잘못된 글자를 활자로 개인改印하는 것은 어
　　려운 일이 아닙니다. 활자를 미리 가져와서 기다려달라는 뜻을 곧 축동에 사는
　　정술보 형께도 통보해주시길 간절히 바랍니다. 저희 고을 친우 편에 제가 또 편
　　지를 해서 서로 통하게 했기 때문에 이처럼 하고 있습니다. 나머지는 시장가는
　　인편 때문에 이만 줄입니다.　　　을유년(1765) 12월 1일 동생 양학연 올림.[30]

27) 『병자의록丙子義錄』 : 5권 2책으로, 활자본이며, 『호남병자창의록』이라고도 한다.
　　병조호란 때 호남지방에서 지방수령·전함인前啣人·유생 등이 주동하여 거의기병擧
　　義起兵하였던 시말을 적은 책으로, 원래 초간은 호남유림들이 편編하여 1755년에
　　간행되었으나, 1770년에 다시 간행하기에 이르렀고, 또 1798년에 재간행되었으
　　며, 1858년에 중간되었다.
28) 하윤구河潤九(1570~1646) : 자는 여옥汝沃이고, 호는 금사錦沙이며, 본관은 진주이다.
　　동복현현재의 화순군 이서면 야사리에서 대표大豹의 아들로 태어나, 15세에는 당
　　시 동복현감이던 한강 정구의 문하에서 공부하였고, 1610년에 사마시에 택당 이
　　식, 백주 이명한과 동방으로 합격하였다. 금사정을 경영하였으며, 문집에 『금사집
　　錦沙集』이 있다.
29) 하영청河永淸(1697~1771) : 자는 천기千期이고, 본관은 진주이다. 고조부가 하윤구이
　　며, 아버지는 하성구河聖龜이다. 윤봉구·김원행·송명흠·권진제등과 종유했다. 병
　　암정사를 경영하였으며, 만권댁이라는 칭호를 가졌고, 병암처사라 불리었다. 문
　　집에 『병암유고屛巖遺稿』가 있다. 소쇄원의 양학연·학겸과 교유했다.

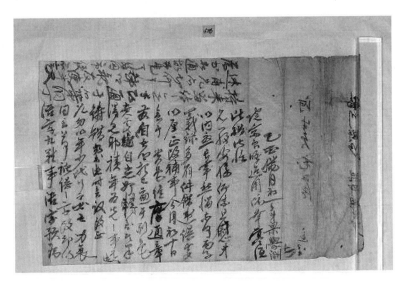

양학연이 하영청에게 보낸 편지

위 글은 학연의 나이 58세 때 하영청에게 보낸 편지인데, 하영청은 이때 나이가 69세였다. 동복 고을의 존장자에게 편지를 띄워서 『병자의록』의 교정모임에 꼭 참석해달라고 편지를 보내고 있다. 『호남병자창의록』은 병자호란이 일어났을 때 지방에서 지방수령이나 유생 등이 주동하여 거의하였던 시말을 적은 책으로, 원래 초간은 호남유림들이 엮어서 1755년에 간행하였으나 잘못된 곳이 너무 많아 교정작업을 거쳐 제대로 틀을 갖춘 뒤에 1770년에 다시 간행하였다. 그러나 이 두 책자는 남아 있지 않은 것으로 보인다. 현재 전하고 있는 『호남병자창의록』은 앞에

---

30) 하상래가 소장고문서 중 간찰, "(중략) 丙子義錄, 多有舛錯違誤處, 以釐正改補事, 今月初十日, 會于貴邑維摩, 通章發自吾鄕, 想已 遍于列邑貴處也. 自光州轉到, 其果得見耶. 積年爲先之事, 道此鑄錯, 當於此時, 會議改正, 兄勿以年小代行, 而必爲力衰同會如何. 訛誤之字, 改印以活字, 非難事, 活字豫爲持來留待之意, 幸卽通于築洞, 丁丈甫兄, 亦切仰耳. 鄙鄕親友便, 弟又爲書, 相通故爲是耳. 餘因市便, 不宣. 乙酉, 臘月, 初一日, 弟 梁學淵, 頓"

송환기宋煥箕의 서序(1798)와 김원행金元行31)의 구서舊序(1765)가 붙어 있는 1798년 간행본이다.

위 편지는 이 책이 간행되기까지 과정을 알 수 있는 좋은 자료이다. 이를 통해 양학연이 주도하여 『호남병자창의록』을 교정하는 작업을 하였음을 알 수 있다. 그 창의록에는 양학연의 증조부인 양천운도 올라 있다. 그렇기 때문에 양학연의 이러한 활동은 지역사와 의리를 밝히는 일이기도 하고, 한편으로는 조상을 선양하는 일이기도 하였다.

한편 이러한 작업은 이 지역 유림들에게 대단히 큰 행사였기 때문에, 교정과 판각이 끝난 후에는 한차례 연회가 베풀어졌으리라고 본다. 다음과 같이 판각이 이루어진 후에 읊었다고 여겨지는 하영청의 시가 있기 때문이다.

〈敬題丙子倡義錄後 3수〉
『병자창의록』의 뒤에 삼가 짓다.

| | |
|---|---|
| 忍說崇禎歲丙丁 | 숭정 연간의 병자·정묘호란을 차마 말하랴. |
| 羯奴風雨漢南城 | 오랑캐가 남한산성에 풍우를 일으켰네. |
| 諸賢共勉勤王義 | 모든 사람들은 근왕하는 의리에 힘쓰고, |
| 列郡爭先赴難兵 | 모든 고을은 다투어 먼저 전쟁터로 나아갔네. |
| 萬古綱常天下植 | 만고의 강상綱常이 천하에 심어지고, |
| 百年公議世間明 | 백년의 공의公議가 세간에 밝혀졌네. |
| 媾成一策其誰獻 | 화친 계책을 그 누가 바쳤던고. |
| 袞鉞應留太史評 | 준엄한 도끼날이 응당 사관의 기록에 남으리.32) |

31) 김원행金元行(1702~1772) : 자는 백춘伯春이고, 호는 미호渼湖·운루雲樓이며, 본관은 안동, 시호는 문경文敬이다. 김창집의 손자인데, 김창흡의 후後로 출계하였다. 1719년에 진사가 되었으며, 양주의 석실서원에서 강의하자, 호남의 많은 사람들이 올라가서 수학하였다.

32) 『금사錦沙·병암유집屛巖遺集』「병암유고屛巖遺稿」 54쪽. 『금사·병암유집』은 후손 태영泰永이 집안에 전해오던 『금사집錦沙集』과 『병암유고屛巖遺稿』를 합본하여 1977년 경인문화사에서 간행하였다.

『병자창의록』의 교정과 재간행 작업은 1770년에 있었다. 이때 하영
청은 가장 연장자의 위치에 있었기 때문에 축시를 짓게 되었다고 본다.
그는 시에서 병자년과 정묘년에 만주족 오랑캐들이 우리나라에 침범해
와서 우리나라 유생들이 고을마다 창의를 일으켜 전쟁터로 나아갔는데,
이미 화친이 성립되고 임금은 그들의 앞에서 무릎을 꿇어버렸던 일에 대
하여 분개하고 있다. 그래서 화친하자고 했던 사람을 역사가 반드시 심
판하리라고 강조하고 있다. 이때 시는 상시개세傷時慨世의 의미가 담겨 있
으며, 춘추 의리를 밝히는 내용이다.

앞사람의 훌륭한 행적을 밝히고 그들이 올바로 자리매김 되도록 노력
한 일은 다음 양학점梁學點의 시에서도 보인다.

〈竹林祠躋享簫隱鄭先生有感〉
죽림사에 정민하를 배향하고 감회가 있어서 읊다.

誰植頹綱慰白頭　　누가 무너져가는 강령을 바로잡아 늙은이를 위로하
　　　　　　　　　는가.
久嫌無地讀春秋　　오랫동안 춘추를 읽을 곳 없다 꺼려왔네.
南康享禮今將繼　　주희의 향례를 이제 장차 계승하게 되었으니,
來後芬芳竹帛留　　이후에는 꽃다운 향기가 죽림사에 머무르리.33)

『소은시고簫隱詩稿』에 실려 있는 위 시는 1785년에 창평 죽림사34)에
정민하를 배향하고 읊은 작품으로, 양학점 뿐만이 아니라 고을 유림들이
모두 모인 자리로 보인다. 앞에서도 밝혔듯이 이 시기는 서원書院과 사우
祠宇를 세우는 일이 대단히 성행하였다.35) 그러한 자리에서는 바로 시회

---

33) 『소은시고簫隱詩稿』 권下.
34) 죽림사竹林祠 : 1708년에 조호曺浩의 덕행을 추모하기 위해 그 문인과 후손들에 의
　　해 건립되었다가 1751년에 죽림재와 같은 위치로 이건하였다. 그 후 훼철되었다
　　가 1948년에 복원되었으며, 조수문曺秀文·조호曺浩·조박曺溥·정민하鄭敏河 등 4위를
　　배향하였다.

가 열리고 많은 사람들이 차운행사를 가지는 일이 관례였는데, 양학겸도
이에 한 수 읊었다고 본다. 족보에서 보이길 선업先業을 잘 기술하였다고
하는데, 그 사실이 위 시에서 확인된다. 그는 세상에 무너져가는 강령을
누가 바로 세워 자신을 위로해줄 것인가라고 하면서 그동안 춘추를 읽힐
곳이 없음을 안타까워하고 있었는데, 이제 죽림사와 같은 사우에서 그
역할을 할 수 있게 되었고, 향음주례鄕飮酒禮를 행하게 됨을 축하하고 있
다. 그는 조상에 대한 애모정신이 강했으며, 세상에 의리가 바로 세워지
길 바랐다.

또한 그는 형님인 양학겸과 함께 김원행·권진응·윤봉구 문하에 출입
했으며, 우암 송시열의 출처록出處錄에 감동하여 다음과 같은 시를 짓기
도 하였다.

| | |
|---|---|
| 獨拜西宮景獻公 | 홀로 서궁을 배알한 경헌공 송갑조는 |
| 斥邪扶正又尤翁 | 삿됨을 물리치고 바른 것을 세웠으며, 우옹도 또한 그러하였네. |
| 堂堂大義明前後 | 당당하게 대의를 앞뒤에서 밝혔으며, |
| 日月爭光世世忠 | 일월이 빛을 다퉈 세세생생 충성하였네.36) |

위 시를 보고 사우師友들은 양학점의 벼리를 바로 세우고자 하는 마음
과 현인을 사모함을 보고 진실로 경복하지 않음이 없었다고 한다. 광해
군 때 송시열의 아버지인 송갑조宋甲祚가 홀로 서궁西宮에 유폐되어 있는
인목대비를 배알한 일이 있는데, 그의 용기와 송시열 또한 의리를 밝히

---

35) 서원이나 사우의 설립은 지방에서 사족의 입지를 강화하는 계기를 마련하게 되었
다. 대부분은 제향인물을 중심으로 지역 사족들이 이해관계를 같이하는 방향으로
나아감으로써 지역을 단위로 하는 사족 연합체가 형성되기도 하였으며, 새로운
향촌조직으로 등장하였다. (정승모, 「서평-조선시기 서원의 사회학적 의미」『사회
과학논평』 18집, 한국사회과학연구협의회, 1999, 222쪽)
36) 『제주양씨 족보』 무자보 양학점 항.

는 일에 앞장섰음을 칭송한 시이다. 작자도 이러한 일에 함께 동조하고 있음을 알 수 있다.

한편 소쇄원가 후손들은 계속적으로 기호계열의 문하에서 학통을 잇고 있으며, 주로 경학을 위주로 공부하였고, 의리를 밝히는 일에 힘썼다. 윤봉구의 『병계선생집屛溪先生集』에는 학겸에게 답한 편지가 2통37) 실려 있고, 양응수楊應秀38)의 『백수선생문집白水先生文集』에는 학겸에게 답한 편지가 5통 실려 있는데, 모두 경학에 대한 답변이다. 이를 통해 학겸은 양응수와도 교유하면서 경학 공부에 진력을 다했음을 짐작할 수 있다.

기호계열로의 학맥 잇기는 다음 대에도 계속되어서 양응수, 송명흠宋明欽이나 송환기宋煥箕의 문하에서 공부한 사람들이 계속 나타난다. 그 중 양제신梁濟身39)은 양택지梁擇之의 손자로서 양응수와 송명흠의 문하에서 공부하였다. 경학에 관해 많은 질문을 양응수에게 했던 것으로 보이며, 이에 양응수가 답한 편지 8편이 양응수의 문집에 실려 있다. 그는 순창 우촌愚村에 축실하고 지냈다고 족보에 기록되어 있는데, 실제로 묘도 순창에 있는 것을 보면, 만년에는 순창에서 지냈던 듯하다. 그러나 양제신의 이름이 『창평학구당안』에 올라있는 사실을 보면, 창평 향촌에서도 활동을 하였음을 알 수 있다. 현재 양제신에 관해서는 양응수의 『백수선생문집』과 송환기의 문집인 『성담선생집性潭先生集』에서 살필 수 있다.

그는 송명흠 문하에서 공부하면서 송환기와도 절친하게 지냈다. 송환기의 글 속에서 대명의리를 세운 사람으로 평가받게 되었던 일을 기록한 시 한 수를 살펴보겠다.

<hr>

37) 『병계선생집屛溪先生集』 권20 <답양공백 학겸答梁恭伯 學謙>
38) 양응수楊應秀(1700~1767) : 자는 계달季達, 호는 백수白水이고, 순창군 적성면 서림에서 태어났다. 도암 이재의 문인이다. 유집에 30권으로 된 『백수선생문집』이 있다. 종유록에 양학겸의 이름이 올라 있다.
39) 양제신梁濟身(1728~1776) : 자는 여강汝康이고, 호는 주산거사珠山居士이다. 양응수와 송명흠의 문하에서 공부하였다. 여러 번 관찰사의 천거를 받았고, 성담 송환기와 교유가 있다.

〈次大明稻韻〉
대명도의 시에 차운하다.

| 野人香稻獻華陽 | 야인이 향기 나는 벼를 화양서원에 바치니, |
| 宜爾嘉名薦我皇 | 그 아름다운 이름은 명제明帝에게 올리기 마땅하네. |
| 色暎黃河千載近 | 어린 빛깔은 황하의 천년에 가까운데, |
| 芒垂南極一星長 | 남극의 별이 길어지자 벼이삭이 드리우네. |
| 湄灘秋日田家穀 | 가을날 농가엔 곡식이 그득하고, |
| 瀟灑春風竹院筐 | 소쇄한 봄바람이 죽원竹院의 광주리에 차있네. |
| 落影山氓應下淚 | 그림자 드리운 산간의 백성도 응당 눈물 흘릴 것이니, |
| 年年服力備芬芳 | 해마다 힘을 다해 꽃다운 향기제수품를 준비하세.40) |

위 시는 송환기의 작품으로, 양제신이 소쇄원에서 대명도를 재배하여
화양동 만동묘에 보내오자 여기에 화운하여 지은 시이다. '대명大明'이란
볍씨를 양제신이 소쇄원에서 가꾸어 화양동 만동묘에 가지고 가서 제향
할 수 있도록 하였던 것이다. 존화양이尊華攘夷 사상이 팽배하였고, 송시
열이 세우고자 했던 의리의 문제를 소쇄원에서도 강하게 따랐음을 알 수
있다. 화양동 만동묘는 송시열의 유언에 의해 세워진 곳으로, 바로 명나
라의 마지막 황제인 신종과 의종을 제사하는 장소이다. 철저하게 사대의
식이 팽배했던 시절에 중국으로부터 가지고 온 볍씨를 재배하여 가지고
왔으니, 많은 사람들이 귀하게 여겼음은 자명하다.

한편 고경명의 손자인 고부천高傳(1678~1636)이 1621년에 북경에 서장관
으로 가서 매화나무41)를 하사받아 와서 창평 유천昌平柳川에 심었다는 이

---

40) 『성담선생집性潭先生集』권1 <차대명도운 병서次大明稻韻 幷序>, "南方有稻名大明,
令人可以顧名而思義也. 瀟灑園 梁生濟身齋 一斗以獻之華陽, 盖欲春種而秋穫, 以
備萬東廟芬芯之需也. 輪到竹林,, 自竹林而筐以盛之, 茅以包之, 拜送于華陽. 有司
宋宅圭, 直月宋德秀實主之, 完山李監司基敬聞而奇之, 作詩並序以咏歎之. 和者亦
多, 志士之興感, 槩可見也"

41) 고부천이 중국에서 받아온 매화는 창평 유천마을에 심었다고 한다. 이 매화나무

야기가 전하고 있으며, 문집에도 그와 같은 기록이[42] 있는데, 아마 이 무렵에 볍씨도 함께 가져온 것이 아닌가한다. 송환기의 서序에 보이듯이, 이때 이기경李基敬(1713~1787)이 먼저 시와 병서幷序를 짓자 여기에 화운한 사람이 많았으며, 송환기도 그중 한 사람이란 것을 알 수 있다.

이밖에도 송환기의 문인으로서, 양회즙梁會楫(=梁錫孝)[43]이 있는데, 소쇄원 제9대 인물이다. 경학에 밝았으며, 집안에 유고집이 있다[44]는 기록이 있지만, 현재 그의 유고는 전하지 않고, 그에 대한 기록이 다음과 같이 『성담선생집』에 남아 있다.

〈書河西二詩後贈梁君錫孝〉
하서의 두 시를 쓴 후에 양석효에게 주다.

| | |
|---|---|
| 怡然一室中 | 일실一室 가운데에서 좋고 기쁜데, |
| 生事何須問 | 인생사 무엇하러 반드시 물으랴. |
| 壁裏有陶詩 | 벽안에는 도연명의 시가 있으나, |
| 無人知遠韻 | 시의 원대한 뜻 아는 사람 없구나.[45] |

---

를 '대명매'라고 부르며, 그 나무가 현재 전남대학교 대강당 옆에 심어져 있으며, 해마다 한 겹으로 된 붉은 꽃을 피운다.
42) 『월봉집月峰集』 권9 「연보」, "熹宗皇帝 天啓元年 辛酉, 公四十四歲, 中略皇上中略, 賜酒饌及銀書盃一雙, 紅梅一盆, 顧氏畵譜四卷, 盖稀賞也"
43) 양회즙梁會楫(1767~1836) : 초휘는 석효錫孝이며, 자는 군범君範·영원永源이고, 호는 벽호僻湖이다. 학헌의 손자이고, 제화의 아들로서, 성담 송환기의 문인이다. 족보에는 그가 "경학에 밝고 돈독한 행실과 효우가 있으며, 선조의 문첩文牒을 많이 수집하여 집안에 소장하고 있다"고 기록되어 있다.
44) 『제주양씨족보』 양회집 항.
45) 『성담선생집』 권12 「잡저雜著」 〈서하서이시후증량군석효書河西二詩後贈梁君錫孝〉 시의 끝에는 다음과 같은 세주가 붙어 있다.
"右二詩, 卽河西先生 題贈瀟灑, 皷巖兩公者也. 後人之覽此詩者, 可以知兩公 德學之盛, 而余之興慕於是益深焉. 公之後孫錫孝永源, 從余遊殆月餘, 而將歸要得一語之贈, 其意勤矣. 顧余空踈慚負 其遠來之意, 今於仁者事, 何可冒承, 玆庸寫此二詩以與之, 噫 永源之爲學, 奚必遠求乎. 近守先德斯可矣. 勉之哉"

위 시는 송환기가 양석효에게 써준 세 편의 시 중의 한 수이다. 시의
끝에 써 있는 세주를 통해서 양석효가 송환기에게 가서 한 달 반 정도
종유하다가 집에 돌아가면서 스승에게 시 한 수 써주시길 부탁드린 사실
을 알 수 있다.46) 송환기는 옛날 김인후가 양산보와 양자징에게 주었던
시 3수를 써 주었다. 제목에는 하서의 '이시二詩'라고 했는데, 사실은 3수
이다. 위에 예로 든 시는 〈숙소쇄원문방宿瀟灑園文房〉 중의 한 수, 하서가
쓴 〈48영〉가운데 두 번째 시인 〈침계문방枕溪文房〉, 그리고 하서가 사위
양자징에게 1559년에 복결服闋하고 왔을 때 준 시 〈양생별유감梁甥別有感〉
중의 하나이다.47) 이들은 모두 도학시로, 정밀히 사색하여 연비어약鳶飛
魚躍의 경지에 들어감과, 경전을 세밀히 관찰해야 함을 강조한 내용이다.
작자는 시 3수를 제자 양석효에게 써주면서 학문을 먼 데서 구할 것이
아니라, 가까운 곳에서 선대의 덕을 지켜감이 옳은 일이라고 일깨우고
있다.48) 양석효는 한편으로 『하서전집』의 속편을 간행하는 일에도 관여
하였는데, 하서가 그린 〈홍범수도洪範數圖〉49)에 발문을 붙이기도 하였다.
　한편 소쇄원 제10대인 양필관梁必觀50)도 역시 송환기의 문인이다. 양
종호梁宗鎬51)가 쓴 행장에 따르면, 스승께 의심나는 곳을 질문하여 주고

---

46) 앞의 각주 참조.
47) 『소쇄원사실』 권4 「소쇄원제영」 <48영>, "牕明籤軸淨, 水石映圖書, 精思隨偃
　　仰, 妙契入鳶魚"
　　『소쇄원사실』 권7 「고암공鼓巖公」 <양생별유감梁生別有感>, "桑梓榮時雨, 三春寸
　　草心,　君歸一室裏, 經義細追尋"
48) 송시열은 양산보의 행장 중에서 김인후가 소쇄원의 문방에서 묵으면서 지은 두
　　수의 시 <숙소쇄원문방宿瀟灑園文房>과 <침계문방枕溪文房>이란 시에 대해서 말
　　하길, "그 산을 보지 못하면서 그 나무 보기를 원한다고 옛말에도 말했으니, 두
　　사람의 현인군자에 대해서 후대사람이 의론議論해서 도달할 곳이 아니다"라고 말한
　　다. 『소쇄원사실』 권3 「처사공」 <송시열 찬 행장>
49) 『하서선생속집』 잡저.
50) 양필관梁必觀(1770~1822) : 자는 계술季術이고, 호는 지천支川이다. 응지의 현손으로,
　　성담 송환기의 문인이며, 학문에 남다른 조예가 있어 학식이 높았다. 천거되어 효
　　릉제랑에 임명되었으나 나아가지 않았다.

받은 편지가 『담상견문록潭上見聞錄』을 이루었다고 한다. 그는 만년에는 초당을 임천의 반석위에다 짓고 호남의 여러 선비와 시를 수창하였으며, 문집이 있었는데 난리로 인해 없어져 버렸다고 한다. 추측해보건대 송환기에게 경經에 대해서 물어본 내용과 답장으로 받은 편지는 『담상견문록』이라는 제목의 책자로 엮은 듯하나, 현재는 전하지 않고 있다.

이상에서 송환기의 영향력이 소쇄원가에 지대하게 미쳤음을 보았다. 후손들 중 많은 사람이 학문의 맥을 기호계열인 송환기에게 잇고 있음을 볼 때, 송환기는 소쇄원에서 간과할 수 없는 인물이다.

그밖에 제10대의 인물 중 양필홍梁必弘52)은 송달수宋達洙(1808~1858)와 송래희宋來熙(791~1867) 문하에 출입하였다. 송달수는 앞서 밝혔던 송환기의 재전제자로서, 송시열의 후손이고, 송래희 또한 『성리논변性理論辨』을 저술한 사람으로 유명했음을 볼 때, 소쇄원가 후손들은 성리학을 수학하고 있으며, 송시열의 도맥을 이으려고 노력하고 있는 사실을 알 수 있다. 이는 비단 소쇄원만의 문제가 아니라 호남 지역의 대부분 유학자들의 학문 계통이기도 하다. 송달수는 호락논쟁 중 특이하게 낙론을 지지하긴 했지만, 이것을 떠나 성리학자들이 스스로 본연의 연구에 매진하기를 강조하면서 순수 학문적 자세를 주장한 인물로 유명하다.

『소쇄원사실』에 있는 글 중 〈서양씨세장후書梁氏世狀後〉를 송달수가 1852년에 썼는데, 그는 본문에서 "공의 후손 필홍必弘씨가 세장世狀을 가지고 와서 부탁하길, '우리 집안의 보첩을 양진태 선조 때에야 비로소 수록收錄하게 되어 이제 선세의 사실을 볼 수 있는데, 보첩에서 누락된 부분을 신필信筆로 써서 후세의 증명이 되게 해 달라'고 했다"53)고 한다.

---

51) 양종호梁宗鎬(1896~1973) : 자는 무경武京이고, 호는 석초石樵이다. 송사 기우만의 문인이며, 유집에 『석초문집石樵文集』이 있는데, 1책으로, 1993년에 출판되었다.
52) 양필홍梁必弘(1801~1857) : 자는 도여道汝이고, 호는 묵재默齋이다. 학점의 증손자로, 평생을 자신을 지키며 청렴한 기풍이 있었으며, 일가친척들과 화목하였다고 한다. 수종재 송달수와 금곡 송래희의 문하에 출입하였다.

양필홍도 집안의 족보를 만들기 위해서 노력을 하였음이 증명된다.

　소쇄원가 후손들은 지역문화를 선도하는 일에 앞장서기도 하였다. 그 중 양학연은 1774년과 1775년에 창평학구당의 유사를 수행한 일이 있다. 그는 이미 성균관에서 공부할 시절에 그곳의 장의를 맡은 적이 있었다.[54] 그 경험을 살려 학구당도 잘 운영하였다고 본다.

　창평학구당은 앞에서 이미 살폈지만 이 지역의 인재를 양성하는 공간으로서, 1570년에 조여심曹汝諶(1518~1594)과 양자징梁子澂이 주축이 되고, 창평지역의 25성씨가 재물을 내어서 향적사라는 옛 절터에 세운 교육시설이다. 여기에서 배출된 인원만도 설립된 지 약 200년 동안에 750명가량이나 된다. 소쇄원가는 학구당의 중요역할을 담당하였는데, 이는 소쇄원이 지역의 교육에도 앞장서고 있었음을 말한다.

　양필홍도 1854년에 학구당 유사를 지낸 적이 있다. 창평학구당이 이 시기쯤에 가서는 별 활동을 하지 않은 듯하지만, 그래도 창평지역 교육의 요람으로서 명맥은 유지하고 있었다. 창평학구당의 유사를 지낸 사람들을 보면, 이 고을의 연장자이어야 하고 학식과 덕망도 뛰어나야만 했음을 알 수 있다. 양필홍도 역시 그러한 사람이었다고 본다.

　한편 양필홍의 시문이 『창평향교지』에도 한 수 실려 있는데, 1839년에 있었던 향사당노인연회鄕社堂老人宴會에 참석하여 지은 시로 보인다.

| | |
|---|---|
| 熱鬧場中亦有仙 | 시끄러운 가운데 또한 신선이 있으니, |
| 逍遙高躅自超然 | 소요한 높은 자취 스스로 뛰어나구나. |
| 肆筵序齒皆淸雅 | 자리를 펴고 나이대로 앉으니 다 청아한 선비요, |
| 盡日啣盃樂聖賢 | 날이 다하도록 술을 마시며 즐긴다네. |
| 堪笑槐花名利地 | 과거科擧의 명리장名利場을 웃을 수밖에 없으니, |

---

53) 『소쇄원사실』 권12 「영주공瀛洲公」 부록 <서양씨세장후書梁氏世狀後>, "公之後孫必弘甫, 持其世狀而委訪중략. 吾家譜牒, 始於忍齋先祖所收錄, 而今得先世事實, 一段之漏於譜者, 願得信筆以徵於後"
54) 『제주양씨족보』 양학연 항.

誰知山木不材天          누가 산중의 나무가 부재不材로 천년 얻음을 알건가.
官樽庖俎兼儒老          관청에서 내린 술이 안주와 겸하여 늙은이를 우대하니,
南國新圖繡歸圓          남국의 새로운 그림 귀원歸圓에 수놓네.55)

「향사당노인연회록鄕社堂老人宴會錄」에 기록되어 있는 내용을 보면, 위 시가 읊어졌던 노인회에 참석한 사람은 창평지역에 살던 사람들로, 〈서치좌목序齒座目〉에 26명이 올라 있다. 이때 시를 남긴 사람은 노인회에 속한 4명과 속하지 않은 사람 4명으로, 양필홍은 노인회에 속하지 않은 사람이다. 이 8명은 수남학구당과 수북학구당에 이름이 올라 있는 사람들로서, 이 지역의 중요인물들임을 추측할 수 있다. 이 시는 노인회에 찬조한 시로, 비록 벼슬을 못한 향촌의 선비들이지만 장수를 하여 관청에서 내린 술과 안주를 받고 있음을 찬양하고 있다.

향사당鄕社堂은 향청鄕廳을 말하는 것으로, 이는 원래 조선시대의 지방자치기구였다. 즉 조선전기에 각 지역에 설치된 유향소留鄕所는 재지사족의 이해를 실현하는 독자적인 기구였는데, 임진왜란 이후에 들어 지방관의 권력을 강화하면서 수령의 하부기구로 전락하면서 이름도 향청으로 바뀌게 된 것이다.56) 이곳에서는 춘추春秋로 과거에 급제하지 못한 사람 등을 위로하는 차원에서 향음주례를 설행하였던 듯하다.

한편 후손들은 새로운 마을을 건설하거나 정자를 경영하기도 하였다. 양진태의 손자인 양학점은 취련 골짜기에 정우당淨友堂을 짓고, 시와 거문고를 벗 삼아 자적하며 지내었는데, 현재는 그 흔적이 사라지고 없다. 다만 이영유李英裕가 쓴 〈정우당기淨友堂記〉를 통해서 그 뜻을 조금은 상상

---

55)『창평향교지』제1편 「향사당노인연회록」.
56) 전형택은 17세기 전라도에 있어서 향촌사회의 조직과 지배세력의 성격을 알아보기 위해 담양향교에 소장되어 있는 『향안鄕案』과 고문서를 분석한 적이 있는데, 이때 향안은 한 고을의 거성씨족巨姓氏族의 사족안으로 재지사족의 권위의 상징이었으며, 향촌사회에서 사족중심의 지배체제를 유지하는 중추적 역할을 수행하였다고 말한다. (전형택, 「17세기 담양의 향회와 향소」, 『한국사연구』 64, 1989, 89쪽)

할 수 있다.

> 창평의 양학점이 조그만 정자를 소쇄원의 상류인 취련의 골짜기에 세웠는데, 샘물을 끌어들여 수조에 떨어지게 하고, 연못을 파서 연꽃을 심고 이름을 '정우'라고 하였다. 한수재 권상하의 글씨를 구입하여 문미에 걸고, 독서와 거문고를 뜯으며 즐거움을 삼았다. 이미 당이 이루어짐에 산수헌 권진응이 제주도로 귀양 갔다 돌아오자 한번 나아가 기문 써주기를 청하여 흔연히 허락하였는데, 이루지 못하고 졸하였다. (중략)[57]

양학점 역시 양산보의 정신을 이어받아 여러 훌륭한 스승 밑에서 수학은 하였지만 출사에는 뜻을 두지 않고 은자로서 살아갔다. 취련마을은 현재 독수정 건너편에 있는 마을인데, 정우당은 그 마을을 지나 산속으로 난 길을 따라 한참을 들어가서 자리하고 있다. 그 역시 주돈이의 〈애련설〉을 흠모하여 정우당을 지어놓고 연꽃을 벗 삼아 고요한 생활을 하였다. 이는 할아버지 양산보가 〈애련설〉을 흠모하여 항상 옆에 붙여놓고 생활하였다는 이야기와 서로 통하는 점이 있다. 양학점도 쇄락한 정신세계를 영유했음을 알 수 있다. 정우당 기문은 원래 권진응에게 부탁하였는데, 그가 이루지 못하고 타계하게 되어서 이영유가 쓰게 되었다고 한다.

양학겸 또한 인암麟巖마을을 개척하였는데, 종손從孫인 양석규는 이 마을의 대암 위에 춘추정春秋亭을 지어놓고서 다섯 성현의 진상을 모셔놓고 초하루와 보름에 분향을 하고, 봄가을로 석존대제를 지냈다고 한다. 정자 이름에서 알 수 있듯이 여기에서 춘추대의를 밝히고자하는 생각을 읽을 수 있다. 현재 이 정자는 남아있지 않고, 다만 기정진奇正鎭이 쓴 〈춘추정기春秋亭記〉만 남아 있다. 그는 이곳을 공자와 그 제자들을 추향하는

---

57) 〈정우당기淨友堂記〉, "昌平梁子學點, 構小亭於瀟灑園上流, 翠蓮之洞, 引泉落槽穿沼栽荷, 名以淨友. 購寒水翁遺墨揭諸楣間, 讀書鼓琴以爲樂, 堂旣成, 山水軒權公適自瀛海而歸, 嘗一造焉 欣然諾爲之, 記未就而卒 (중략)"

장소로 만들어간 듯싶다. 마을 앞 들판을 공심평孔尋坪이라고 하는데, 이
는 공자가 기린을 찾는다는 뜻이다. 한편 이 마을에서는 당산제를 300여
년 동안 봉행해 왔다는데, 당산제 때 읽는 축문58)을 양석규가 지었다고
하며, 그 원문이 전해오고 있다.

이들은 앞 세대처럼 지역에서의 문예 활동도 앞장섰는데, 그 한 예가
「적벽삼유록赤壁三遊錄」에 나타나고 있다. 이 글은 하영청의 『금사錦沙·병
암유집屏巖遺集』뒤에 붙어있는 시문 모음집으로, 적벽에서 세 번에 걸쳐
시회활동을 벌인 결과물이다. 여기에서 양석규는 서문과 함께 다음과 같
은 시를 지었다.

〈赤壁同遊錄〉　　적벽동유록

無限風光赤壁頭　　　적벽 언덕의 무한한 풍광,
坡翁未得雨中遊　　　소동파도 빗속에서 노닐지는 못했으리라.
年年好月人皆見　　　해마다 좋은 달은 사람마다 볼 수 있어도,
誰識今宵別樣秋　　　누가 오늘밤이 특별한 가을임을 아는가.
層巒益覺霧中奇　　　겹겹 멧부리가 운무 중에 더욱 기이하니,
恰似鴻濛未判時　　　혼돈세상이 나뉘지 않을 때와 흡사하네.
千仞巖巖高彌仰　　　천길 바위들은 높이가 더욱 우러르게 되고,
聖人遺像恍然知　　　성인의 남긴 영정 어렴풋이 알겠네.59)

소식蘇軾이 적벽에서 노닌 때인 임술년壬戌年 추칠월秋七月 기망旣望일을
기념해서 이 지역 문인들도 적벽에 모여 시회를 열기도 했는데, 그 자료
가 『금사·병암유집』에 남아 있다. 적벽은 최산두崔山斗가 동복에 귀양 왔

---

58) 축문내용 : "自古有民, 必有社樹, 何村無社, 何社無神, 至於吾村, 社神最靈, 終始
保佑, 二百餘載, 斟以虔禱, 極其誠敬, 保我耆艾, 恤我隣比, 士得魁榜, 民安其業,
商得萬錢, 人有百福, 大小兒輩, 善經痘疫, 百穀大登, 六蓄亦蕃, 一洞安靜, 萬事亨
通, 呵噤不祥, 驅除癘疫, 群盜猛獸, 幷皆遠跡, 非神何依, 非民何奉, 日吉粢潔, 神
其鑑格"
59) 『금사·병암유집』 「병암유고」 부록 54쪽.

을 때 이곳의 뛰어난 모습을 보고 중국의 적벽과 닮았다고 해서 이름을
붙인 이후로 많은 사람들이 이곳에서 노닐며 시를 남긴 곳이다. 적벽 지
역에 건립되었던 공간만 해도 물염정勿染亭·창랑정滄浪亭· 적벽정赤壁亭·환
학정喚鶴亭·강선대降仙臺·망미정望美亭·한산사寒山寺 등 상당수에 이른다. 『금
사·병암유집』은 금사 하윤구와 그의 고손인 병암 하영청의 문집을 합본
하여 그 후손이 영인한 문집이다. 그동안 「적벽동유록赤壁同遊錄」이라는
글이 집안에 남아 있었는데, 위의 문집을 영인하면서 뒤편에 「적벽삼유
록」이라는 제목으로 붙여 놓았다고 한다.

　그 내용을 보면, 첫 번째 시회는 임술년壬戌年(1682)에 열렸으며, 이 때
많은 사람이 참석하였으나 그 시축이 불에 타고 김숙회金叔晦·오영석吳永
錫·이자실李子實·하우문河禹文·김수신金守信·정즙鄭濈·정흡鄭潝·하성구河聖龜
등 8명과 그들의 시문만이 남아 있음을 알 수 있다. 두 번째 시회는 재
임술년再壬戌年(1742)에 있었는데, 하성칙河聖則·정민하鄭敏河·하영청河永淸 등
61명의 명단과 59명의 시 80수가 실려 있고, 하성칙·소응천蘇凝天·하영청
이 서문을 쓰고 있다. 세 번째 시회는 삼임술년三壬戌年(1802)에 박성립朴聖
立·양석규梁錫圭·하백원河百源 등 51명의 명단과 실제 52명의 시 81수가 기
록되어 있으며, 또한 양석규·하백원·이상력李象櫟이 서문을 쓰고 있다.
적벽시회에 참가한 사람은 주로 창평과 동복지역에 세거해 사는 사람들
로, 여기에 나온 성씨들이 이 지역에서 주로 활동하고 영향을 미쳤던 사
람들이라고 생각해도 크게 벗어나지 않는다. 두 번째나 세 번째 적벽동
유에 참가한 사람들은 대부분이 그 자손들이고, 그들이 이 지역에서 지
속적으로 영향을 미쳤으리라고 본다.

　위 시는 세 번째 시회에서 지었던 작품이다. 때는 임술년(1802) 가을
7월 16일의 비 내리는 밤이다. 운무 속에 드러나는 첩첩한 멧부리들이
더욱 신비스럽게 다가오는 느낌을 받고 있다. 양석규나 하백원은 송환기
의 문인이었으며, 이들 집안은 서로 세교가 있었다. 그가 이 시회에서

서문을 쓰고 있음을 볼 때, 문장력이 뛰어남을 인정받았다고 여긴다.

　지금까지 소쇄원의 후기 상황을 살펴보았다. 이 시기는 조상을 선양하고 가문을 현창하는 일이 눈에 띄게 드러난 때이다. 후손들은 소쇄원의 누구라는 명예를 업고서 향교에서나 학구당에서 또는 지역 모임이나 사회에서 주도적으로 활동하였다. 그래서 이들이 조상과 가문을 드높이는 일은 바로 소쇄원을 널리 알리고 지켜가는 일이 되었다. 왜냐하면 선대의 훌륭한 행적은 주로 원림에 남아있어서, 선대의 유업을 받드는 일이 곧 원림을 지켜가는 일이 되기 때문이다. 후손들은 이 점을 명심하였으며, 소쇄원이 지향하는 고절함과 충효정신을 견지하고자 노력하였다. 후기에 들어서 소쇄원에서 강조하던 절의나 충효사상은 송시열이 의리정신을 강조한 이후부터 춘추의리나 대명의리로 표현되는데, 이상에서 살펴본 바처럼 소쇄원가 후손들도 이러한 의리를 밝히는 일에 앞장섰다.

## 3. 교유 인물과 소쇄원 원림문학

### 1) 교유 인물의 범주

　이 시기에 들어 소쇄원에서 가장 많은 활동을 보인 사람은 양학연과 양학겸이다. 그들은 대부분 나란히 활동을 하였는데, 소쇄원에서 책을 발간하는 일이나 족보를 만드는 작업을 함께 하였을 뿐만 아니라 교유활동도 함께 하였다. 이들이 교유했던 사람 중에서 가장 친밀한 관계를 가졌던 사람으로는 먼저 하영청을 들 수 있다. 하영청의 시문 중에는 소쇄원에서 읊은 시가 한 수도 보이지 않지만, 그의 문집 속에는 양학연·양학겸과 관련된 시가 많이 나타난다. 이들의 교유가 매우 두터웠음을 짐작할 수 있다.

〈與鄭季修棹梁士愚學淵 會話道院〉
정도·양학연과 도원에 모여 이야기하다.

三老連襟共歎衰　　세 늙은이 옷깃을 맞대고 서로 늙음을 한탄하는데,
窮山遙夜雨來時　　깊은 산속 아득히 밤비 내리는 때라네.
莫言吾輩終無用　　우리들 마침내 쓸모없다 말하지 말게.
衛護斯文志不移　　사문을 위호하는 뜻 없지 않다네.

〈附和詩〉
화운한 시를 붙이다.

一讀遺文起我衰　　유문遺文을 한 번 읽음에 나의 쇠미함 일어나니,
紙窓寒雨剪燈時　　종이창에 찬비 내리고 등불 심지 자를 때이라.
相看意氣忘頭白　　서로의 의기를 바라보니 머리 센 것도 잊어,
碧海靑山尙可移　　벽해와 청산을 아직도 옮길 수 있다네.60)

위 시는 의기투합한 세 사람, 즉 정도鄭棹·양학연梁學淵·하영청이 도원
서원道源書院61)에 모여서 비오는 밤을 보내면서 서로 읊조린 시이다. 하영
청이 먼저 읊자, 여기에 화운하여 양학연이 읊고 있다. 그들은 자신들의
노쇠해짐을 한탄하다가도 한편으로는 아직까지 유학의 정통을 위호하는
뜻은 전혀 쇠하지 않아서, 벽해와 청산도 옮길 수 있을 정도라고 자위하
고 있다. 정도鄭棹는 정철의 6세손으로 〈속미인곡續美人曲〉을 한역해서 유
포하기도 하는 등 이 지역에서 활발한 문학 활동을 하여서 다른 사람의
문집에 그 이름이 자주 등장한다.

이밖에도 하영청의 문집에는 안심사安心寺에서 양학연과 김사장金士章이
시험에 합격한 일에 대해 축하하는 잔치를 벌이면서 읊은 시62)가 있다.

───────────────

60) 『금사·병암유집』 「병암유고」 30~31쪽.
61) 도원서원道源書院 : 전남 화순군 동복면에 있는 서원이다. 1670년에 창건되었으며,
　　최산두崔山斗의 위패를 모셨다. 1687년에 사액서원이 되었으며, 임억령林億齡·정구
　　鄭逑·안방준安邦俊을 병향竝享하였다.

양학연은 1728년에 진사시에 합격하였는데, 시험에 합격하는 영광을 고
을에서도 함께 누렸던 것이다. 또한 이들이 사적으로 대단히 친밀하게
지내었음을 다음 시를 통해서도 확인할 수 있다.

〈勿染亭同梁上舍士愚獵川〉
물염정에서 양학연과 함께 천렵을 하며

| | |
|---|---|
| 朋酒高亭可解顔 | 벗과 술과 높다란 정자가 기쁘게 할 만 하니, |
| 奇緣盡日水雲間 | 특별한 인연으로 운수 간에서 날을 보내네. |
| 溪魚獵罷仍覓句 | 시내에서 물고기 잡기가 끝나면 시구를 읊조리니, |
| 更覺閑人亦未閒 | 한가한 사람 또한 한가하지 못함을 다시 깨닫네.63) |

위의 시는 역시 하영청이 양학연과 함께 물염정에서 천렵川獵을 끝내
고 지은 작품이다. 양학연도 당연히 이에 수창하였을텐데, 현재 그 시를
찾아볼 수 없다. 둘은 물염정에서 시주를 즐기고, 함께 천렵도 하면서
다정한 시간을 보내고 있다.

한편 양학연과 양학겸은 매우 우애가 두터웠던 듯하다. 둘이 동심협
력한 곳이 많은데, 문예 활동도 나란히 하고 있는 사실이 하영청의 시문
에 보이고 있다.

〈與梁士愚學淵 梁恭伯學謙 會屛巖觀魚石嶼〉
양학연·양학겸과 병암의 관어석 섬에서 모이다.

| | |
|---|---|
| 仰面看飛鳶 | 얼굴 들어 비연飛鳶을 바라보고, |
| 低頭玩躍魚 | 고개 숙여 약어躍魚을 감상하네. |
| 山中同此樂 | 산중에 이 즐거움을 함께 하려고 |

---

62) 『금사·병암유집』「병암유고」 61쪽 <봉화식영정장민하, 안심사연석기시운, 양사
   우·김사장, 이연방신은래회연석奉和息影鄭丈敏河, 安心寺宴席寄示韻, 梁士愚·金士章, 以蓮榜
   新恩來會宴席>.
63) 앞의 책, 66쪽.

感子訪幽居            그윽한 곳 찾아준 그대들에게 감사하네.64)

　하영청이 거처하는 병암에는 연못이 있고, 관어석이라는 섬이 있었던
듯싶다. 이곳에서 세 사람이 모여서 어약연비魚躍鳶飛하는 묘처를 감상하
고 있다. 천지조화의 이치를 깨닫는 즐거움을 함께 누리면서 자신의 거
처를 찾아온 양학연과 양학겸에게 감사하는 시를 주고 있다.

　한편 하영청과 양학겸이 서로 교유하였음은 편지를 통해서도 나타난
다. 이 편지 역시 하영청의 후손 집안에서 소장하고 있으며, 2통65)이 전
해지고 있다. 한 통은 1760년에 하영청에게 보낸 편지로, 그에게 말과
가마를 빌리는 내용이다. 이때 양학겸의 나이는 49세로, 딸이 신행을 왔
다 돌아가면서 말과 가마가 필요하였던 모양이다. 하영청 집안은 가세가
든든하였었던지 하영청 대뿐만이 아니라 그 후손들에게 온 편지에도 가
마나 말을 빌려달라고 하는 내용이 종종 등장한다. 그뿐만 아니라, 이
집안은 만권댁으로 불릴 정도의 책을 소장하고 있어서 많은 사람들이 이
집에서 책을 빌려다 보곤 하였다. 다른 한 통의 편지는 1762년에 보낸
것으로, 자신이 산사의 모임에 나갔어야 하지만 여러 가지 사정으로 못

---

64) 앞의 책, 50쪽.
65) 하상래가 소장고문서 중 간찰, "陽月歷臨, 迄庸感佩, 其後連以室病 未克進謝, 深
　　切悚歎. 中間傳聞, 又以山訟, 往于淳邑, 通稅有之云. 不審隆寒, 何以馳驅, 而氣候
　　復如何. 伏慰且慮之至. 世生 厄會非常, 荊妻 自十月念後, 中患疾腫, 入死出生, 尙
　　未解慮, 還間悶狀, 何可盡喩. 且女息新行初定, 以今卄一, 而病勢若得小歇 則欲爲
　　治送, 所入馬叵不少, 玆以仰告 貴驂以爲 惠借如何. 當爲躬懇, 而有拘未果, 如是替
　　兒耳. 貴轎亦爲偕借, 伏望. 餘在早晏進拜, 病撓不備 伏惟 情察. 謹拜上候狀. 庚辰
　　臘月 初五日, 世生 梁學謙 拜. 山事 更爲始訟, 而得伸孝思也. 伏泄伏泄"
　　"頃拜恩恩而歸, 迨用伏悵. 謹不審, 臘雨中氣候如何. 伏慰區區. 今日 山寺之會, 必
　　欲進參, 以聽緖餘, 兼展 向日未盡底下懷矣. 雨戱步行, 且末弟女昏, 猝定以今卄八,
　　凡事關慮, 終未遂意, 瞻歎何喩. 約會僉君子, 果已會講耶. 好會有魔, 深用悵然. 當
　　以歲後, 躬候不計, 姑不備只祝 迓新萬福. 伏惟 崇察. 謹拜上. 壬 臘 卄一日. 世生
　　梁學謙 拜"

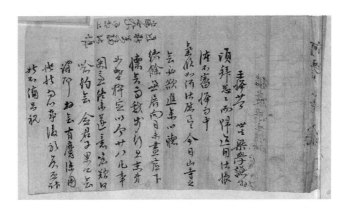

양학겸이 하영청에게 보낸 편지 ①

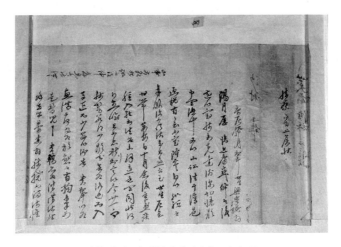

양학겸이 하영청에게 보낸 편지 ②

나가게 되어, 그 이유를 알리고 있으며, 그 모임은 이 부근에 사는 유림들이 강마하는 모임이라는 사실도 유추할 수 있다.

다음은 하영청이 지은 양학겸의 만사를 살펴보겠다. 양학겸에 대한 만사는 『금사·병암유집』과 유도익柳道翼(66)의 『옥산유고玉山遺稿』(67)에 한

---

66) 유도익柳道翼(1722~1775) : 자는 군경君敬·자경子敬이고, 호는 옥산玉山이며, 본관은 문

수씩 실려 있다.

〈挽梁恭伯學謙〉
양학겸의 죽음을 애도하다.

| | |
|---|---|
| 青丘大雅古家存 | 우리나라에 고상한 옛 가문이 보존되어 있으니, |
| 瀟灑園中處士孫 | 바로 소쇄처사 집안의 후손이라네. |
| 早就賢師求聖學 | 어려서는 현명한 스승에게 나아가 성인학문을 구하였고, |
| 老縻一命感君恩 | 늙어서는 임금은혜에 감사하여 벼슬을 하였네. |
| 棣華交暎姜公宅 | 형제간에 우애로움은 강태공 집과 같았고, |
| 蘭蔭聯芳謝氏門 | 문장이 뛰어남은 사씨 집안과 같았네. |
| 可惜伊人今永逝 | 아깝구나. 이 사람이 영영 가버렸으니, |
| 斯文詩禮更誰論 | 사문의 시례를 다시 누구와 논할꼬.68) |

　　하영청과 유도익이 지은 만사를 통해서 양학겸은 경학을 공부하였으며, 늙어서야 참봉벼슬을 하였음을 알 수 있다. 선대의 덕업이 후손에까지 길이 미치고 있어서 주변사람들은 그 후손에 대해서 언제나 선대의 영향력 아래서 평가하고 있다. 그는 고상한 가문인 소쇄처사의 후손으로, 형제간에 우애가 있고 문장이 매우 뛰어나서 주변사람들로부터 아쉬움을 들게 하였다. 양학겸의 사망연도는 족보에 나와 있지 않아서 정확히는 알 수 없지만, 하영청보다 일찍 죽었음은 확실하다. 하영청의 사망연도가 1771년인 점으로 보아 양학겸은 오래 살았어도 1771년을 넘지 못했다고 판단된다. 그렇다면 늦어도 60세 이전에는 사망하였다고 볼

---

　　화이다. 유진태의 장자로서, 종조從祖인 경관재 혜화에게 수학하였으며, 성품이 빙자옥결과 같음이 있다고 했다.
67) 『옥산유고玉山遺稿』 4쪽 <양침랑만사梁寢郞輓詞>,
　　天賦溫溫學又純　幽光逈徹九重宸
　　今世斯人何處得　爲題哀輓淚盈巾
68) 『금사·병암유집』 「병암유고」 68쪽.

수 있다.

양학연과 주로 교유한 사람으로는 하영청 이외에도 정민하와 정희수
鄭希壽·정용수鄭龍壽 등이 있다. 이들은 선대에 반석에서 시단을 형성했던
사람들의 자손들이다. 이때에도 역시 그 시단이 유지되고 있었다.


〈盤石石上梅 次韻詩〉
반석 바위위의 매화 시에 차운하다.

| | |
|---|---|
| 數尺寒梅樹 | 몇 자되는 한매寒梅나무가 |
| 盤巖綻一縫 | 반석의 바위틈에 서려있네. |
| 生涯避地瘦 | 벼랑 가에 흙을 피해 수척하게 나있으면서, |
| 雨露自天封 | 하늘로부터 우로雨露받아 사네. |
| 傍水流芳逈 | 곁의 시냇물은 꽃잎을 멀리 흘러 보내고, |
| 隣松傲雪同 | 옆의 소나무도 우뚝하게 눈 속에서 함께 하네. |
| 看看相不厭 | 보고 또 보아도 물리지 않아, |
| 移日倚吟筇 | 다른 날 또 와서 읊조리네.69) |


〈盤石待梁士愚〉　　반석에서 양학연을 기다리며

| | |
|---|---|
| 綠樹成陰草作茵 | 푸른 나무는 그늘 지우고 풀은 자리를 만들었는데, |
| 座中佳客四方親 | 좌중의 아름다운 손님은 모두 친한 사람이라네. |
| 清標不見詩空至 | 맑은 선비 보이지 않고 속절없이 시만 이르니, |
| 把酒還歎少一人 | 술잔 들고 도리어 한 사람 없음을 한탄하네.70) |


전자는 양학연의 시로서, 정희수와 정용수의 작품에 차운한 시이다.
위 시들을 통해서 그가 주로 작시 활동을 한 곳이 바로 반석임을 알 수
있다. 독송와獨松窩가 있는 반석에서 매화를 보고 읊고 있는데, 흙도 없는
바위틈에서 힘들게 자라면서 하늘에서 내리는 우로만을 받아먹고 살고

---

69) 『월성세고』 권8.
70) 『소은시고簫隱詩稿』 권上.

있는 매화가 더욱 고매하게 보인다고 말하고 있다. 매화는 눈 속에서 버티고 선 소나무와 함께 선비들의 좋은 벗이 되어 시제詩題로 자주 등장한다. 반석은 앞에서도 살폈듯이 소쇄원 주변에 위치하고 있는 산수가 수려한 곳으로, 시단이 형성된 곳이다.

후자는 정민하가 반석에서 학연을 기다리면서 지은 시이다. 정민하와 양학연은 나이차이가 많이 나지만 매우 가깝게 지냈던 듯하다. 『소은시고簫隱詩稿』에는 반석에서 양학연을 기다리면서 읊은 시가 더 있다. 이웃에 살면서 서로 정의가 잘 통했다고 본다. 정민하도 식영정의 주인노릇을 하면서 반석 주변에서 중심적인 역할을 한 사람이다. 그의 문집을 통해 많은 작시 활동을 하였음을 알 수 있다. 위 시의 내용은 반석의 아름다운 자리에서 주변의 절친한 사람들이 모여서 시를 읊고 술잔을 기울이면서 양학연이 오지 않음을 탄식하며 기다리고 있는 장면이다. 정민하와 양학연의 우의가 얼마나 두터웠는가는 다음 양학연이 쓴 정민하의 만사를 통해서도 살필 수 있다.

〈鄭敏河輓詞〉
정민하의 죽음을 애도하는 시.

| | |
|---|---|
| 洞天仙去玉簫沈 | 동천의 신선이 떠나니 옥피리소리도 잠겨있는데, |
| 澗水松風薤露吟 | 시냇물과 솔바람은 상여소리 같구나. |
| 世或比公荀氏德 | 세상은 간혹 공을 순씨의 덕과 비교하니, |
| 未知齒爵古猶今 | 치작齒爵은 옛날이 오늘과 같을지.71) |

정민하의 집안에는 옥피리가 소장되고 있었는데, 도중에 잃어버리고 그것을 담고 있었던 갑匣만 전해지고 있다고 『연일정씨소은공파보延日鄭氏簫隱公派譜』에 기록되어 있다. 위 시 속에서 언급하고 있는 옥피리는 바로

---

71) 앞의 책, 권下.

정민하가 즐겨 불었던 것을 말한다. 이처럼 그는 피리를 잘 부는 신선같
은 사람이었다고 한다. 식영정에 거처하면서 피리를 불었는데, 그가 세
상을 떠나자 피리소리도 끊겨서 시냇물과 솔바람도 모두 드러내놓고 슬
퍼하고 있다는 내용이다. 마지막 구에서의 치작齒爵은 맹자가 말한 삼달
존三達尊에 해당한다. 즉 정민하가 장수하였고, 벼슬 높은 집안의 자손이
면서 덕망이 매우 높았음을 나타내는 말이다. 그가 양학연을 매우 좋아
하였음을 볼 때, 양학연의 성품 또한 세사에 집착하지 않는 일면이 있었
음을 짐작할 수 있다.

소쇄원가의 후손 중에서 위 사람들 외에도 주로 활발한 교유활동을
하였음직한 사람으로 양석규를 들 수 있다. 그는 하영청의 후손인 하백
원과는 동문으로, 적벽에서 함께 시회를 개최하기도 하였다. 그러나 그
밖의 문헌자료가 남아있지 않아서 더 이상 구명할 수 없다.

이밖에도 교유인물로는 양응수楊應秀·기언관奇彦觀·유진태柳震泰·박신극
朴新克·유도관柳道觀 등이 있다. 양응수는 양학겸과 종유하였고, 또 양제신
의 스승이기도 하다. 그러나 다른 사람들은 소쇄원가의 누구와 주로 교
유를 하였는지는 기록이 남아 있지 않아서 확실하지 않다. 다음 항에서
는 그들이 남긴 작품을 통해 후기 원림문학의 특징을 고찰해보도록 하
겠다.

## 2) 소쇄원 원림문학

이 시기 소쇄원을 왕래하며 시문을 남긴 사람은 몇 사람 되지 않는다.
다른 사람들이 원림을 왕래하지 않은 것은 아니나, 문헌을 남기지 않았
거나 시문을 남긴 사람이 많지 않다. 먼저 양응수의 시를 살펴보겠다.

〈贈梁恭伯, 鄭彦用諸君〉
양학겸과 정언용에게 주다.

瀟灑清風出世塵　　　소쇄원의 맑은 바람은 속세의 때 벗어났고,
松翁直氣貫秋旻　　　정철의 바른 기운은 가을 하늘을 꿰뚫었네.
洞中次第尋遺跡　　　골짜기에서 차례대로 유적을 찾으니,
如得先賢接見親　　　선현을 직접 뵌 것과 같네.

爲訪前人講道所　　　앞사람이 강도하던 곳을 방문해보니,
依然水石帶清芬　　　수석은 의연하게 맑은 향기 띠고 있네.
慕賢誠意如斯切　　　현인을 사모하는 성의가 이와 같이 절절하니,
此地宜思會以文　　　이곳에서 문장으로 만날 것 마땅이 생각하네.72)

　　양응수는 1751년 9월에 양학겸과 함께 서석산을 유람하고 소쇄원을
방문하였다. 위 시는 그때 지은 것인데, 시의 서문에는 소쇄원은 소쇄옹
과 고암 두 사람이 기거하던 곳으로 김인후의 필적이 있고, 환벽당과 식
영정 및 삼사계 등은 정철·임억령·고경명 등 삼현三賢이 유상遊賞하던 곳
이라고 적고 있다.73) 여기에서는 선현들의 유적이 남아있는 곳에 와서
선현을 생각하고 있다.

〈遊瀟灑園 昌平梁氏名園〉
소쇄원에서 노닐며. 창평 양씨의 원림

霽月亭高瀟灑西　　　제월정은 높다랗게 소쇄원 서편에 있고,
老松瘦竹臨清溪　　　노송과 파리한 대나무는 맑은 시냇가에 임해있네.
巖壑幽深芳草茂　　　바위골짜기 깊숙하여 방초는 무성하고,

72) 『백수선생문집』 권16.
73) 앞의 책, 같은 곳. "辛未九月, 遊瑞石山, 與梁恭伯同行. 訪瀟灑園, 乃瀟灑·鼓巖兩
世所居, 而有河西筆跡. 又訪環碧堂·息影亭·三槎溪, 此乃鄭松江澈·林石川億齡·高
霽峯敬命, 三賢遊賞之所也. 緬想遺風感懷實多. 又瀟灑之後有恭伯, 松江之後有彦
用, 俱有志於學會中. (중략)"

| | |
|---|---|
| 藤蘿掩翳好禽啼 | 등넝쿨은 일산처럼 가려있어 새 울기 좋네. |
| 不知處士清風遠 | 처사의 맑은 풍격 멀리 전해져 |
| 可愛先賢親筆題 | 선현의 친필시제 사랑할 만하네. |
| 園裡主翁何處去 | 원림의 주인옹은 어느 곳에 갔나. |
| 人非物是事難齊 | 사람과 사물은 같지 않아 일이 가지런하기 어렵네.74) |

기언관은 바로 기대승의 6대손으로, 소쇄원과는 세교가 있는 집안 후손이다. 기대승은 소쇄원의 초기 교유인물로서 양자징·양자정과 시적 교의가 있었다. 후대의 교유인물 대부분이 선대에 이미 소쇄원을 왕래하며 시단을 형성했던 사람의 후손들이란 점이 특색이다. 이들 역시 양익룡梁翼龍이나 양학연 등과 교유가 있었으리라고 추측된다. 위 시에서는 늙은 소나무와 여윈 대나무가 시내에 둘러있어서, 선현의 자취는 아직도 볼 수 있지만 정작 사람은 모두 떠나가고 없는 현실에 대하여 읊고 있다. 이는 소쇄원의 물색이 아직도 선현의 소쇄하고 고절한 기상을 충분히 간직하고 있지만, 그때의 인물들은 모두 사라지고 없어서 아쉬운 마음을 표현한 내용이다.

이와 같이 초기 이후의 시문 특징은 주로 선대의 행적을 보고 '회고懷古'하는 데에 있다. 즉 앞선 사람들의 훌륭한 발자취를 직접 와서 보고 그들이 뜻한 바를 생각하고, 다시 자신의 마음을 다잡아가는 내용들이 많다. 한편으론 직접 훌륭한 그때 사람들을 보지 못한 것을 아쉬워하기도 한다. 소쇄원 물색만을 읊은 시가 전혀 없지는 않지만, 전대에 비해 회고시가 많은 점이 특징이다.

〈瀟灑園枯松間菊花聯句〉
소쇄원의 고송과 그 사이에 있는 국화에 대하여 이어서 읊다.

---

74)『국천재유고菊泉齋遺稿』 7쪽.

| 菊是淵明菊 | 국화는 도연명의 국화이지만, |
|---|---|
| 松非大夫松(不欺齋) | 소나무는 대부의 소나무가 아니도다. |
| 托根幸得所 | 뿌리를 의탁하여 다행히 있을 곳을 얻으니, |
| 不怕雪霜冬(朴上舍) | 눈서리 치는 겨울도 두렵지 않네.75) |


〈瀟灑園〉  소쇄원

| 瀟灑名何意 | 소쇄라는 이름은 무슨 뜻인가. |
|---|---|
| 山水自然然 | 산수 자연은 스스로 그러하네. |
| 主人知此樂 | 주인은 이 즐거움을 알아서 |
| 瀟灑絕世塵 | 소쇄하게 속진을 끊었네.76) |


　　앞의 시는 유진태와 박신극이 소쇄원에서 연구聯句로 읊은 시로, 『유주세적儒州世積』77)에 실려 있다. 때는 국화가 피어있는 가을인데, 원림 내에 있는 소나무와 국화를 대비시켜 소쇄원이 표방하는 정신을 표현하고 있다. 유진태와 박신극은 둘 다 이 지역 사람으로서 서로 매우 절친한 사이였으며, 양학연과도 두터운 교의가 있는 인물들이다. 이들은 모두 한 지역의 유림으로, 이 시대의 지역문화를 이끌어갔던 사람들이다. 앞의 시에서는 먼저 유진태가 소쇄원에 있는 국화는 도연명이 따던 국화이고, 소나무는 대부송이 아니라고 읊고 있는 내용이다. 대부송이란 벼슬을 받은 소나무로, 옛날 진시황이 소나무 아래서 비를 피하게 되어 그 소나무에게 대부라는 벼슬을 내렸다는 고사에서 볼 수 있듯이, 인위적이고 부자유스런 소나무를 이른 말이다. 여기에서는 소나무나 국화가 모두 자연스럽다는 뜻으로, 소쇄원의 사물이 자연의 도를 따르고 있으며, 소

---

75) 『유주세적儒州世積』 「불기재유고不欺齋遺稿」.
76) 앞의 책, 213쪽.
77) 『유주세적儒州世積』에 기록된 인물은 모두 13명으로, 유인흡－유문표－유강수·유강항－유홍원－유명·유전－유동기－유현－유세경－유춘원－유성화－유진태 등이다.

쇄함을 간직하고 있음을 드러내는 말이다. 이에 대해서 박신극은 국화와 소나무가 뿌리를 잘 서리고 있어서 눈보라치는 겨울도 두려워하지 않는다고 잇고 있다. 국화나 소나무는 모두 절의를 나타내는 식물들로, 소쇄원의 인물들도 모두 어떠한 고난에도 굴하지 않고 절의를 지켰음을 표현하고 있다.

뒤의 시에서는 소쇄원이라는 이름에 나타나듯이 산수 자연이 모두 소쇄하고, 여기에 사는 주인 역시 속진을 떠나 소쇄한 삶을 살고 있다고 말하고 있다. 이처럼 이 시기에 읊어진 시에서는 전체적인 경관과 그곳에 흐르는 소쇄한 정신을 주로 읊고 있는 점이 특징이다.

다음은 역시 같은 시기에 읊은 박신극의 시이다.

〈遊瀟灑園有感〉
소쇄원에서 노닐며 느낌이 있어서.

| 瀟灑園中水 | 소쇄원 가운데로 흐르는 물은 |
| 潺潺石上流 | 졸졸 돌 위로 흘러가네. |
| 客來何所感 | 객이 와서 무슨 느낀 바가 있어서 |
| 處士舊蹤留 | 처사의 옛 발자취 앞에서 머뭇거리네.[78] |

〈過瀟灑園懷古有題〉
소쇄원을 지날 때 옛 일을 회상하며 시를 짓다.

| 瀟灑茅齋矮築新 | 소쇄원의 띠집은 아담하게 새로 지어지고, |
| 洞天護得武陵春 | 골짜기는 무릉의 봄을 감쌌네. |
| 元龍不讓松巖勝 | 원룡元龍은 소나무 바위보다 뛰어남을 사양하지 않으니, |
| 莫把玆奇浪與人 | 이 빼어난 승경을 함부로 남에게 주지 마오.[79] |

---

78) 『절와집』 129쪽.
79) 앞의 책, 138쪽.

위의 시들은 서로 시차를 두고 지었음을 알 수 있다. 전자는 소쇄원에 와서 노닐면서 소쇄원의 경물을 보고 처사의 삶이 어떠했는가를 생각해 보는 내용이고, 후자는 훗날 소쇄원을 다시 찾아와서 지은 시이다. 소쇄 원 원림의 가장 큰 특징은 계류를 끼고 조성되어 있으며, 그 계류가 하 나의 큰 암반 위로 굽이쳐 흐르고 있다는 점이다. 소쇄원에서 창작된 많 은 시문이 이 계류를 중심으로 이루어졌었다. 한편 원림 안에 있던 정자 는 초옥이어서 때때로 새로 지어지곤 했음을 추정할 수 있다. 때는 봄으 로 무릉도원과 같은 승경이 펼쳐지고 있는데, 이러한 소쇄원을 선경으로 묘사하고 있다. 또한 동한말기 인물인 진등陳登의 '원룡고와元龍高臥'라는 전거를 사용하여 소쇄원의 소나무나 바위와 같은 자연물이 몹시 빼어남 을 표현하고 있다. 여기에서 이 시기 시문은 원림 내의 어떤 경물에 초 점을 맞추어 읊기보다는 전체적인 인상을 작품화하는 경향이 많다고 특 징지을 수 있다.

다음 시는 양석규 세대에 창작되었다고 보지만, 정확히 누구를 중심 으로 교유가 이루어졌는지는 알 수 없는 유도관의 작품이다.

〈瀟灑園感次 先考與甲洞韓進士致明聯句韻〉
소쇄원에서 아버지와 한치명이 함께 읊은 시가 있어 이에 감격하여 차운한다.

| | |
|---|---|
| 白髮重來客 | 백발이 되어 다시 찾아오니, |
| 蒼崖舊時松 | 푸른 벼랑에는 옛날의 소나무로다. |
| 先生風不死 | 선생의 풍격은 죽지 않고, |
| 星霜幾秋冬 | 몇 성상 몇 계절을 보내었나.80) |

〈瀟灑園錄在上五絶〉 소쇄원

白酒瀟園醉 소쇄원에서 흰 술에 취하여

---

80) 『곤파유고崑坡遺稿』 15쪽.

丹藜細路通　　붉은 지팡이 짚으며 오솔길 걷는다.
村深雲色裏　　마을은 구름 속에 잠겨있는데,
人在水聲中　　사람은 물소리 가운데 있네.
老樹依遺址　　늙은 나무는 옛터에 의지해 서 있고,
殘花識舊翁　　시든 꽃은 옛 늙은이를 알아보네.
留連詩以話　　며칠 묵으며 시로써 얘기하니,
俱是故家風　　모두 옛집의 가풍이라네.81)

　　유도관82)은 유옥柳沃의 후손으로, 형 유도익이 지은 양학겸의 만사를 앞에서 살펴본 적이 있다. 이 집안 역시 소쇄원과 대대로 친교가 있는 사이이다. 앞의 시는 소쇄원에 와서 돌아가신 아버지가 한진사韓進士와 함께 연구聯句로 읊었던 시가 있음을 보고, 이에 감회가 있어서 차운하고 있는 내용이다. 그러나 이 시는 앞에서 살폈듯이 아버지 유진태와 박신극이 연구로 읊은 적이 있는 작품이다. 박신극을 잘못 알고서 한진사라고 했는지, 아니면 유진태가 소쇄원을 찾았을 때 박신극 뿐만 아니라 한진사도 함께 있었는지는 확실하지 않으나 같은 운을 사용하고 있다. 내용에서 작자는 소쇄원을 다시 찾을 때는 이미 백발이 되었으나 벼랑 위의 소나무와 선생의 유풍은 변함없이 그대로인 점을 읊고 있다.

　　뒤의 시는 구름 속에 위치하고 있고, 시냇물 소리에 잠겨 있는 소쇄원을 작자가 다시 찾고 있는 내용이다. 원림의 경물은 모두 오래되어서 작자와 같은 처지이다. 그는 이곳을 다시 와서 며칠을 묵으며 주인과 시를 서로 주고받으며 대화를 나누고 있는데, 이것이 오래된 집의 가풍이라고 했다.

　　이 시기의 교유인물은 주로 소쇄원과 같은 지역사람들로 이루어져 있

---

81) 앞의 책, 23쪽.
82) 유도관柳道貫(1741~1813) : 자는 군일君一이고, 호는 곤구崑邱이며, 본관은 문화이다. 선대 유문표 시절에 창평으로 이거하였으며, 아버지는 유진태이고, 어머니는 정진하의 딸이다. 화곡 고침랑·지곡 정동추·정계 박공·행산 오상사 등과 교유하였으며, 딸이 양자징의 후손인 양필익梁必翼에게 출가하였다.

다. 이들은 모두 선대부터 집안 간에 친교가 있었던 관계이다. 또한 앞 시기와는 달리 잦은 시회가 있지는 않았던 것으로 보인다. 이미 이 지역에 구심점이 될 만한 인물이 존재하지 않았음에도 이유가 있다.

이들의 시는 대부분 소쇄원에 와서 원림 내의 경물을 보고서 주인의 소쇄한 삶에 대해서 회고하는 내용이다. 소쇄원을 주인의 유풍이 남아 있는 곳으로 인식하고 있다. 한편 이들 시 속에서는 도학적인 내용을 찾아보기는 힘들다. 자연을 통해 심오한 도를 깨닫는다는 철학은 이미 이 시기의 문예사조와는 거리가 멀어지고 있음이다.

지금까지의 시가 유자들의 작품이었던 것과는 달리, 이번에는 승려 연담대사蓮潭大師 유일有一83)의 작품을 살펴보도록 하겠다.

〈次梁處士瀟灑園韻〉
양처사의 소쇄원 시에 차운하다.

| | |
|---|---|
| 先生生後世 | 선생은 후대에 태어나서 |
| 上慕聖賢心 | 위로는 성현의 마음을 사모하였네. |
| 衡岳三杯酒 | 형악의 석잔 술이요, |
| 柴桑五柳陰 | 시상의 다섯 그루 버드나무라. |
| 名園人幾會 | 명원에는 사람들 몇 번이나 모였던고. |
| 孝賦世爭吟 | 효부를 세세토록 다투어 읊조리네. |
| 十室明陽縣 | 십실지읍인 명양현에 |
| 誰知有展禽 | 누가 전금展禽이 있음을 알겠는가. |

| | |
|---|---|
| 蕭灑園亭好 | 소쇄원의 정자가 좋아 |
| 登臨足賞心 | 이곳에 올라 마음을 감상하기 족하네. |
| 憑欄聞水響 | 난간에 기대어 물소리도 듣고, |

83) 연담 유일蓮潭有一(1720~1799) : 자는 무이無二이고, 법호는 연담蓮潭이며, 속성은 천千 씨이다. 화순에서 출생하였고, 18세 때 승달산 법천사法泉寺의 성철性哲을 따라 출가하였고, 19세 때 안빈安賓으로부터 구족계를 받았다. 서산의 의발을 전수함으로써 선교禪敎의 총본산인 해남 대흥사大興寺의 12대종사 중 1인이 되었다.

移席坐花陰　　　자리를 옮겨가며 꽃그늘에도 앉아보네.
數景頻更僕　　　경치를 세는 것 자주하여도 이루 다할 수 없어
題詩亂費吟　　　시를 짓고 어지럽게 읊조릴 뿐이네.
莫言無供客　　　손님을 대접할 게 없다고 말하지 말라.
庭畔熟來禽(來禽 林檎也)　뜨락에서는 사과가 익어가네.[84]

연담이 언제 소쇄원을 찾았는지는 확실하지 않으나, 그의 문집에 실려 있는 위 두 수의 시를 통해서 작자가 원림의 아름다운 경관과 그 속에 담겨 있는 절의 정신을 높이 평가하고 있음을 알 수 있다. 소쇄원은 도연명 등과 같은 쇄락한 사람이 모여드는 곳이고, 양산보가 지은 효부를 다투어 읊조리는 곳이다. 작자는 창평과 같은 작은 마을에 전금展禽, 즉 유하혜柳下惠와 같은 절개있는 사람이 있을 줄을 누가 생각이나 하겠느냐고 하면서 양산보의 절개를 높이 사고 있다. 전금은 노나라의 대부로서, 그의 덕혜가 주변까지 널리 퍼졌으며, 항상 커다란 버드나무 밑에 움막을 치고 살아서 사람들이 유하혜라고 불렀다고 한다. 맹자도 그를 일컬어 "불이삼공역기개不以三公易其介"[85]라고 말했다. 위 시의 주제는 역시 앞에서 살핀 다른 사람들의 시와 다르지 않고, 소쇄원의 전체적인 이미지와 이 속에 담긴 절의정신을 흠모한 내용이다.

이상에서 소쇄원 제3기의 활동 모습을 살펴보았다. 양학연은 소쇄원가의 마지막 진사進士이며, 양학겸과 함께 소쇄원에서 중추적 역할을 했을 뿐만 아니라, 지역사회에서 대단히 많은 활동을 한 사람이다.

소쇄원의 제8대부터는 후손들의 활동이 잘 드러나지 않는다. 문집이 남아있지 못한 점도 이유가 되겠지만, 소쇄원에서의 활동이 전대에 비해 훨씬 미약해졌기 때문이 아닌가 한다. 이 시기는 소쇄원을 보존하는 일에 의미를 두었다고 본다. 주변의 다른 누정들이 주인이 바뀌거나 그 사

---

84) 『연담대사임하록蓮潭大師林下錄』 권2, 『한국불교전서』 제10책, 동국대학교출판부, 1990, 249쪽.
85) 『맹자』 「진심장盡心章」.

이 사라지는 상황에서도 소쇄원은 주인이 바뀌지 않고 그 명망을 유지해
왔다는 점에 큰 의미가 있는 시기이다.

# 제4기, 소쇄원의 시련과 극복

제4기는 제11대부터 제14대까지로 한정하였으며, 역사적으로는 조선 말 근현대기에 해당하는데, 이러한 변혁기적 상황에서 소쇄원이 어떻게 적응해왔는가를 살피고자 한다. 일제치하에서 소쇄원은 한 때 다른 사람에게 넘어가게 된 상황에까지 처하였다. 이 위기를 해결해가는 과정을 알아보는 일 또한 역사의 질곡을 이해하는 길이 될 것이다. 한편 이 시기에는 소쇄원을 중수하고 남긴 기문이 몇 편이 있어서 이곳에 대한 후대 사람들의 인식을 살필 수가 있다. 그러나 소쇄원 주인의 부재로 인하여 문학 활동은 잘 드러나지 않으며, 이곳을 왕래했던 사람들은 한두 편의 시문을 남기는 정도에 그치고 있다.

## 1. 근현대 소쇄원의 형태와 인식

소쇄원은 긴 역사에 비해 기문이 별로 남아있지 않아서 초기에 양천운이 쓴 〈소쇄원계당중수상량문瀟灑園溪堂重修上樑文〉과 다음 시기에 박중회가 쓴 〈소쇄원기瀟灑園記〉가 있었을 뿐이다. 그런데 근현대기에 이르러서는 몇 편의 기문이 제작되었으니, 오준선의 〈광풍각기光風閣記〉와 고한주의 〈소쇄원기瀟灑園記〉, 그리고 양종호의 〈선원중수기先園重修記〉 등이 그것이다. 여기에서는 이러한 기문들을 통해서 근현대기 소쇄원의 중수활동과 그 모습을 살펴보고자 한다.

먼저 오준선吳駿善[1]의 〈광풍각기〉를 살펴보면, 양인묵梁仁默의 주선으로 1900년 초에 소쇄원의 중수가 한차례 이루어지면서 제작된 기문임을 짐작할 수 있다. 이 무렵인 1903년에는 『소쇄원사실瀟灑園事實』이 재간행되기도 한 때이다. 때문에 이 시기에 한차례 대대적인 중수사업이 있었음을 확실하다.

〈광풍각기〉

"부귀는 다하기 쉬우나 명덕은 거품과 같은 것이 아니다"라는 말은 내가 소쇄원 양선생의 별업에서 알게 된 것이다. 선생은 호걸스런 품성으로, 조광조를 스승으로 하고 김인후를 친구 삼았으니, 스승과 벗의 성대함과 연원의 바름은 후세사람들이 바란다고 해서 미칠 수 있는 바가 아니다. 곧 그 원림 중에 광풍각과 제월당은 선생의 보물을 간직하여 마침내 대대로 장수藏修와 유식遊息의 장소가 되었다. 벽에는 김인후선생의 유묵이 있고, 문미에는 송시열선생의 진필이 걸려 있어서 향기가 아직도 밖에까지 맑게 남아 있다. 그 그윽하고 깊으며 밝은 것은 바로 소옹邵雍의 청한한 수죽水竹과 주돈이周敦頤의 쇄락한 흉금과 족히 서로 상하가 되어서 이후에 태어난 후배들이 상상하며 덕을 우러러 사모하고 지낸지가 300년이나 되어서도 쇠하지 않았다. (중략) 선생의 후손인 인묵仁默씨가 개연히 감흥을 하고 족인 용삼容三과 협의하여, 드디어 집안의 재산을 기울여서 지붕을 잇고 주춧돌과 계단을 닦아서 옛 건물을 중수하게 되었다. (중략) 아. 진실로 어진 후손이 수리·계술하지 않는다면 비록 선조의 대사臺榭가 있더라도 오래도록

---

1) 오준선吳駿善(1851~1931) : 자는 덕행德行이고, 호는 후석後石이며, 본관은 나주이다. 나주에서 태어났으며, 노사 기정진의 문하에서 수학했고, 만년에는 용진정사를 짓고 후진 교육에 힘썼다.

길이 남을지는 믿을 수가 없다. 마치 이덕유의 평천장이 장려하지 않은 것이 아니었으나 3세를 미치지 못해서 평천장은 주인이 없게 되었고, 배도裴度의 오교午橋가 시원하고 높지 않은 것이 아니었으나 후손이 오교를 보호하고 지켜갔다는 말을 듣지 못한 것과 같으니, 이것은 정사亭榭에 대한 믿음이 한 때의 번화함에 있지 않음을 알 따름이다. (중략)2)

위 기문이 쓰인 시기는 소쇄원 제12대 때에 해당하는 시기로, 양인묵이 중심이 되어 소쇄원이 한차례 중수를 하였음을 알 수 있다. 이 기문에서 작자는 "부귀는 다하기 쉬워도 이름난 덕은 쉽게 사라지지 않는다"라고 하면서, 소쇄원은 조광조를 스승으로 하고 김인후를 친구로 삼은 양산보의 별업인데, 바로 그런 사람이 머물던 곳이라서 세월이 흘러도 그 이름난 덕이 사라지지 않는다고 말하고 있다. 담 벽에는 아직 김인후의 제영시가 남아 있고, 건물의 문미에는 송시열의 글씨가 걸려 있어서 그 자취가 아직도 그대로라고 했다. 이어서 작자는 소쇄원을 소옹의 청한함을 상징하는 수죽水竹과 주돈이의 쇄락한 흥회가 서로 간직되어 있어서 후대 사람들도 우러러 사모하고 있는 곳으로 보고 있다. 이처럼 기문의 서두에서는 덕 높은 스승과 친구를 둔 양산보의 별업에 김인후와 송시열의 글이 남아있어서 소쇄원이 한층 더 빛나고 있으며, 청한과 쇄락함이 간직되어 있어서 후대인들도 계속 흠모하고 있는 곳으로 소쇄원을 보고 있음이 특징이다.

2) 『후석선생문집後石先生文集』권10 <광풍각기光風閣記>, "貴富易歇, 而名德未沫, 吾於瀟灑園, 梁先生別業知之矣. 蓋先生以豪傑之姿, 師靜菴 而友湛齋. 師友之盛, 淵源之正, 非後世之所能企及. 卽其園中, 光風閣·霽月堂, 先生之懷寶 邃世藏修遊息之所也. 壁有湛老遺墨, 楣揭尤翁眞筆, 芬馥尙留, 分外淸奇, 其幽邃爽朗, 直與邵窩之淸閒水竹, 簾溪之瀟落胸襟, 足相上下, 此後生小子之想像, 景仰閣三百年, 而不衰也 (중략). 先生後孫仁默氏, 慨然興感, 協議于族人容三, 遂傾家貲, 而修葺礎砌仍舊, 棟宇重新 (중략). 噫. 苟非賢孫之修述, 雖有先祖之臺榭, 不可恃爲久長矣. 如李贊皇之平泉, 非不壯麗 而未及三世, 平泉無主, 裴晉公之午橋, 非不爽塏, 而未聞後孫保守, 午橋 是知亭榭之足恃, 不在一時繁華而已 (중략)"

한편 호남의 산천이 누정을 짓기에 좋은 경관을 가지고 있어서 많은 누정이 세워졌으나 지켜진 것은 적다고 말하고 있다. 소쇄원의 경우도 만약 현손賢孫이 지키어가지 않는다면 이와 같이 되고 말리라고 경고하고 있다. 이덕유李德裕의 평천장平泉莊이나 배도裴度의 오교午橋가 3대를 넘기지 못하고 주인이 바뀌거나 없어져 버린 것은 바로 후손들이 지켜내지 못했기 때문이라고 했다. 즉 현명한 후손들이 소쇄원을 잘 지켜가고 있음을 높게 평가하고 있다. 위 기문에 보이는 특징은 소쇄원의 구체적인 물상에 대하여 서술한 것이 아니라, 여기에는 양산보와 선현들의 발자취가 서려 있고 맑은 기상이 흐르고 있음을 밝히고 있으며, 아울러 현명한 후손들이 잘 이어가고 있는 점을 부각시켰다는 점이다.

다음에는 앞의 〈광풍각기〉보다 약 40~50년 쯤 뒤인, 광복 후에 제작되었을 것으로 판단되는 고한주高漢柱3)의 〈소쇄원기〉이다.

〈소쇄원기〉

(중략) 소쇄처사 양공梁公 같은 사람은 대명大明의 시절을 당해서도 오히려 절개로 이름나고 도의를 쇄연灑然히 즐겨서, 소연蕭然한 환도環堵의 취향이 있었다. 우암 송시열 선생이 특별히 '소쇄처사양공지려瀟灑處士梁公之廬'라는 여덟자의 큰 글씨로 쓴 것이 지금에 이르도록 담 사이에 밝게 빛나고 있어, 사람으로 하여금 이 집에 들어오는 자는 더욱 흠복하고 공경하게 하며, 게다가 어찌나 열렬하던지 더욱 빛이 난다. (중략) 가만히 생각건대, 공의 본손과 지손이 지나온 지 몇 백 년이나 되었는데도 후손이 이곳에 거처하며 더욱 소쇄하고 맑으니, 그것은 공의 유풍에서부터 온 것이로다.(중략) 무릇 공의 후손의 뜻은 공의 뜻이니, 바라건대 공의 행을 더욱 스스로 힘써서 변하게 하지 않으면, 반드시 번성하고 창성하여 소쇄처사의 집으로 하여금 더욱 백세에 빛남이 있게 할 것이로다. 양씨는 힘쓸진저.4)

---

3) 고한주高漢柱(1871~1959) : 자는 방서邦瑞이고, 호는 외당畏堂이며, 본관은 장흥이다. 광주 장산리에서 태어났으며, 간재 선생 밑에서 공부했다. 유집에 『외당유고畏堂遺稿』가 있다.

4) 『외당유고畏堂遺稿』 권6 <소쇄원기瀟灑園記>, "(중략) 若瀟灑處士梁公, 當大明之

고한주의 〈소쇄원기〉는 소쇄원을 또 한 차례 중수하면서 쓴 기문이
다. 이 기문이 쓰인 시기는 여러 가지 정황으로 미루어보아 광복직후가
아닐까 추측된다. 후손들이 힘을 합쳐서 소쇄원을 중수하고 있는 모습을
추정할 수 있는데, 이곳은 송시열의 글씨가 있어서 더욱 빛난다고 쓰고
있다. 앞의 기문과 다른 점은 담벽에 새겨져 있는 김인후의 〈48영〉에
대한 언급이 보이지 않은 점이다. 아마도 당시 중수할 때는 '장원제영長
垣題詠'의 형태가 사라지지 않았나하는 의구심이 생긴다. 현재 소쇄원의
담과 문미 등에 쓰여 있는 '소쇄처사양공지려瀟灑處士梁公之廬·애양단愛陽壇
·오곡문五曲門·제월당霽月堂·광풍각光風閣·소쇄원瀟灑園' 등은 송시열이 써준
글씨인데, 온전하게 남아 있다.

고한주는 가까운 지역에 살고 있으면서 소쇄원과 인척관계에 있었다.
그래서 이곳에 대하여 누구보다 많이 듣고 보아왔으리라고 생각된다. 그
는 소쇄원을 세운 양산보의 유풍이 현재까지 남아 있으니, 후손들은 힘
써서 그 뜻을 따르도록 노력하라고 당부하고 있다. 양산보의 행동은 다
른 사람이 알아주길 바래서 한 일이 아니지만, 실제로는 그것을 알아주
는 사람에 의해서 더욱 빛나게 된다고 말하고 있다. 그러면서 세상에는
의롭지 않은 누정이 부귀하게 된 경우도 많지만, 소쇄원은 양산보의 고
귀한 행이 변하지 않게 힘쓴다면 길이 창성하리라고 결론지어 말한다.
여기에서는 소쇄원의 빛나는 유적과 후손들의 마음가짐에 대하여 서술
하고 있어서 앞의 기문과 별 차이가 없다.

이밖에도 다음과 같이 소쇄원 내부인인 양종호梁宗鎬가 쓴 기문도 있다.

---

季, 尙名節樂道義灑然, 有蕭然環堵之趣焉. 尤菴先生, 特書以'瀟灑處士梁公之廬',
八大字, 至今煒煌乎墻廡之間, 使人之入此堂者, 尤欽服而敬. 重之何烈烈而愈光也.
(중략) 窃想公之本支, 其麗累百, 而但雲仍之居此者, 益瀟灑而一寒, 抑公之遺風所
自歟. (중략) 凡公之後孫志, 公之志尙公之行, 益自勵而不渝 則必繁益昌, 使瀟灑處
士之廬, 尤有光於百世矣. 梁氏勖哉"

〈소쇄원중수기〉

　이곳은 우리 선조이신 소쇄원처사 선생께서 은거하면서 바른 도를 행하시던 곳이다. 기묘년과 을사년의 잘못되어 가는 싹을 일찍이 간파하시고는 드디어 과거공부를 포기하고 숨어살았는데, 이 소쇄원이 설립된 것은 지금으로부터 400여 년 전의 일이다. 그동안 많은 세월이 흘렀는데도 수석 원림이 아직껏 탈이 없고, 누각과 정사도 완연히 옛 모습을 그대로 지키고 있는 것은 그 모두가 우리 선조들이 대대로 이 유업을 이어받고, 여러 대현들이 찬송하고 칭미했던 힘이 있었기 때문임을 속일 수 없다. 아 부군께서는 맑고 검소하고 깨끗한 행실에다 성정이 중화의 덕을 잃지 아니하여 더할 나위가 없었고, 동산 가운데의 좋은 경치에 대하여는 하서 김인후 선생의 48수에 달하는 시가 다 표현하고 있을 뿐만 아니라, 「효부」로서 서로 부르고 화답한 것이 실로 표리가 되어 있으며, 우암 송시열 선생의 힘 있는 글씨, 빛나는 액자와 덕을 표상한 행장이 또 하나의 장관을 이루고 있다. 이 모두가 정암 조광조 선생의 연원을 이어받은 전통이 아니었다면 이와 같이 추허함이 없었을 것이다. 이제 천하가 번복되고 오륜과 삼강이 없어진 지 오래인데, 소쇄원만은 마치 영광전처럼 우뚝하다. 그러나 우리같이 보잘것없는 자손들의 힘만으로 어떻게 소쇄원을 한없이 보전해 나갈 수 있겠는가. 더욱이 비바람에 씻기고 퇴색된 곳이 많으니, 보수와 단청을 새로이 하지 아니할 수 없게 되어 마침내 중수를 하였다. (중략)

　　　　　　　　　　　　　　　　　　　　임인년(1962년) 중춘 초팔일.[5]


　위 기문이 쓰인 연대는 1962년으로 표기되어 있어서, 고한주의 기문이 쓰인 때에 중수가 한차례 있었고, 이번에 다시 한 번의 중수가 있었다고 정리할 수 있다. 기문을 살펴보면, 소쇄원은 한 세대에 한차례씩

---

5) 『석초문집石樵文集』 241쪽 <소쇄원중수기瀟灑園重修記>, "此吾先祖瀟灑園處士府君先生 隱居行義之所也. 早見己卯乙巳之萌蘖, 遂抛擧業, 園之設, 今距四百有餘年, 其間閱幾浩怯, 而水石園林尙無恙, 樓閣亭舍宛然依舊者, 皆吾前世世濟承述, 諸大賢贊頌 稱美之力, 不可誣也. 嗚乎. 府君淸儉介潔之行, 性情中和之德, 無以尙矣. 園中勝槩, 河西金先生四十八詠盡之, 而孝賦唱和, 實爲表裏. 尤庵宋先生健筆華額. 狀德揄揚. 抑又壯矣. 非有傳統於靜庵趙先生之淵源, 其何以若是 推許哉. 今天下翻覆, 倫綱掃如, 而瀟灑園巋然如靈光, 以若子孫之微, 安能保先園於無窮哉. 兼之以櫛風沐雨, 補漏丹艧所不可已也. 乃敢重修迄. (중략) 歲, 壬寅殷春上弦"

보수가 이뤄졌음을 짐작할 수 있다.

　작자는 위 기문에서 소쇄원이 그동안 많은 세월이 흘렀는데도 수석 원림이 아직껏 탈이 없고, 누각과 정사도 완연하게 옛 모습을 그대로 지키고 있는 것은 그 모두가 선조들이 대대로 이 유업을 이어받고, 여러 대현大賢들이 찬송하고 칭미했던 힘이 있었기 때문이라고 말하고 있다. 후손들이 선조의 유업을 지켜가려고 노력한 사실과 이곳에 왕래하며 훌륭한 시문을 남긴 교유자들의 힘을 높이 사고 있는 내용이다. 소쇄원에는 김인후의 〈48영〉이 좋은 경치를 다 표현하고 있고, 「효부孝賦」로써 수창함이 서로 표리가 되고 있으며, 송시열의 글씨나 행장은 장관을 이루고 있는데, 이러한 것들은 모두 조광조를 연원으로 하기 때문이라고 했다. 세상에 삼강과 오륜이 무너진 지 오래이지만 소쇄원만은 아직 우뚝하다고 하였다.

　작자는 마지막 문장에서 누각의 겉을 수리하는 일은 쉬운 일이지만, 명분과 절의를 지켜 보존하는 일은 어려우니, 후손들은 모두 힘써 지켜가자고 말하고 있다. 이 기문을 지은 사람은 앞서 밝혔듯이 소쇄원 내부인이다. 작자의 말을 통해서 알 수 있듯이, 후손들은 건물만 수리하는 데에 만족하지 말고 명분과 절의를 지키고 보존해야 됨을 대대로 강조하고 인식해 왔던 것이다.

　이상에서 살펴본 근현대기 소쇄원의 모습은 앞 시기에서 살폈던 것과 크게 달라진 점은 없는 듯하다. 그러나 앞 시기까지의 시문에서는 송시열의 글씨가 원림에 쓰여 있다는 말은 등장하지 않았었는데, 이때의 기문에는 계속 부각되어 나타나고 있는 점이 특징이다. 이는 송시열의 수필手筆이 받아올 당시 곧바로 담에 새겨지지 않고, 다음 시기에서야 비로소 담이나 문미에 새겨지게 되었음을 의미하는 것은 아닐까 한다. 한편으로 이때까지도 김인후의 〈48영〉이 담에 남아있음이 확인된다.

　지금까지 근현대기 소쇄원에 대한 인식이 어떠한가에 대하여 기문들을 통해 살펴보았다. 원림의 형태에 대해서는 거의 언급하지 않고 있는 반면에, 그 속에 흐르고 있는 정신이라든지 선현들의 훌륭한 행적에 대해 서술하는 내용이 대부분이었다. 이는 앞 시기의 원림에 대한 형태나 인식과 비교하면, 소쇄원이 형태적인 면보다는 정신적인 면을 대단히 중시한 곳으로 변모되고 있음을 알 수 있다.

## 2. 소쇄원의 시련과 극복

### 1) 주인의 부재와 인문 활동의 침체

이 시기는 나라의 정세가 매우 불안하고 변화가 심할 때이다. 소쇄원의 경우도 마찬가지로 안정된 시기를 지나서 침체기에 빠져든다. 경제활동에 있어서도 주도권은 이미 도시지역으로 넘어간 뒤이기 때문에 향촌지역에서의 그 활동은 미미하였다.

또한 소쇄원 주인들의 활동도 잘 드러나지 않는다. 물론 자료가 남아 있지 않은 면도 있지만, 주변사람들의 문집 속에서도 후손들의 활동은 거의 두각을 나타내지 못하고 있다. 그러다가 조선이 일본에게 잠식당하고부터는 소쇄원도 큰 시련을 겪게 된다. 즉 원림이 남에게 넘어갔다가 되찾게 된 적이 있다. 이밖에도 주인들의 단명과 부재가 소쇄원을 침체하게 하는 큰 원인이 되기도 하였다.

소쇄원 제12·13대 주인의 활동은 거의 미미하거나 없었다고 판단된다. 제12대 주인인 양현묵의 경우는 족보의 발문을 쓰고, 족보 만드는 일을 마무리 짓게 된 일 외에 달리 활동이 보이지 않는다. 그 이유는 43세로 비교적 일찍 죽었기 때문이다. 제13대 주인 또한 20대에 죽어서, 소쇄원은 주인의 단명에 의해서 활동이 크게 저조했다고 파악된다.

  소쇄원에 주인이 부재하는 현상은 제14대 때에도 나타나는데, 주인은 밖에 나가 있어서 원림은 제13대 종부가 홀로 지켜갔다고 한다. 이렇게 몇 대에 걸쳐 누적된 주인의 부재 현상은 소쇄원이 침체에 빠지게 하였고, 이곳을 왕래하는 문인들의 발길도 뜸하게 만들었다.

  그렇지만 전혀 활동이 없었던 것은 아니었다. 후손들이 서로 힘을 모아 앞 시기에서와 같이 족보를 만드는 일을 한 점은 간과할 수 없다. 먼저 제11대 주인인 양상흡梁相翕6)이 족보 만드는 일에 힘을 썼는데, 이때 족보의 특징은『소원파보瀟園派譜』라는 소쇄원가 만의 족보를 만든 점이다. 양씨 족보는 숙종 병인년丙寅年(1686)에 처음 만들어졌고, 그 후 순조 신유년辛酉年(1801)에 만들어진 후로는 88년만인 1888년에 만들어지게 되었다. 그의 아들인 양현묵梁鉉黙(1855~1897)이 쓴 발문을 보면, 그동안 족보를 만드는 일이 어려웠던 것은 서로 멀리 흩어져 살고 있기도 하고, 의론이 하나로 합쳐지지 않았기 때문임을 알 수 있다. 그래서 아버지 양상흡은 일찍이 이에 마음을 쓰다가 병이 났는데, 일을 끝마치지 못하고 세상을 뜨게 되었다고 했다. 그런데 이때의 족보는 바로 창암 양사원梁泗源을 선조로 한『소원파보』이다. 이 파보의 서문을 정석鄭奭이 썼는데, 그는 서두에서 소원瀟園의 양현묵이 글 써주기를 부탁하여 쓰게 되었음을 밝히고 있다. 여기에서 소쇄원을 '소원瀟園'이라고도 하였으며, 위『소원 파보』는 바로 소쇄원가의 족보임을 알 수 있다. 이 파보는 선조의 유업을 받들어 소쇄원을 잘 가꾸어가고, 가문의 결속력을 다지고자 한 여망이 담겨있다.

  족보 만들기는 제12대에서도 이루어졌고, 양주환梁周煥7)이 주도하였

────────────

6) 양상흡梁相翕(1832~1886) : 자는 자삼玆三이고, 호는 석북石北이다. 소쇄원의 제11대 주인이다.

7) 양주환梁周煥(1854~1918) : 자는 세경世卿이고, 호는 수남壽南이다. 학연의 후손이며, 생부는 상응이다. 족보에는 그의 성품에 대하여 "온화하며 신중하고 과묵하였으며, 문장을 일찍 이루었고 육영에 공이 있다. 시대의 변고에 당해서 임천에서 즐

다. 그가 족보 간행에 힘을 쏟은 사실은 양종호의 『석초문집石樵文集』가운
데 〈제주양씨대족보서濟州梁氏大族譜序〉의 기록에 의해서 알 수 있다. 즉
"지난 계축년(1913)에 수남공양주환이 발의하여 족보를 만들 때 학포공양
팽손의 자손들이 이의를 제기하여 단록單錄을 들여오지 않았고, 평북의
두 파는 길이 멀어 서로 소식이 없었으므로 수남공이 서문을 쓸 때, 전
보全譜라고 할 수도 없고 그렇다고 파보派譜라고 할 수도 없었다"8)라고
서술하였다. 이러한 내용을 볼 때, 양주환은 족보간행을 1913년에 하였
으며, 많은 힘을 쏟았으나 양팽손 집안의 단록은 넣지 못하는 어정쩡한
족보를 만드는 데에 그쳤음을 알 수 있다.

이어서 제14대 양종호도 『제주양씨대족보』를 만드는 일에 앞장섰다.
이처럼 족보 만들기 행사는 근대에 와서는 각 세대마다 한 차례씩 이루
어지게 되었음을 알 수 있다. 시대가 흐를수록 종인宗人들을 결집하고 선
조의 유업을 받들기 위해 족보의 간행은 필요하였던 것이다. 조선 말기
에 이르면 자신의 가문을 드높이는 기본적인 일로 족보 만들기가 대유행
이 된다.

소쇄원에서는 족보를 만드는 일 외에도 소쇄원을 알리고 가문을 선양
하기 위한 나름대로의 노력이 있었다. 그 예로 양상흡이 「소쇄원사실瀟灑
園事實」9)을 정리한 일이 있는가 하면, 또한 1903년에 『소쇄원사실』을 재
간행한 일이 있었고, 양종호가 「양씨삼강록梁氏三綱錄」을 쓰기도 한 일 등
이 있다. 상흡이 쓴 「소쇄원사실」은 앞에서 거론했던 양진태가 만든 책
과는 다른 것으로, 선조들의 묘도墓圖와 상례비요喪禮備要가 적혀진 조그만

---

8) 『석초문집』 228쪽 <제주양씨대족보서濟州梁氏大族譜序>, "粤在癸丑, 族大夫壽南公
周煥, 發議修譜, 學圃公脚下, 歧議單不入 平北兩派, 路遠不相聞, 壽南公序, 不可謂
全譜, 亦不可謂派譜者"

9) 이때의 「소쇄원사실瀟灑園事實」은 1755년에 판각된 『소쇄원사실』과는 다른 종류로
서, 양상흡의 증조부인 양제천이 만들어 놓은 소책자이다. 부록참조

기며, 일생을 마쳤다"라고 기록하고 있다.

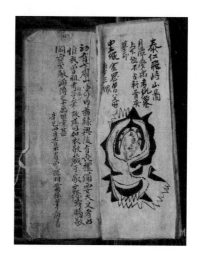

양상흡의 소쇄원사실

책자이다. 그는 여기에서 이것은 자신이 직접 쓴 것이 아니고, 증조할아
버지께서 쓰셨다고 밝히고 있다. 즉 상흡은 이 책자의 서문만을 썼다고
한다.

　그 책에는 앞에 7군데의 산소가 묘도와 함께 있으며, 뒤에는 〈상례비
요대문喪禮備要大文〉이 있다. 이를 다시 자세히 살펴보면, 초두에는 태인
비치 산도山圖가 그려져 있고, 계속해서 창평 남면 청계동 범치 산도, 광
주 동 석보면 이치 사기소촌 산도, 광주 동 대곡면 사기점촌 산도, 창평
내남면 견조암 반석 산도, 창평 남 중산 산도 등 7개의 산도가 그려져
있다. 〈상례비요대문〉은 『상례비요』 중에서 주로 상례에 쓰는 도구나
치루는 법 등이 적혀 있으며, 그 뒤에는 조문 편지를 쓰는 어투에 대해
적어 놓았다. 이 『상례비요喪禮備要』는 김장생金長生이 『주자가례朱子家禮』에
서 우리나라 실정에 맞는 상례들만을 뽑아서 교정을 보아 만든 책으로,
우리나라 사람들 거의가 여기에 준하여 상례를 행하였다. 소쇄원가에서
는 그 중에서도 도구편에 편중해서 관심을 가지고 있다. 예학禮學이 얼마

만큼 우리 민간에까지 자리 잡고 있었는가를 추측하게 한다. 그는 여기에서 "이것은 곧 우리 증조고의 글씨이기 때문에 이에 책가위를 입혀서 삼가 집안에 소장하여 자손들이 혹 때때로 볼 수 있도록 하며, 떨어져나감에 이르지 않고 전해지길 천만 바라는 바이다. 신사년1881 4월 11일 증손 상흡 삼가 씀"10) 이라고 쓰고 있다. 여기에서 증조부는 양제천梁濟川(1716~?)을 말한다. 조상을 위하는 정성과 그 흔적을 소중히 하는 마음을 읽을 수 있다.

양종호도 또한 「양씨삼강록梁氏三綱錄」을 써서 소쇄원 사람들의 충효열을 길이 기리고, 조상들을 현양하고자 하였다. 여기에 올라있는 인물로는 효행으로 소쇄처사 양산보·고암공 양자징·한천공 양천운·수졸공 양회영·양치룡 등이 있고, 열행으로는 함풍이씨 양학언의 처와 오급의 처가 올라 있으며, 충성으로는 양천경·양천회 형제와 주산거사 양제신을 거론하고 있다. 위의 인물들은 『창평현지昌平縣誌』에 이름이 올라있는 경우도 있고, 그렇지 않은 경우도 있다.

이밖에도 소쇄원을 중수하는 일이 여러 차례 이루어졌음을 기문 등을 통해서 알 수 있다. 먼저 1887년에 한차례의 보수가 있었고, 인묵仁黙의 주선으로 1900년 초에도 소쇄원의 중수가 한차례 이뤄졌다. 전자는 정석鄭奭이 1888년에 쓴 〈소원파보서瀟園派譜序〉11)을 통해 알 수 있고, 후자는 오준선吳駿善의 〈광풍각기光風閣記〉를 통해서 살필 수 있다. 그리고 고한주高漢柱의 〈소쇄원기〉도 중수활동이 있었음을 가리키고, 양종호의 〈선원중수기〉도 1962년에 중수가 있었던 사실을 알려준다.

후손들의 활동력이 미미해지긴 했지만, 지역사회에서는 여전히 주도적인 입장에 있었다고 보인다. 그 한 예로 창평학구당의 유사를 맡아서

---

10) 양상흡, 「소쇄원사실」, "我曾祖考手筆, 故玆以加衣敬藏于家, 子孫或時敬閱, 無至敝漏傳之. 千萬世幸甚. 辛巳 四月 十一日, 不肖曾孫 相翕 拙筆謹書"
11) 『제주양씨족보』서문, "昨年一掃霽堂而新之"

지역의 문화를 선도해간 일을 들 수 있다. 먼저 양주환이 학구당 유사를 맡은 사실이 있는데, 그가 활동한 시기는 1908년부터 몇 년간으로, 여기에는 양주환梁周煥·오영근吳瀅根·고면주高冕柱·유승규柳勝圭 등의 이름이 올라 있다. 이때 창평학구당이 사라질뻔한 위기에 처하였는데, 그러한 사실을 알 수 있게 하는 기록물로, 「학구당답토사실등본學求堂畓土事實騰本」[12]이 있다. 이 책자는 필사본의 형태로 33쪽 분량이며, 양주환 등이 기록해 놓았다고 추측된다. 이 시기는 우리나라가 일본에게 잠식당하고 있던 시기로, 토지문제도 복잡한 시절이었다. 「학구당답토사실등본」에도 우리나라가 일제에 넘어갈 무렵 토지문제가 매우 심각했음이 드러나 있다. 이 책자는 비단 학구당에서 뿐만 아니라 우리나라 전역에서 일어났던 일을 짐작해볼 수 있게 하는 자료이기도 하다. 양주환은 이후 세상일에서 벗어나 임천에서 소요하며 여생을 마쳤다. 그의 묘가 고흥에 있는 것으로 봐서 만년에 고흥에서 생활하였다고 추측된다.

그 밖에 양종호도 창평학구당에서 1929년부터 31년까지 유사를 맡은 적이 있으며, 창평향교에서는 1962년에 장의掌議를 역임하기도 했다. 양동호梁東鎬[13]도 향교에서 광복직후와 1952년에 장의를 맡은 적이 있다. 그는 소쇄원 14대 주인인데, 활동은 잘 드러나지 않는다. 다만 그가 지은 시 한 수[14]가 삼괴정三愧亭[15]에 현액되어 있을 뿐이다.

---

12) 「학구당답토사실등본學求堂畓土事實騰本」의 구성을 살펴보면, 겉장은 '학구당사실등본學求堂土事實騰本'이라고 제목이 되어있고 '무신십일월 일戊申十一月 日'이라고 간지가 나와 있으며, 필사본이고, 33쪽 분량이다. 내용으로는 '회문回文 5편·고정주발문高鼎柱發文·답고정주발문答高鼎柱發文·고정주답서高鼎柱答書·여고정주서與高鼎柱書 2편 ·여현상도서與玄相燾書·현상도답서玄相燾答書·여박재옥서與朴在沃書·박재옥답서朴在沃答書·계약서契約書·여고정주서與高鼎柱書·고정주답서高鼎柱答書·고기주청원서高基柱請願書'로 구성되어 있는데, 학구당의 토지를 지켜내기 위한 노력들을 살필 수 있다. 현재 대구카톨릭대학 도서관에 소장되어 있다.

13) 양동호梁東鎬(1898~1971) : 자는 운초運初이고, 호는 호영顯瀛이다. 소쇄원의 제14대 주인이다.

14) <謹次三愧亭原韻>

## 2) 격동기의 소쇄원 수호 노력

구한말과 일제시기를 보내면서 소쇄원은 나름대로 자구책을 쓰지 않으면 살아남지 못하게 될 위기에 처하기도 하였다. 이 무렵에 실시된 토지조사령16)에 의해서 그동안 소유가 불분명한 토지는 모두 정부에 귀속되었고, 공동소유 토지 등도 위험하게 되었다. 바로 이웃에 있으며, 소쇄원과 밀접한 관련이 있던 창평학구당의 경우도 공유지로 정부에 귀속되었다가 재판에 의해 되찾게 된 사례가 있다.

소쇄원도 마찬가지로 원림이 남에게 넘어간 적이 있었다. 그 집안에서 전해온 이야기로는 1915년경에 빼앗겼다고 하며, 제월당이 면사무소로 사용되기도 하였다고 한다. 그래서 문중에서는 원림을 지키기 위해 회의를 열었고, 소쇄원의 소유문제를 확실하게 하였다. 그 구체적인 물증은 다음과 같다.

昌平 梁氏 門會 決議書

大正 十五(1926)年 八月 二十九日
右 決議事項 左와 如홈

十年卜築一亭幽　　嵐氣雲光凝不流
種秫爲謀樽底蟻　　忘機更狎水中鷗
人言譽毁何須較　　書味淸眞獨自求
肯遺桃花迷路否　　東風理棹我來遊

15) 삼괴정三愧亭 : 삼괴정은 광주시 충효동 서림西林마을 논가운데 위치하고 있으며, 문유식文愉植의 휴식소로 1900년에 그의 아들 문병일文柄日이 창건한 정자이다. 여기에는 여창현呂昌鉉·김문옥金文鈺 등이 쓴 총 36편의 시가 걸려 있다.

16) 토지조사령 : 일제는 1912年 2月에「토지조사령土地調査令」을 내려 신고에 의해 소유권을 확정하였다. 그것도 일정기한 내에 주소·성명·소재지의 지목地目·면적面積 및 기타요구사항을 신고해야만 인정되었다. 그러나 신고서의 배포·취합·조회·확인 등 실무를 담당한 지주위원회는 지방청당국자·경찰관·면장·지주총대 등으로 구성되어 있었고, 농민은 배제되었다.

一. 門中이 左各事項條件下에 西林先山 東鎬所有山 壹百拾番地 價一金九百円에
　　門中名議 移轉할 事
一. 昌平面 三川里 四百拾番地 朴贊圭 名議에 在한 園前山 貳拾七番地 參拾七番
　　地와 宗家宅地 壹式參番地 持分地價와 채무支拂後 東鎬名議 復元名 事
一. 最黙外 四大名議에 在한 宗家宅地 全部 亦是 宗孫東鎬 名議 復元名할 事
一. 瀟灑園翻瓦事에 充當할 事
一. 西林先山門中代名은 宗鎬의게 委任홈
一. 決議者 最黙 在玉 正煥 相祚 定黙 洗黙 鎬黙 在根 京煥 梓煥 相璧 相喬 相
　　軫 在京 冕煥 貴任 在源 世黙 殷黙 在吉 漢鍾 宅黙 南鍾 鳳煥 崇鍾 의鍾
　　在衡 在洙 正鎬 在斗 在哲 達煥 在旭 成鎬 在英 友黙 弘黙 敎黙 安淑 正煥
　　宗鎬 東鎬 以上

　　1926년에 있었던 위의 문중결의문을 통해 서림西林에 있는 선산은 종
손 명의로 되어 있으며, 소쇄원의 일부는 이미 외부인인 박찬규朴贊圭의
소유로 되어 있고, 또 일부는 양최묵梁最黙 등 네 사람의 명의로 되어 있
음을 알 수 있다. 위 사실에서 유추할 수 있는 점은 소쇄원의 일부가
이미 다른 사람 손에 넘어갔으며, 일부는 여러 사람 명의로 분할되어 있
는 상태이고, 선산은 종손에게 물려져 왔다는 사실 등이다. 이러한 상태
에 놓여 있는 소쇄원을 문중 결의를 통해 선산은 문중 명의로 이전하고,
종가댁은 소쇄원 종손 명의로 복원할 것이며, 소쇄원의 기와를 갈 때는
문중이 충당한다고 약조하고 있다. 소쇄원이 이처럼 분할 명의로 된 까
닭은 일제의 토지조사령에 걸리지 않기 위해서였는데, 이때부터 외부인
이 끼어들기 쉬워져 소쇄원주변에는 마을까지 형성되기에 이르렀다.

　　사실 우리나라는 종중을 중심으로 한 공동체적 생활관계가 조선 중기
부터 형성되어 왔는데, 주로 공동선조의 분묘수호, 제사봉행, 친목도모
를 목적으로 하였다. 그런데 일제가 조선토지조사사업을 수행하는 데에
있어 종중재산의 소유권을 인정하지 않아서, 종손이나 종중원 연명으로
묘산과 위토를 신탁하는 수밖에 없었다. 1912년부터 1918년까지 실시된
이 사업은 토지와 임야의 사정 확정과정에서 종중 토지를 종원 1인이나

연명으로 사정받는 데서 지금까지 혼선이 계속되고 있다.[17)]

　소쇄원의 경우도 이러한 일제의 토지조사령에 의해서 종중이 함께 관할하는 원림을 공동명의로 분할 지정하여 토지 사정을 하게 됨으로써, 위와 같은 분쟁이 일어나게 되었던 것으로 보인다. 그런데 이러한 공동명의는 소쇄원이 남의 손으로 쉽게 넘어가는 계기를 만들었다. 즉 종원중에서는 자신의 이름으로 되어 있는 원림의 부분을 다른 외부인에게 파는 일이 생기게 된 것이다. 이러한 일은 흔히 있었던 일로, 일제의 토지정책이 지금까지 혼선을 빚게 하고 있는 것이다.

　위의 결의서를 통해서 원림을 되찾기 위해 문중회의를 열고 소유자를 확실하게 지정하고 있음을 알 수 있다. 선산의 경우는 장손의 명의로 되어있었는데, 이것을 문중소유로 다시 환원하여 뒤의 분쟁문제를 미연에 방지하고 있다.

　이밖에도 소쇄원 구역의 일부는 다음 양종호의 시를 통해서도 확인할 수 있듯이, 1939년 이후에 되찾게 된 것으로 보인다.

　　　〈瀟灑園感懷〉
　　　소쇄원에서 느낌

　　　黃兎年間事不平　　지난 기묘년엔 언짢은 일도 많아,
　　　小康已決隱淪情　　소강을 유지하자 숨어 살기로 결심했네.
　　　儼然寒後松貞節　　의젓하게 한겨울 소나무의 정절이 있어서
　　　肯作霜前草寄生　　기꺼이 서리전의 풀이 되어 기생하네.
　　　霽月徊回空水檻　　제월당의 텅빈 물난간을 배회하고,
　　　光風縹渺但雲城　　광풍각은 아득히 구름성에 싸여 있네.
　　　顧瞻先德難承述　　선덕을 우러러보니 이어가기 어려워,
　　　早向山田學耦耕　　일찍이 산에 들어가 밭갈이를 배웠다네.[18)]

---

17) 서동욱, 「종중과 종손간의 분쟁에 관한 소고」 『사회과학연구』 6집, 대구대학교 사회과학연구소, 1999, 1~2쪽.
18) 『석초문집』 98쪽.

위 시에서는 소쇄원이 남의 손에 넘어가고 되찾는 과정에서 언짢은 일이 많이 일어났으며, 이러한 가운데 숨어살기로 결심한 점을 읊고 있다. 앞의 고문서에서도 보았듯이 소쇄원가의 후손들이 경각심을 가지고 소유문제를 확실히 해두려고 노력한 점도 이러한 일이 일어났기 때문이다. 문중 사람들이 모여서 소쇄원을 지켜나가기 위해 노력하였으며, 이 힘을 종손에게 실어주고 있었던 것도 이 때문이었다고 본다. 소쇄원에 있어서는 가장 큰 시련의 시기였으리라고 추측된다.

한편 같은 시기에 원림을 지켜간 사람으로서 소쇄원에 신화처럼 회자되고 있는 사람이 있으니, 바로 제13대 종부가 그 주인공이다. 그녀는 화순 고사정高士亭19)의 해주 최씨崔氏 후손으로서, 소쇄원가에 시집을 왔다. 그러나 남편은 일찍 죽고, 집안의 경제력은 약해져서 원림을 보수할 여력마저 없어지자, 친정인 고사정에서 손수 치마폭에 기왓장을 싸가지고 와서 원림을 지켜갔다고 한다. 또한 하나 있는 아들이 일본으로 돈 벌러 가고 없을 때, 홀로 대나무와 뒷산의 소나무를 지켜냈다고도 한다. 이처럼 소쇄원을 지켜낸 원동력은 족보에도 나오지 않은 이와 같은 종부들의 노력에도 있었다. 소쇄원의 가장 어려운 시절을 잘 견디어 내는 데는 고사정 할머니와 같은 꿋꿋한 기상이 있었기에 가능하였다. 이곳의 풀 한포기, 나무 한그루를 지켜내고자 노력한 후손들의 땀방울이 오늘의 소쇄원을 있게 한 것이다.

---

19) 고사정高士亭 : 화순군 화순읍 삼천리에 자리하고 있는 누정으로, 최경회 형제들이 의병모집소를 세웠던 자리이며, 그들의 후손이 이곳에 누정을 세우고, 그 뜻을 기렸다고 한다. 소쇄원가의 13대 종부도 이곳의 후손이라서 사람들이 '고사정댁'이라고 불렀다고 한다.

# 3. 교유 인물과 소쇄원 원림문학

## 1) 교유 인물의 성향

소쇄원에서 초기에 교유인물들의 왕래는 대단히 활발하였고, 그 인물들 또한 당대의 유명 인사들이었다. 제2기에는 외부에까지 널리 알려져서 원림을 유람차 방문하고 작품을 남긴 사람들도 많았다. 그러나 제3기에 들어서면서부터는 인적 교유망이 잘 드러나지 않는데, 이는 소쇄원에 자료가 거의 남아있지 않은 까닭도 있고, 이 지역에서의 학맥이 거의 끊어졌기 때문이기도 하다. 근현대기에 들어서서는 소쇄원이 침체기에 빠져들게 되었는데, 국가 정세도 힘들었을 뿐만 아니라, 주인들의 단명에도 큰 원인이 있었다.

한편 이 시기에는 양자징의 후손인 양종호의 『석초문집』이 남아있어서 소쇄원의 상황을 미흡하게나마 살필 수 있다. 양종호는 원림 내에 '석초정사'라는 건물을 짓고 살면서 소쇄원의 정경을 많이 읊었다. 현재 석초정사는 소쇄원에 들어서기 전 왼편 안쪽에 있지만, 원래는 제월당 서쪽의 대밭 속이 그 터였다고 한다.

근현대기에 소쇄원에서 가장 두드러지게 교유활동을 한 사람으로는 양주환과 양종호를 꼽을 수 있다. 양주환과 주로 교유한 인물로는 김만식金晩植과 정운오鄭雲五 등이 있는데, 먼저 김만식의 소쇄원 관련시를 살펴보겠다.

〈瀟灑園〉　소쇄원

博山爐暖篆香圍　　박산화로 따뜻해 전향篆香을 두르고,

| 野舍初逢興欲飛 | 야사에서 처음 만나니 홍취가 나를 듯하네. |
| 最愛寒花霜後見 | 국화를 제일 사랑함은 서리온 뒤에 볼 수 있기 때문이라. |
| 堪嘆秋序鷰同歸 | 줄지어서 제비들 함께 돌아가는 것을 한탄하네. |
| 詩樽有約鄰相逐 | 시와 술로 약속하니 이웃이 서로 따르고, |
| 書釰無成世與違 | 공명을 이루지 못하여 세상과는 어긋났네. |
| 永夜剔燈頻顧影 | 긴 밤 심지를 자르며 자주 그림자를 돌아보니, |
| 誰憐南國一儒衣 | 그 누가 남국의 선비를 가련하다고 하는가.20) |

　때는 늦가을로, 집을 떠나서 야사에서 서로 모임을 가지니 홍취가 도도하다. 세상 사람들이 공명을 위해서 노심초사할 때 작자는 이것과는 관계없이 시와 술을 함께 하면서, 긴 밤 동안 촛불의 심지를 잘라가면서까지 깨어 있다. 그러면서 이러한 홍취를 즐기는 자신에 대해서 공명을 이루지 못했다고 불쌍히 여길 사람이 있겠느냐고 말하고 있다. 자신의 삶이 소쇄원이 추구하는 삶과 비슷한 데서 위안을 삼은 듯하다.

　김만식21)은 김덕령金德齡의 후손으로, 충효리忠孝里에서 태어나서 환벽당環碧堂 옆에 취가정醉歌亭을 세우고 그곳에서 소요하였다. 그러면서 주변의 누정들을 돌아다니면서 많은 시를 남기고 있어서, 근대기 소쇄원 주변의 정자문화에 대해서 알고 싶으면 김만식의 유고를 보아야 할 정도이다. 김만식의 『난실유고蘭室遺稿』에 나타나는 누정의 수는 근대기에 존재하고 있었던 이 지역의 누정 수와 같을 것으로 생각한다. 김만식의 행장에는 수남 양주환·벽서 정운오·녹실 정해만 등과 종유했다고 나와 있다.

　정운오鄭雲五22) 역시 근대기 대표적인 지역 문인으로, 양주환 및 소쇄

---

20) 『난실유고蘭室遺稿』 권1.
21) 김만식金晩植(1845~1922) : 자는 사성司晟이고, 호는 난실蘭室이며, 본관은 광산이다. 김덕령의 후손으로 광주 충효리에서 태어났으며, 취가정을 세운 사람이다. 유집에 『난실유고蘭室遺稿』가 있는데, 1965년에 아들이 간행하였다.
22) 정운오鄭雲五(1846~1920) : 자는 경일景日이고, 호는 벽서碧棲이다. 창평에서 태어났으며, 정철의 12세손이다. 연재송선생淵齋宋先生을 종유從遊하였다. 유집에 『벽서유고

원가 후손들과 친밀한 관계를 가졌는데, 다음과 같이 양주환의 회갑연시를 지은 사실이 있다.

〈次梁壽南壽朝韻〉
양수남의 회갑연 잔치에 차운하다.

| | |
|---|---|
| 君氈瀟灑一林皐 | 그대 가문의 소쇄함은 한 고을에 높았으니, |
| 生長煙花見二毛 | 연화煙花 속에서 자라며 반백이 되었네. |
| 司馬家聲傳已舊 | 사마의 집안이란 명성 전해진지 이미 옛날부터이고, |
| 停鸞姿質繼能高 | 뛰어난 저 자제들의 자질은 계속 높기만 해. |
| 吹葱時有兒童異 | 풀피리 불던 어린 시절은 달라져서, |
| 携屐隣無暮早勞 | 나막신 끌고 아무 때나 다닐 이웃 없네. |
| 此日如年春酒爛 | 오늘도 다른 해같이 청명주가 가득한데, |
| 中堂御瑟捋髭豪 | 중당에서 거문고 타며 수염을 만지작하네.23) |

　위 시는 양주환의 성품에 대해서 읊고 있다기보다는 양산보의 후손이라는 이미지를 더 강하게 드러내고 있다. 절의가 있는 집안이란 명성은 지금까지 이어지고 있으며, 벼슬살이를 하지 않고 계속 처사로서의 삶을 사는 집안이라는 선입견이 작품을 통해 나타난다. 양주환 역시 선대의 정신을 계속 이어가고 있다. 정운오가 소쇄원에서 남긴 시는 상당히 많은 편으로, 원림을 자주 왕래하였음을 알 수 있다. 그는 바로 옆 지실마을 사람으로, 계당에서 거처하며, 소쇄원을 아무 거리낌이 없이 왕래하기도 했었다.

　소쇄원의 근현대기 상황을 보다 잘 알 수 있는 것은 양자징의 후손인 양종호의 문집이 남아 있기 때문이다. 이 시기의 활동은 양종호의 문집만이 남아있는 관계로 이를 중심으로 살펴볼 수밖에 없다. 그의 문집인 『석초문집』에는 자작시 231수가 실려 있으며, 이밖에 「석초당차운시」가

---

碧棲遺稿』가 있는데, 책의 구성은 2권 1책으로 되어 있으며, 1980년에 간행되었다.
23) 『벽서유고碧棲遺稿』 권上 「시詩」.

266수 실려 있다. 소쇄원가의 후손으로서 문집이 남아 있는 경우는 제6대 양경지의 『방암유고』와 제14대 양종호의 『석초문집』 둘 뿐이다.[24] 이는 잦은 전란과 관리 소홀에 의해서라고 볼 수 있다. 다음은 그가 소쇄원 부근에 정사를 지어 놓고 소쇄원을 지켜간 사실을 알 수 있게 하는 시이다.

〈乙丑暮春 結廬仍吟〉
을축년(1925) 늦봄에 집을 짓고 이에 읊다.

| | |
|---|---|
| 世居支石下 | 대대로 지석에 살아오며 |
| 遺業在淸冷 | 선대의 유업은 청냉한 것이었네. |
| 琴朋來竹館 | 죽관의 바람소리 거문고를 대신하고 |
| 碁子落松亭 | 송정에 떨어진 솔방울이 바둑이었네. |
| 東川蓮自翠 | 동쪽 내에는 연잎이 스스로 푸르고, |
| 西谷芝猶靈 | 서쪽 골짜기에 지초는 오히려 신령스럽네. |
| 主人何許者 | 주인은 어떤 사람인가. |
| 樵叟是丁寧 | 나무꾼이 정녕 이 사람인가.[25] |

양종호가 소쇄원 곁에 석초정사[26]를 지어놓고 지은 시이다. 그는 양자징의 후손으로서 그 선대가 주로 원림을 지켜갔듯이 근현대에 이르도록 소쇄원에서 가장 영향력 있는 후손가이었던 듯싶다. 대대로 지석동에 살아오면서 자연과 함께 청냉하게 살아온 선조들의 유업을 받들고자 하는 마음을 읽을 수 있다. 그가 인식하고 있는 선조들은 대나무 속에 있는 집에서 자연과 함께 소쇄하게 살면서 속세의 때를 멀리하고 살던 사람들이다. 가원家園에 석초정사를 지은 시기는 위에 나와 있듯이 1925년

---

24) 유고가 있었다고 전하는 사람은 이밖에도 양진태·양택지·양채지·양석효·양필관 등이 있다.
25) 『석초문집』47쪽.
26) 석초정사石樵精舍 : 양종호가 쓴 <석초소기石樵小記>에 의하면, 석초정사는 부훤당의 옛터에 세웠다고 한다. 그 터는 지금 제월당의 서쪽 대밭 속에 있다.

늦은 봄으로, 30살 무렵의 젊은 시절임을 알 수 있다.

〈夜話與宗孫灝瀛東鎬〉
밤에 종손인 호영 동호와 함께 얘기를 나누다.

| 嗟吾孤露有餘生 | 슬프다 우리는 일찍이 고아가 되어 남겨진 목숨. |
|---|---|
| 風樹無情歲月更 | 효도 한 번 못해보고 무정한 세월만 보냈네. |
| 已矣難承先世業 | 그만두어라 선세의 유업도 제대로 못 이으면서, |
| 居然同作老人名 | 어느새 다 같이 노인 이름 얻었구나. |
| 隔嶺瞻雲勞夢想 | 재 너머 구름 보며 쓸데없이 몽상만 하고, |
| 懸燈達夜聽鷄聲 | 등불 켜고 밤을 새며 닭 우는 소리 듣노라. |
| 促知會話無多日 | 얘기할 수 있는 날도 많지 않게 되었기에, |
| 揮涕相看白髮明 | 눈물 씻으며 서로 보니 백발만 성성하구나.[27] |

위 시는 종제宗弟인 양동호와 단란하게 얘기를 나누면서 밤을 보내고 있는 모습을 떠올릴 수 있게 한다. 둘이는 함께 소쇄원을 가꾸어가며, 지역에서 나란히 활동을 하였다. 앞의 시가 젊은 시절의 작품이라면, 이 시는 백발이 성성한 나이에 지은 작품임을 알 수 있다. 둘 다 일찍 부모를 여읜 탓에 효도 한 번 못한 채 세월만 보내고 말았음을 아쉬워하고 있다. 그동안 살아온 세월을 뒤돌아보면 누구나 회한만 남는다. 이루어 놓은 것도 없이 노인이란 이름만 얻게 되었음을 한탄하면서 서로의 모습을 바라보며 측은해하는 심정이 드러나고 있다.

그는 소쇄원의 종손은 아니지만, 원림 구역 내에서 주인의식을 가지고 생활하였다. 원림을 가꾸는 일에 주축이 되었으며, 소쇄원이 남의 손에 들어갔을 때는 함께 힘을 모아 되찾는 일에 앞장섰다. 그가 쓴 중수기를 통해서 1962년에 다시 한 차례의 중수가 있었다는 사실도 알 수 있다. 이밖에도 양종호는 소쇄원 경관을 읊은 시를 많이 남겼다.

---

27) 『석초문집』 153쪽.

〈瀟灑園石上槽潭瀑布詠〉
소쇄원 바위위의 조담과 폭포를 읊다.

| | |
|---|---|
| 槽潭石臼灑濆寒 | 조담의 돌절구가 뿜어내는 찬 물줄기 |
| 湊合玲瓏小瀑灘 | 모여서 영롱하게 작은 폭포 이루었네. |
| 濯足濯纓心累去 | 발을 씻고 갓끈 씻으면서 번뇌가 없어지고, |
| 宜吟宜酌客情寬 | 시도 읊을 만, 대작도 할 만, 객의 시름 풀어지네. |
| 潭上老松盤屈圍 | 못 가 노송은 둥글넓적 휘어졌고, |
| 臺西鉅竹叢尋竿 | 누대 서쪽 긴 대나무 길쭉길쭉 떨기졌네. |
| 觀魚侶鳥雲霞裏 | 노을 속에서 물고기 구경하고 새와 벗하니, |
| 樂在於斯世不干 | 세상과는 관계없이 즐거움이 여기 있네.[28] |

　소쇄원의 조담과 폭포에 대해서 읊은 시이다. 원림 가운데로 흐르는 폭포를 지금 현재의 모습을 가지고 상상해서는 안 된다. 지금은 물의 양이 적어져서 폭포의 시원하고 깨끗한 모습을 느끼기 어렵고, 비가 많이 온 다음날에나 그 정취를 조금 느낄 수 있다. 제15대 종부는 갓 시집와서 물소리 때문에 잠을 못 잤다고 한다. 예전처럼 맑은 물이 콸콸 흘러내려야 소쇄한 모습이 훨씬 잘 살아나리라고 본다. 여기에서 조담을 위시한 계류의 모습은 초기 시에서부터 줄기차게 등장하는 경물로, 이는 단순한 사물이 아니라, 찌든 때를 씻어내고, 정신을 소쇄하게 하는 매개체로서의 역할을 하여왔다. 노송과 대나무도 역시 줄곧 등장하는 식물로서 소쇄원의 이미지를 더욱 소쇄하게 하며, 선대 사람의 절의를 상징하는 표상물이 되었다. 그러나 근대까지 존재하고 있었던 노송은 안타깝게도 1979년에 쓰러졌다고 한다.
　한편으로는 선현들의 흔적이 남아 있는 곳을 찾아보고 그 감회를 읊고 있는데, 〈죽림재감회竹林齋感懷〉·〈서봉회고瑞峰懷古〉·〈반석즉경盤石卽景〉·〈근차면앙정소쇄선조판상운謹次俛仰亭瀟灑先祖板上韻〉 등이 그것이다. 즉 죽림재의

---

28) 앞의 책, 97쪽.

옛 터에 가서 선대의 일을 추모하기도 하고, 서봉사의 폐사지에 가서 옛
일을 회상하기도 하며, 반석에서 그 경치를 읊조리기도 하고, 면앙정에
올라 소쇄처사의 시문에 차운하기도 했다. 이러한 시를 통해서 지금은
그 자취를 찾을 수 없는 곳도 추적해볼 수 있다. 그 가운데 죽림재竹林齋
에서 읊은 시를 보겠다.

〈竹林齋感懷一號絶等齋 今云書堂洞〉
죽림재에서 느낀 심회 일명 절등재라고도 하며, 지금은 서당동이라고 부른다.

| | |
|---|---|
| 邱壑別天開 | 언덕과 골짜기 별천지를 이룬 곳에 |
| 齋成高築臺 | 축대를 높이 쌓아 재실을 지었다네. |
| 祖先講學所 | 선조께서 강학을 하신 곳이기에 |
| 追慕後孫來 | 후손들이 추모하여 일부러 찾았다네.29) |

　작자는 죽림재의 옛터에서 선조들의 유지를 찾아서 추모하고 있다.
원림은 현재 담으로 구획 지어져서 그 안쪽만을 소쇄원이라고 보고 있지
만, 그 밖으로도 한천정사寒泉精舍·절등재絶等齋(죽림재) 등이 존재하고 있었
다. 〈소쇄원도〉에는 이 그림을 절등재에서 판각하였다는 기록이 있고,
양학겸梁學謙이 발문을 쓴 족보(乙亥譜)도 역시 이 절등재에서 인출하였다
고 했다. 이곳은 '죽림재'라고도 불렸으며, 현재 충의교육원의 왼편에 자
리하고 있었다고 한다. '서당골'로 불리는 이곳은 죽림재가 교육의 장소
였음을 의미한다. 그런데 우연스럽게도 현재 그 자리에는 충의교육원이
자리하고 있어서 고금古今에 통하는 무언가가 있음을 느낄 수 있다. 한편
이 '죽림재'는 양경지梁敬之의 〈소쇄원30영〉에 나오던 〈죽림사竹林寺〉와
같은 곳이라고 생각한다. 여기에서 '죽림사'는 서당인데, 지금은 폐허가
되어서 대나무의 맑은 그늘만 있다고 했다. 폐허가 된 절터에다 양학연

---

29) 앞의 책, 46쪽.

등이 재실을 지었던 것은 아닌가 한다.

　양종호가 주로 교유했던 인물들에는 여창현과 기로장 등이 있는데,
그들의 작품은 다음과 같다.

　〈石樵堂次韻〉
　석초당 차운시

　一區瀟灑覺心平　　　　한 구역 소쇄원에서 평안한 마음 느끼지만,
　百世難堪景慕情　　　　백세토록 경모의 정 견디기 어렵다네.
　遠挹光風風不絶　　　　멀리 보이는 광풍각 바람은 그치지 않고,
　暮登霽月月初生　　　　제월당 밤에 오르니 처음 돋는 달빛이야.
　湛翁遺什傳箕雅　　　　담옹(김인후)이 남긴 시운 기아箕雅에 전하고,
　大老書題賁石城　　　　대로(송시열)가 쓴 글씨 석성에 빛이 나네.
　自有肖孫能繼述　　　　닮은 자손 여기 있어 선조 뒤를 이어받고,
　山田春雨惹雲耕　　　　봄비 오는 산전에는 구름을 끌며 밭을 가네.
　聞君逸業我心平　　　　그대가 원림을 가꾼다니 내 마음 편안하고,
　白首黃鹿憶舊情　　　　늘그막에 옛정은 더욱 그리워지네.
　霽月樓前胸海闊　　　　제월당 앞에 가면 가슴이 활짝 열리고,
　愛陽壇外感懷生　　　　애양단 밖에 서면 감회가 새로워지네.
　軒窓日暖開千嶂　　　　천 봉우리에 구름 걷히니 창가에 햇볕 들고,
　桑梓年深做一城　　　　해묵은 상재들은 그대로 성이 되었네.
　童子來言松下路　　　　소나무 아래 길 있다고 동자가 말하는데,
　和雲和雨及春耕　　　　구름과 함께 비와 함께 봄이면 밭 간다네.30)

　〈石樵堂次韻〉
　석초당 차운시

　瀟灑一區盡太平　　　　소쇄원 이곳저곳 모두가 태평스러워.
　游魚啼鳥共歡情　　　　노는 물고기 우는 새도 다함께 기뻐하네.
　若將百世承前業　　　　백세를 마다않고 이어 갈 전업이요.
　不換三公貽後生　　　　삼공과도 바꾸지 않고 후손에게 물려주리.

30)『운사유고雲沙遺稿』권1 /『석초문집』321쪽.

賢哲應無終坎坷　　　현철한 이 끝끝내 불우할리 없으니,
聖明豈有棄干城　　　성명聖明께서 어찌 간성干城을 버림이 있겠는가.
主翁隨分還多事　　　분수 따라 사는 주인옹 하는 일도 많네그려.
罷釣歸來帶月耕　　　고기 낚고 돌아와서 달밤에 밭을 가네.31)

앞의 시는 여창현呂昌鉉32)의 작품으로, 양종호가 소쇄원 주변에 석초
정사를 열자 여기에 차운을 하였다. 그는 옥과에서 태어나 기정진의 손
자인 기우만奇宇萬(1846~1916)에게서 배웠으며, 양종호와는 이때 함께 교유
했던 것으로 보인다. 근대기에 이르면, 호남지방에는 기정진奇正鎭(1798~
1879)이라는 큰 유학자가 나타났기 때문에 그동안 충청도의 기호계열에
서 공부하던 사람들도 기정진의 문하에서 공부하기도 하였다. 이 시기
대부분의 사람들은 송병선의 문하와 기정진의 문하를 함께 드나드는 경
우가 많았다. 양종호 역시 기정진의 손자인 기우만에게서 배우긴 하였지
만, 송병선 가문과도 계속 교유를 하였다. 그의 문집에는 송시열의 후손
인 송재성宋在晟에게 묘갈명이나 잠규 써주기를 부탁하는 편지가 여러 편
실려 있다. 이러한 점을 볼 때, 소쇄원가의 후손들 역시 두 문하를 넘나
들었음을 알 수 있다. 이것은 호남지역이 그동안 기호계열에만 치중되게
드나들었음에 비해, 학문의 범위를 넓힐 수 있는 좋은 기회였다.

위 시는 소쇄원의 경물을 보면서 선현을 경모하고, 석초당의 주인도
그 선인과 닮았음을 노래하고 있다. 이를 통해서 석초정사의 위치나 모
습, 그리고 소쇄원의 근대모습을 추정해볼 수 있다. 석초정사는 소쇄원
과 한 구역에 자리하고 있는데, 그것은 선조를 경모하는 정 때문이라고
보고 있다. 광풍각과 제월당은 예나 이제나 같고, 김인후의 시와 송시열
의 글씨는 아직도 남아서 빛나고 있으며, 애양단이나 오래된 나무들도

─────────────
31) 『장헌유고莊軒遺稿』 권1 / 『석초문집』 20쪽.
32) 여창현呂昌鉉(1897~1975) : 자는 문강文强이고, 호는 운사雲沙이며, 본관은 함양이다.
　　옥과에서 태어났으며, 송사 기우만의 제자가 되었다. 유집에 『운사유고雲沙遺稿』가
　　있는데, 아들이 1979년에 간행하였다.

감회를 새롭게 하고 있다.

기노장奇老章33)의 경우도 기정진의 현손으로, 앞서 살폈던 여창현과도 매우 절친한 사이이다. 그의 시 역시 여창현과 함께 읊었으며, 석초정사를 열게 된 일을 축하하고 있다. 그는 왕안석王安石의 글을 인용하여 소쇄원을 삼공三公과도 바꾸지 않고 이어가서 후손에게 물려줄 유업임을 밝히고 있다.

근현대기에 있어서 소쇄원은 일정한 교유문인이 나타나지 않는다. 원림에 드나들었던 사람들 중 한 사람이 두 수 이상의 시를 읊은 경우는 드물다. 그것은 이미 앞에서도 살폈듯이 주인의 부재 때문이라고 본다. 원림을 방문하기는 하더라도 오래 묵을 수 없는 상황이었다. 이 시기에 소쇄원에 드나들며 시문을 남긴 사람으로 이희풍李喜豊·송병선宋秉璿·양재경梁在慶·김만식金晩植·정운오鄭雲五·이돈식李敦植·오준선吳駿善·조우식趙愚植·박민순朴敏淳·고한주高漢柱·양회갑梁會甲·양종호梁宗鎬·최민렬崔敏烈·여창현呂昌鉉·기노장奇老章 등을 들 수 있다.

이 중에서 오준선과 고한주는 기문을 남겼다. 양재경이나 양회갑은 양산보의 후손은 아니지만 같은 집안사람이고, 이희풍은 사위이며, 정운오·고한주·김만식 등은 소쇄원 근처에서 살고 있던 문인으로, 소쇄원과 내외적으로 긴밀한 관계가 있었을 뿐만 아니라, 이 지역의 문화를 선도해간 인물들이다. 그리고 여창현·기노장 등은 양종호의 문집에 나오듯이 소쇄원가 후손과 밀접하게 교유한 사람들이다. 그리고 이 중에서 오준선·양회갑·기노장·양종호·이돈식·여창현 등은 기정진 계열의 문하에서 공부한 인연이 있다.

소쇄원 근처에 사는 사람들의 문집에는 소쇄원에서 읊은 시가 많이

───────────

33) 기노장奇老章(1904~1970) : 자는 공무公斌이고, 호는 장헌莊軒이며, 본관은 행주이다. 장성 고산에서 태어났고, 기정진의 현손이다. 유고에 『장헌유고莊軒遺稿』가 있는데, 6권 4책으로, 1972년에 간행되었다.

있을 것 같았지만 의외로 적다. 그것은 종손의 부재와 소쇄원의 경제력
이나 인물 교유의 폭이 그만큼 약해지고 좁아졌음을 의미한다.

## 2) 근현대기 원림문학상의 특징

소쇄원에서 창작된 시문을 보면, 앞 세대와 비교해서 그 주제가 별로
달라진 점이 없다. 다만 초기와 같이 도학적인 사상을 노래한 경우는 거
의 찾아볼 수 없고, 선대의 유적을 보고 경모의 정을 펼치는 경우가 많
다. 또한 구체적인 경물보다는 전체적인 경관을 읊고 있는 시가 대부분
이다. 여기에서는 원림의 경관을 읊은 시, 회고의 정을 읊은 시, 그리고
시회를 가지면서 지은 시 등으로 나눌 수 있다.

〈瀟灑園 昌平〉　　소쇄원

| | |
|---|---|
| 敞然溪上閣 | 높다란 시냇가의 누각 |
| 依舊竹門開 | 예전처럼 대사립문 열려있네. |
| 破硯經新洗 | 깨진 벼루를 새로이 씻고, |
| 藏書免久煤 | 장서는 오랜 그을음 면하였네. |
| 綠苔醒酒石 | 푸른 이끼 낀 성주석. |
| 芳草彈琴臺 | 탄금대의 방초. |
| 白首東床客 | 백발인 사위 손님이 |
| 歌吟復此來 | 이곳에 다시 와서 노래하며 읊조리네.[34] |

이희풍[35]이 소쇄원의 경관을 표현하고 있는 작품이다. 위 시를 보면

---

34) 『송파유고松坡遺稿』 권中.
35) 이희풍李喜豊(1813~1886) : 자는 성부盛夫이고, 호는 송파松坡이며, 본관은 연안이다.
　　무주에서 태어났으며, 시를 잘 지었고, 민영목·신억·초의선사 등과 교분이 두터
　　웠다. 평생을 시골에 은거하며 독서와 시문을 짓거나 후진교육에만 힘썼다. 경사·
　　백가·병사·예설·산천·초목·조수 등에도 해박했다. 『송파유고松坡遺稿』는 1907년

1800년 중반쯤에 장서를 다시 새기거나 인출하는 등 소쇄원의 진흥 활
동이 있었음을 짐작할 수 있다. 작자인 이희풍은 소쇄원의 10대 주인인
양필수梁必壽의 사위이다. 그는 이후백李後白의 후손으로, 소쇄원가와 대대
로 인연을 맺고 있다. 작자는 원림에 와서 '원림의 경치 - 후손들의 활동
- 구체적 경물 - 자신의 감회' 순으로 읊고 있다. 경물에 대해서는 주로
계류에 있는 바위들이 소재가 되었다. 위 시의 소재로 등장하는 성주석
이나 탄금대는 소쇄원의 시문 중에서는 이 사람의 작품에서만 나오는 이
름이다. 이는 김인후의 〈48영〉에 보이는 〈광석와월廣石臥月〉·〈탑암정좌㟙
巖靜坐〉을 가리키는데, 다시 말해 〈소쇄원도〉 중에 광풍각 건너편 바위
위에서 금琴을 뜯는 사람이 있는 곳이 '탄금대'이고, 〈광석와월〉의 '광석'
은 '성주석'으로 짝지을 수 있다. 당나라 이덕유도 별서의 뜰에 너럭바위
를 앉혀놓고 술이 취하면 누워 자면서 술을 깬 성석醒石이 있었다고 하
며, 진나라의 도잠도 뜰에 너럭바위를 앉혀놓고 술을 마시다가 취하면
잠을 청하는 취석醉石이 있었다고 한다.36)

〈訪瀟灑園〉
소쇄원을 방문하다.

荒凉古園傍寒濱　　황량한 고원古園의 한켠에 차가운 물가 있어
日暮靑煙萬樹鄰　　날 저물자 푸른 연기는 숲 사이로 잦아드네.
且有一桃春意薄　　또한 한그루의 복숭아나무는 봄기운이 약해서
小紅憔悴出荊榛　　작은 꽃봉오리 초췌하게 가시덤불 속에서 나오
네.37)

　앞의 시가 주로 거시적인 경관을 읊었다면, 이돈식38)의 시는 미시적

_____
　　3권 1책으로 간행되었다.
36) 천득염, 앞의 책, 126쪽.
37) 『농은유고農隱遺稿』 권1.
38) 이돈식李敦植(1847~1920) : 호는 농은農隱이고, 본관은 함풍이다. 아버지는 낙서洛緖이

인 경관을 읊고 있다고 할 수 있다. 때는 겨울의 끝자락으로, 복숭아나무에는 아직 봄기운이 약해서, 마른 가지 사이에서 겨우 꽃눈이 보이기 시작하고 있는 모습이다. 원림의 원경묘사에서부터 근경의 물상으로 초점이 이동하고 있으며, 마른 나뭇가지 사이에서 복숭아의 꽃봉오리가 피어나는 모습을 담고 있다.

〈梁氏瀟灑園〉
양씨 소쇄원

| | |
|---|---|
| 瀟灑園何在 | 소쇄원이 어느 곳에 있는가하면 |
| 深深五曲洲 | 깊고 깊은 오곡의 가운데 있네. |
| 幽篁長蔽日 | 그윽한 대밭은 길게 해를 가리고, |
| 古木不知秋 | 오래 된 나무는 때를 알지 못하네. |
| 朝上光風閣 | 아침에는 광풍각에 오르고, |
| 暮登霽月樓 | 저물녘엔 제월루에 올라가니, |
| 輞川非是否 | 망천이 이곳이 아니런가. |
| 泉石冠南州 | 천석이 남쪽에서 으뜸이네. |
| | |
| 雲林忽到古人廬 | 구름낀 숲속에서 문득 고인의 집에 이르니, |
| 李氏平泉莫此如 | 이씨의 평천장39)도 이와 같진 못하리라. |
| 好是光風霽月裡 | 좋은 것은 광풍제월 속에서. |
| 只有寂寂床頭書 | 다만 고요히 앉아 책을 읽을 수 있음이네.40) |

조우식41)의 시 역시 소쇄원의 경관을 읊고 있는데, 앞의 시와는 달리,

---

며, 능주 온천리에서 태어났다. 민주현閔胄顯·최익현崔益鉉·정의림鄭義林 등에게서 수학하였고, 형조참판 등에 취임한 적이 있다. 저서로『농은유고農隱遺稿』가 있으며, 이 책은 5권 1책으로, 1932년에 간행되었다.

39) 소쇄원은 당나라 이덕유李德裕(787~849)가 경영하던 평천장을 참고해서 세웠을 것으로 생각된다.『이문요별집李文饒別集』권9 <평천산거계자손기平泉山居戒子孫記>, "鬻平泉者, 非吾子孫也. 以平泉一樹一石與人者, 非佳士也"

40)『성암집省菴集』권1·권2.

41) 조우식趙愚植(1869~1937) : 자는 종안宗顏이고, 호는 성암省菴이며, 본관은 순창이다.

깊숙한 곳에 위치하고 있는 소쇄원은 그 뛰어난 경관이 남쪽에서 으뜸이라고 말하면서 활력이 넘치고 있다. 망천별업⁴²⁾이나 평천장은 중국의 유명한 원림인데, 작자는 소쇄원을 그러한 곳과 비교하고 있다. 사실 소쇄원은 초축 당시부터 당나라 이덕유의 평천장의 모습을 참조하였다고 본다. 원림의 조영자인 양산보는 유언에서 "평천장의 고사에 의거해서 남에게 팔거나 불초한 지서支庶의 소속이 되게 하지 말라"⁴³⁾라고 하여, 후손들에게 이덕유의 평천장고사에 의거해서 절대로 남에게 팔지도 말고, 불초자손에게 물려주지도 말라고 당부하고 있다.

작자는 소쇄원을 평천장과 비교하면서 그곳이 귀족적이고 화려할지라도 이곳의 맑고 소쇄한 정신은 따라오지 못할 것이라고 여기고 있다. 이 시에서는 원림의 그윽한 모습과 긴 대나무의 그늘진 모습을 먼저 읊고, 그 속에서 한가히 소요하는 모습을 그리고 있다.

한편 소쇄원의 경물을 보고서 앞사람의 행적을 회고하는 시들도 있다.

〈瀟灑園謹次河西韻〉
소쇄원에서 삼가 하서의 시에 차운한다.

| | |
|---|---|
| 竹間深入境幽佳 | 대나무 사이로 깊숙이 들어서니, 그윽하고 아름다운 곳이 있어. |
| 松老花香遶澗崖 | 늙은 소나무와 꽃향기는 절벽에 둘러 있네. |
| 無邊霽月光風夕 | 가없는 제월당과 광풍각에 밤이 드니, |
| 想得前人灑落懷 | 앞 사람의 쇄락한 뜻 생각하고도 남네.⁴⁴⁾ |

유고에 『성암집省菴集』이 있는데, 14권 5책으로, 아들이 1939년에 간행하였다.
42) 망천별업 : 왕유王維(699?~759)가 망천 땅에 지은 별업으로 여기에서 읊어진 자연시들이 많이 있으며, <망천도>는 유명하다.
43) 『소쇄원사실』 권2 「처사공」 실기實記, "依平泉古事, 勿鬻於人, 亦勿爲不肖支庶之所屬也"
44) 『연재선생문집淵齋先生文集』 권1.

위 시는 송병선[45])이 1869년 2월 12일에 소쇄원을 찾아 제명첩에 이름을 쓰고, 지은 시이다.[46]) 소쇄원의 정경이 이때에도 여전히 깨끗하고 밝은 모습으로 전수되고 있으며, 작자는 그러한 모습을 보고 앞 사람의 쇄락한 뜻을 생각하게 된다고 하였다. 이밖에도 『석초문집』에는 송병선을 모시고 소쇄원에 올랐다는 시가 있는데, 1882년 5월 보름에 벽서 정운오 문하에서 수학하던 제생들과 함께 소쇄원을 찾았다고 기록하고 있다. 현재 양종호의 시로 되어 있으나, 시기상 맞지 않아서, 윗대의 시가 양종호의 시집에 들어가게 되었음을 추정하게 된다. 이 때 소쇄원은 제11대 양상흡이 지키고 있을 때였다.

작자는 먼저 원림 입구에서부터 시작하여 들어가면서 주위를 둘러보고 있다. 그리고 정자에 걸린 현판을 보면서 소쇄원의 선인들을 생각하고 그 뜻을 가슴속에 품고 있다. 이는 제목에 드러나듯이 김인후의 시를 보고 이에 대하여 차운한 작품이다. 작자는 소쇄원을 처음 들어설 때의 고요하고 맑은 정취와 광풍제월이 가진 의미를 생각하면서 선인의 쇄락한 뜻을 추구하고 있다.

〈宿昌平瀟灑園梁鼓岩遺址〉
창평 소쇄원 양고암의 유지에서 묵다.

| | |
|---|---|
| 曾聞瀟灑我心凉 | 일찍이 소쇄원에 대해 들으니 내 마음도 청량해지고, |
| 一澗雙亭枕石傍 | 한줄기 계곡에는 두 정자가 침석의 곁에 있네. |
| 會得先生胸次活 | 선생의 가슴이 활달함을 알겠거니, |
| 終宵水月漾秋光 | 밤새도록 물에 비친 달이 가을빛을 흘리네.[47]) |

---

45) 송병선宋秉璿(1836~1905) : 자는 화옥華玉이고, 호는 연재淵齋이며, 본관은 은진이다. 송시열의 후손으로, 회덕에서 태어났으며, 송달수에게 수학하고, 동생 송병순과 함께 구한말 절의와 학문으로 이름이 높았다. 유고에 『연재선생문집淵齋先生文集』이 있는데, 동생 송병순이 1906년에 간행하였다.
46) 양종호의 『석초문집』 가운데 <여송술암재성與宋述菴在晟>이란 편지 글 속에 들어있는 내용이다.

위 시도 마찬가지로 경물을 보고 양자징을 회고하는 내용이다. 작자는 소쇄원에 와서 하룻밤을 묵으면서 원림을 둘러보고 감회를 읊고 있다. 그동안 작자는 소쇄원에 대해서 일찍이 소문으로 듣고 있었는데, 이름만 들어도 마음이 청량해진다고 하였다. 대부분의 사람들에게 소쇄원에 대한 이미지는 청량하고 고요한 모습으로 다가서고 있음을 알 수 있다. 또한 광풍각과 제월당의 이름을 보고도 흥회가 쇄락해짐을 느끼게 하고 있다.

박민순48)은 영광지방에서 구계정사九溪精舍를 지어놓고 소요한 사람으로, 문집에 영광지방의 모습이 많이 나타나 있다. 그에게 소쇄원은 그냥 지나칠 수 없는 매력을 가진 곳이다. 여기에서는 다른 시들의 선경후정先景後情의 방식과는 달리 '정ー경ー정ー경'의 구성을 하고 있다.

소쇄원에서 창작된 시 중에는 모임을 소재로 한 작품도 있는데, 이를 통해서 근현대기에도 이곳에서 잦은 시회가 열렸음을 짐작할 수 있다.

〈瀟灑園小酌〉
소쇄원의 조촐한 술자리에.

| | |
|---|---|
| 靑崖綠澗此携君 | 푸른 절벽 파란 계곡에 그대들 이끌고 오니, |
| 筇響驚飛宿鳥群 | 지팡이소리에 자던 새 놀라 날아가네. |
| 殘馥尙留林上臭 | 남은 향기는 오히려 수풀 위에서 풍기어 오고, |
| 輕陰移踏草中分 | 가벼운 그늘은 발걸음 따라 풀밭에 나뉘네. |
| 只須爛漫沈於酒 | 모름지기 난만히 술에 취할 뿐, |
| 莫遣嗟歎散似雲 | 차탄하며 구름처럼 흩어져서 보내지 말자. |
| 江南驛使今湖北 | 강남역졸은 이제 호북에 있어서 |

---

47) 『구계유고九溪遺稿』 권1.
48) 박민순朴敏淳(1869~1939) : 자는 문옥文玉이고, 호는 구계九溪이다. 영광출신의 한말 유학자로서, 상경하여 윤두파尹杜坡에게서 배우고, 내려와서는 구계정사계를 만들어 강학하였다. 시의 내용은 주로 영광지방을 읊고 있으며, 『구계유고九溪遺稿』는 2권 1책으로, 1980년에 간행되었다.

別後音書次第聞　　　이별한 후에 소식을 차례로 듣네.49)

　　근현대기에 외부인으로서 가장 많은 시문을 남긴 사람은 정운오라고
할 수 있다. 그는 정철의 12대손으로서, 창평 지실마을의 계당溪堂에 거
처하고 있었으며, 소쇄원과는 밀접한 관계를 맺고 있는 인물이다. 즉 혈
연·지연·학연관계 등으로 얽혀 있어서 소쇄원을 연구하려면 정철 후손
들의 문집도 함께 조사가 되어야 할 정도이다. 위 시를 보면, 작자가 친
구를 대동하고 소쇄원에 오르고 있는데, 이때는 외지에서 손님이 찾아오
면 원림을 구경시켜주고, 또 여기에서 술을 마시며 시를 짓는 일이 관행
이 되었던 것으로 보인다. 작자는 소쇄원을 상당히 자유로이 드나들었는
데, 원림이 지척에 있어서이기도 하지만 후손들과 가까운 사이였기 때문
이 아닌가 한다. 『벽서유고』의 시에서는 이러한 내용이 자주 나온다.


〈瀟灑園霽月堂次韻 二首〉
소쇄원 제월당 차운 2수


綠崖通小逕　　　　　푸른 벼랑으로 작은 길이 통해 있어
中豁更淸心　　　　　가운데는 훤히 트여 다시 맑은 마음 일어나네.
洞邃煙霞聚　　　　　골짜기엔 연하가 모여들고,
庭空竹樹陰　　　　　뜰에는 대나무 그늘이 지네.
藏修來裔述　　　　　간직하고 닦아온 것을 후예가 잇고,
題品古賢吟　　　　　시제의 품목은 옛 현인이 읊은 것이네.
遊賞登臨日　　　　　노닐며 감상하며 오른 날에
欣聽報客禽　　　　　손님 왔음을 알리는 새소리 기쁘게 들리네.


拱揖雲山裡　　　　　읍하고 있는 듯한 운산 속에 들어가니,
疎松白石扉　　　　　성긴 소나무와 흰 돌 문짝이네.
琴書須愛護　　　　　금서는 모름지기 애호하고,
花木自成圍　　　　　화목은 스스로 우거져 있네.

---

49) 『벽서유고』 권上.

| 知是仙區在 | 이곳에 신선의 구역이 있음을 아니, |
|---|---|
| 方看俗事稀 | 바야흐로 속세의 일이 드묾을 보네. |
| 平生光霽意 | 평생을 광풍제월에 뜻하고, |
| 輸我寸心微 | 나의 작은 마음을 보내네.50) |

양재경51)의 시 역시 모임을 소재로 하고 있다. 원림의 정경과 인간의 감정을 섞어서 지은 시로, 소쇄원을 선경으로 묘사하고 있는 점이 이 시기의 작품 가운데에서 드물게 보이는 현상이다. 앞 시기에는 이곳에서 창작된 많은 시가 소쇄원을 별천지나 선계로 묘사하는 경우가 많았는데, 이 시기에는 이러한 표현이 거의 나오지 않는 점도 특징이다. 시대가 흐르면서 원림 주변에 마을이 들어서게 되었고, 그러면서 정경도 많이 변했으리라고 생각한다. 이 시를 통해서 소쇄원에서 한차례 시회를 가졌음을 알 수 있다. 작자는 양팽손의 후손으로, 소쇄원가와는 같은 종족宗族이다. 그러나 양팽손의 후손들이 이곳에서 남긴 시는 의외로 별로 되지 않는다. 같은 집안 간으로 여기고 있기 때문에 그러했을 것이라고 생각되며, 인적교유는 계속 있었다고 판단된다. 여기에서는 원림에서 모임을 가지며, 앞서 선인들이 읊었던 시에 차운하여 짓는 것이 시제詩題였음을 알 수 있다. 위 시는 소쇄원 시 중에서 가장 많은 차운시를 갖고 있는 운으로, 김인후와 송순의 시가 원운이다.

〈瀟灑園士遊會 瀟灑梁山甫潭陽昌平芝谷 丁卯〉
소쇄원에서 사유회를 하며.

| 南州文士幾枚皐 | 남쪽의 문사는 매고枚皐가 몇인가. |
|---|---|
| 結社良辰濟濟招 | 좋은날 결사하여 많은 선비 부르네. |

---

50) 『희암유고希庵遺稿』 권1.
51) 양재경梁在慶(1859~1918) : 자는 여정汝正이고, 호는 희암希庵이며, 본관은 제주이다. 화순 능주 쌍봉리에서 출생하였다. 교유인물로는 기우만奇宇萬·최익현崔益鉉·송병선宋秉璿·송병순宋秉珣 등이 있다. 유고에 『희암유고希庵遺稿』가 있다.

芝谷淸風琴嘯暖　　　지곡의 청풍과 거문고 소리는 따뜻하고,
梁園白雲姓名高　　　양씨 원림의 백운은 성명처럼 높구나.
松侵座上眞淸趣　　　소나무가 자리 위까지 덮으니 참으로 정취가 맑고,
花映樽中豈薄醪　　　꽃이 술동이에 비치니 어찌 술이 박하다고 탓하랴.
一詠一觴堪可樂　　　한 번 읊고 한 번 기울이니 즐거울 만도다.
年年此會莫言勞　　　해마다 하는 이 모임을 수고롭다 말하지 말게.52)

위 최민열53)의 시도 역시 소쇄원에서 좋은 날을 택하여 결사하며 시
부詩賦를 잘하는 사람들이 모여서 야유회를 하고 있는 내용이다. 맑고 따
뜻한 날 청풍과 거문고 소리가 어우러진 가운데 주위의 정취도 둘러보면
서 박주일망정 즐거운 시간을 가지고 있으며, 이 모임을 해마다 하기로
작정하고 있다. 그런데 이제까지의 풍속과는 많이 달라졌음을 볼 때, 가
장 최근에 지어진 시임을 알 수 있다.

즉 지금까지의 시회 모임과는 그 규모에서나 성격에서 많이 달라진
모습이다. 시회의 규모가 커지고 있으며, 이곳에 와서 도를 궁구하거나
마음을 맑게 하고 선대의 정신을 회고하기보다는 풍류를 즐기는 쪽으로
변모하고 있음을 알 수 있다. 근대에 들어서면서 호남지방에는 각종 시
회詩會가 난발한다. 이름 있는 누정에서는 일 년에 한차례씩 시회를 열었
다고 한다. 이러한 시회가 지금까지 이어진 곳도 많이 있지만, 대부분은
친목계의 형식으로 변모하고 있다.

근대기 무렵에는 소쇄원 주변에 많은 누정들이 생겨난 때이다. 독수
정獨守亭·관수정觀水亭 등이 다시 중건되었으며, 1890년에는 김만식이 취
가정醉歌亭을 세웠고, 1900년에는 문병일이 삼괴정三愧亭을 건립했으며, 또
한 조금 떨어진 잣정마을에는 창녕 조씨昌寧曺氏들에 의해 소산정小山亭·만

---

52) 『종양유고宗陽遺稿』 권1.
53) 최민렬崔敏烈(1896~1980) : 자는 이구以求이고, 호는 종양宗陽이며, 본관은 전주이다.
　　후창 김택술金澤述에게 배웠으며, 유고에 『종양유고宗陽遺稿』가 있는데, 1983년에
　　간행되었다.

옹정晚翁亭·관가정觀稼亭 등54)이 세워졌다. 지역의 시인문사들은 이러한 누정을 돌아다니면서 골고루 시문을 남기고 있는 점이 특징이다. 이러한 사실은 누정이나 원림을 드나드는 인물이 한 곳에서 많은 시문을 남기지 못하는 원인이 되기도 한다.

---

54) 소산정小山亭은 1927년에 조은환이 건립하였고, 만옹정晚翁亭은 조유환이 1928년에 건립하였으며, 관가정觀稼亭은 조치선이 1949년에 건립하였다.

# 소쇄원 인문 활동의 특성 및 의의

　　우리나라 누정 원림의 가장 큰 특징은 형태적인 꾸밈보다는 정신세계의 발현을 중시하였다는 데에 있다. 때문에 눈에 비치는 원림은 조영자가 자신의 사상을 현상세계에 구현한 모습이라고 할 수 있다. 그런데 이러한 내면적인 활동을 무시하고 형태적인 면만을 보고서 원림의 우수성을 논한다면 결국에는 그 본질을 놓치게 된다. 원림 문화재는 형태적인 면과 내용적인 면의 특성이 제대로 드러났을 때 그 가치를 올바로 평가받을 수 있다.

　　소쇄원의 경우는 형태적인 면과 내용적인 면 특성을 잘 함의하고 있는 우리나라의 대표적인 원림이다. 본고에서는 내용적인 면의 특성을 드러내는 데에 역점을 두었다. 이 장에서는 소쇄원의 공간이 인문 활동을 통해 어떻게 잘 드러나고 있는가를 주로 문학·철학·역사적인 면에서 정리하고자 한다. 소쇄원은 문학의 생산지이자, 조영자造營者와 수성자守成者의 철학이 담겨 있는 곳이며, 역사를 구성해가는 공간이기 때문이다.

## 1. 문학적인 특성 및 의의

호남지방의 누정이나 원림에서는 건물 처마 밑에 빼곡히 걸려있는 현판의 모습을 흔히 볼 수 있다. 현판은 여기에 쓰인 시와 기문 등의 내용을 알기에 앞서 그 자체대로 예술적 가치를 갖는다. 중국이나 일본의 경우, 우리나라의 호남지방에서처럼 시문을 많이 현액懸額한 모습은 찾아보기 힘들다. 이것은 분명 문학을 사랑하는 호남인의 유풍이다. 이러한 풍습은 조선말기 무렵에 가서는 더욱 고조되어서, 현판 수는 더 늘어나고 거기에 게재된 인물 수도 대단히 많아진다. 우리나라 안에서도 왜 호남지방에 이런 풍습이 더 유행하게 되었을까. 이는 바로 호남 사람들의 예술적 감수성과 문학성이 뛰어남을 증명하는 것이라고 본다.

소쇄원은 그동안 수없이 많은 사람들이 왕래하며 시문을 남겼다. 이들은 혼자만 활동을 한 것이 아니고, 뜻 맞는 사람들이 함께하여 시단을 구성하기도 하였다. 소쇄원시단을 구성했던 인물들은 당시의 쟁쟁한 인물들로서, 호남시단 전체를 이끌어 나간 주도자들이었다. 즉 호남시단의 중심에 소쇄원이 자리하고 있음을 의미한다. 그러나 소쇄원시단은 초기에 가장 활발하였고, 후기로 갈수록 침체되어 가는 모습을 보인다. 이러한 소쇄원시단의 흥쇠를 살핌으로 인해서 전체 문예사의 흐름도 파악할 수 있다.

소쇄원의 초기에 시단을 구성했던 인물들은 소쇄원시단만을 구성한 것이 아니라, 주변의 식영정시단이나 면앙정시단을 이끌어가기도 하였다. 이들은 주로 지연·학연·혈연으로 맺어졌는데, 환벽당의 주인 김윤제金允悌는 양산보梁山甫와 처남매제지간이고, 면앙정의 주인 송순宋純은 양산보와 내외종 형제간이며, 김인후金麟厚는 양산보와 절친한 도우관계이면서 사돈간이고, 양자징梁子澂은 김인후의 사위이자 제자이며, 양산보와 양응정梁應鼎은 같은 집안사람이다. 그리고 정철鄭澈은 김윤제의 외손서가 되고, 김인후·임억령林億齡·양응정은 정철의 스승이기도 하다. 또한 김윤제와 서하당의 김성원金成遠은 같은 집안사람이고, 임억령과 김성원은 스승과 제자간이면서 장인과 사위간이기도 하다.

소쇄원의 다음 시단은 양진태梁晉泰와 양경지梁敬之를 중심으로 이루어졌으며, 교유의 범위가 확장되는 때이기도 하다. 이때 교유인물은 초기 시단을 구성했던 사람들의 자손들인 경우가 대부분이다. 이중 정식鄭湜이나 유승柳乘 등은 한 지역에서 세교가 있던 사이이고, 박중회朴重繪나 박광일朴光一 등은 한 스승 문하에서 공부했던 사이이며, 조정만趙正萬이나 김창흡金昌翕 등은 외부 지역 사람들로, 앞 시기에서 형성해놓은 인맥이 크게 작용하였다. 이러한 점은 소쇄원을 왕래하는 인물이 호남권 밖으로 확대되는 계기가 되기도 하였다. 그리고 이 시기에는 이하곤李夏坤이나 이은상李殷相 등과 같이 소쇄원을 유람차 다녀간 사람들도 많이 있어서 원림이 외부에까지 널리 알려지게 된 때이다.

한편 소쇄원 후기의 시단은 자료가 많이 남아있지 않은 점도 있지만, 초기에 비해 그 활동이 활발하지 못하였다. 원림을 왕래한 인물들은 같은 지역권의 문인들로 한정된 면이 보이며, 교유망이 축소된 느낌이 있다. 또한 이 시기부터는 한사람이 동일한 공간에서 많은 시문을 남긴 경우는 거의 없으며, 소규모의 시회가 열리고 있는 점이 특징이다. 이러한 소규모 시회는 소쇄원에서 뿐만 아니라 주변의 누정 등지에서도 공통적으로 나타나는 현상이다.

소쇄원의 또 하나 큰 특징은 원림문학을 집대성해놓은 『소쇄원사실瀟灑園事實』이라는 책이 만들어져 있다는 점이다. 이는 소쇄원에서 읊은 시들을 모아놓은 자료집인데, 다른 곳에서는 나타나지 않는 이곳만의 고유한 자산으로서, '소쇄원문학'이라고 일컫더라도 손색이 없다. 『소쇄원사실』은 소쇄원의 초축시기부터 제6대까지의 문학 활동 결과물이 모아져 있으며, 구성은 시적 교유물의 결과인 한시가 주요소로 되어 있고, 여기에 수록된 한시는 대략 550여수(300제題)나 되며, 수록 작가 수는 100여명이 된다.

『소쇄원사실』에 수록되어 있는 작가들은 대부분 당대의 이름난 인물들로서, 그들이 남긴 작품은 문학적 가치도 뛰어난 것들이다. 이는 소쇄원에서 이루어졌던 시문이 원림문학의 대표성을 띤다는 말이다. 그래서 여기에 수록된 시문들을 살피면 당대 원림문학의 흐름과 주요 쟁점을 이해할 수 있다.

뿐만 아니라 소쇄원에서 이루어진 문학작품은 약 500년에 걸쳐 축적되고 있기 때문에, 우리나라 문학사의 변모과정도 드러난다. 또한 한 공간에서 지속적으로 작품 활동이 일어나고 있어서, 동일한 경관이 시대를 따라 어떻게 인식되는지를 알 수 있는 좋은 자료가 된다.

이러한 특징은 주변국가인 중국이나 일본과 비교해보았을 때 더 확연히 드러난다. 중국이나 일본의 경우 원림이나 정원이라는 한 공간에서 이렇게 오랫동안 문학이 축적되어 온 곳은 보이지 않는다. 그동안 이름난 사람이 세웠던 원림이나 정원의 공간도 도중에 사라져버린 경우가 많다. 또한 시대마다 문학적 소산물을 집적해 놓은 경우도 거의 없다. 이에 비해 우리나라, 그중에서도 소쇄원은 문학의 향유층이 대단이 넓고 두텁다는 것을 알 수 있다.

초기의 원림문학은 대개 원림 조영자와 시적 교유를 가진 사람들이 왕래하면서 작시 활동을 하였기 때문에 많은 시문을 여러 차례 남기고 있음이 특징이다. 그러나 후기로 갈수록 왕래 횟수가 줄어들고 남긴 시문도 얼마 되지 않는다. 이는 소쇄원가 인물들의 학식과 덕망 또는 관작이 어떠하냐에 따라 왕래하는 사람들의 의식도 달라졌기 때문이라고 본다. 사실 후대 소쇄원가의 후손 중에서 중앙으로 진출한 인물이 거의 나오지 않는다. 그래서인지는 몰라도 초기의 시문이 주로 주인과 수창한

소쇄원의 주요경점 중 하나인 담장, 이곳은 시문전시대로서의 역할을 했다.

시가 많음에 비해, 후기의 시는 작자가 홀로 느낌을 읊고 있는 경우가 많다.

　주제면에 있어서, 초기의 시문은 주로 경관의 아름다움을 읊고 있으며, 또한 경물은 자신을 수양하는 매개체로 작용하는 경우가 많다. 이 시기의 성리학자들의 문학관이 자연 속에서 이치를 찾는 데에 있었기 때문에 이러한 결과가 나왔으리라고 본다. 그러나 시기가 후대로 갈수록 경물에 대하여 읊기도 하지만, 원림 속에서 이루어졌던 전대의 일을 회고하는 시문이 많이 나타난다. 갈수록 이런 경향은 더 잦아지며, 한편으로는 선인의 행적이 남아있는 곳에 와서 자신의 마음을 반성하고 맑게 씻고 가는 경우도 많다. 이는 소쇄원이 단순히 아름다운 곳이라는 인상보다는 절의와 맑음이 살아있는 곳이라는 이미지가 더 강하였음을 뜻한다.

　한편 소쇄원의 입지는 다른 누정처럼 사방이 탁 트인 공간에 자리한 것이 아니라, 골짜기 깊숙한 곳에 자리하고 있다. 그래서 소쇄원에 들어서면 세상과는 동떨어진 별천지의 느낌이 든다. 때문에 이곳에서 지은 많은 사람의 시문이 원림을 선계로 표현하는 경우가 많다. 또한 호남지역에서는 잘 보이지 않는 '담'이라는 건조물을 설치하여 다소 폐쇄적인 느낌이 나도록 하였다. 그래서 소쇄원의 시문은 대부분 이 담 안의 경물에 한정하여 읊고 있다. 그러나 호남지역의 특징상 담은 있어도 반장半牆의 형태이기 때문에 외부와 격리하기 위한 담이 아니라, 하나의 건축물일 따름이다. 여기에서 담은 원림의 동선을 유도하는 역할을 하는가 하면, 공간을 구획하는 기능도 한다. 또한 담에 나있는 오곡문은 도의 근원지로 통하는 문이고, 또는 이상세계로 들어서는 문이기도 하다. 그러나 무엇보다도 담은 시문詩文 전시대展示臺로서의 역할을 하였다.

이밖에도 소쇄원에는 원림의 경관을 체계적으로 읊은 연작제영이 두 차례에 걸쳐서 나타나고 있어서, 소쇄원의 경물에 대한 인식의 변화과정을 살필 수 있다. 연작제영의 시작詩作은 초기에 소쇄원이 원림으로서의 면모를 갖추고 난 후 한 번 있었고, 중기에 중흥활동이 이루어지고 난 다음에 또 한 번 있었다. 그런데 이 두 연작제영의 성격은 서로 달라서, 각 시기의 원림에 대한 사람들의 사상과 문예사조의 변모과정을 엿볼 수 있게 한다.

소쇄원을 처음 조영한 후 지은 〈48영〉은 내원의 모습을 세밀하게 읊고 있으며, 단순히 경관만을 읊은 시가 아니라, 도학적인 내용을 자연물에 녹여서 생경하지 않게 표현하고 있다. 그래서 내원에 있는 경물들은 대부분이 도를 궁구하는 매개체로써 그 아름다움을 드러내게 되었다. 반면에 중기 무렵에 소쇄원을 한 차례 중흥시킨 후에 지은 〈30영〉은 앞에 이루어졌던 연작제영과는 또 다른 모습으로, 소쇄원을 거시적으로 읊고 있으며, 경물보다는 이름 속에 함의된 의미를 표현하였다. 이때는 가원家園이자 선조의 유훈이 서려있는 소쇄원을 잘 지켜나가는 것이 유업이 되

었기 때문에, 이에 원림을 정형화할 필요성에 의해 지어진 제영임을 알
수 있다.

이는 또한 우리나라 문예사조의 흐름과도 관계되는데, 여말선초에는
주변의 물상에 대해서 읊은 영물시가 유행하였으며, 주로 관념적인 의미
를 노래하였다. 〈48영〉은 그것과 관계가 있으면서도 그보다 변화된 모
습으로, 주변의 실재적인 경물을 보고 현재적인 특성을 읊고 있음이 특
징이다. 한편 〈30영〉의 경우는 구곡가의 유행과 관련이 있는 연작제영
으로, 이 시기에는 정자의 주변에 구곡을 설정해두고 읊고 있는 경우가
많이 유행했는데, 〈30영〉도 소쇄원 골짜기 전체를 모두 대상으로 하였
으며, 순서에 따라 밟아 들어가며 읊고 있다.

이처럼 소쇄원에서 이루어진 문학작품은 지역적인 특성을 함의하면
서도 시대적인 변화과정도 살필 수 있는 원림문학이다. 특히 개인의 전
유물이 아니라, 주변의 인물들과 그 활동을 함께하여 항상 열린 공간을
마련하였음은 우리나라 원림만이 갖는 고유특성이다. 이것이 바로 소쇄
원이 갖는 문학적 의의이기도 하다. 많은 사람이 참여할 수 있었고, 또
한 시대를 초월하여 전해질 수 있었던 것은 원림에서 추구하는 정신이
그 시대와 지역 사람들에게 공감을 받는 점이 있었기 때문이다.

## 2. 철학적 특성 및 의의

우리나라 대부분의 누정·원림은 사림들이 세운 공간이다. 그래서 이
공간을 수신양성修身養性의 장으로 세우는 경우가 대부분이었으며, 여러
사람들이 교유하면서 학문을 강마해갈 수 있는 장소로 만들어가기도 하
였다. 원림을 경영한 대부분의 사람들이 자신의 사상을 자연 속에 펼치
기 위한 목적으로 했기 때문에 그곳에 철학이 깃들어 있음은 당연하다.

특히 조선시대의 경우 성리학을 바탕으로 성립되었기 때문에 이 시기 누정·원림은 대부분이 도학을 그 속에 담고 있다. 그저 노년을 편안히 지내거나 산천경개의 아름다운 모습만을 감상하는 것에 그치지 않고 그 속에서 도를 찾고, 그 도와 합일되기를 추구했다.

소쇄원의 경우는 경치를 감상하며 은일을 즐기기 위한 공간이기도 하지만, 좌절된 이상의 실현을 자연 속에서 이루고자 하는 염원을 담아낸 곳이다. 양산보는 소쇄원에서 은둔만 함에 그치지 않고, 도학자로서의 심성을 닦아가는 일을 게을리 하지 않았다. 현재 그에 대한 기록이 별로 남아있지 않더라도 그와 교유한 인물이 송순·김인후·유희춘·임억령 등임을 감안할 때, 그의 품격을 어느 정도 가늠해볼 수 있다. 때문에 소쇄원도 단순하게 노후의 휴식소로서, 또는 상경賞景의 장소로만 건립된 곳이 아님을 알 수 있다. 양산보는 당대의 저명한 인사들을 모여들게 하여 함께 풍류를 즐기면서 학문을 토론하기도 하였다. 우리나라 성리학자들은 자연을 그저 감상하고 즐기는 대상으로만 보지 않고, 자연 속에는 도가 담겨있다고 보고, 자연을 닮는 일이 도를 실천하는 것이 된다고 생각했다. 그래서 많은 사람들이 자연 속에서 살기를 원했고, 귀거래를 외쳤으며 처사적인 삶을 동경하였다.

양산보는 『소학小學』을 굳게 믿고 실천하였다. 『소학』은 우리나라 신진사림들이 주로 강조하였던 도학의 기초학문으로,[1] 그의 스승인 조광조趙光祖도 이를 대단히 중시하여서 모든 학문의 근본으로 삼았다. 여기에서 가장 강조하는 덕목이 효孝사상으로, 양산보도 효를 굉장히 강조하고 이를 실천하는 데 전력을 다했음을 알 수 있다. 즉 그가 지은 〈효부孝賦〉나 〈애일가愛日歌〉, 그리고 소쇄원 내에 쌓았던 '애양단愛陽壇'은 바로

---

1) 『소학』은 『주자가례』와 더불어 성리학이라는 신유학의 문호門戶로서, 당대에 국가와 사회적인 요청에 부응하여 명분을 밝히고, 존양存養을 이루며, 재도론載道論을 주장하고, 수신修身과 명륜明倫을 위하여 편찬되었다. (배상현, 「예와 소학에 대한 고구」 『동국대학교 경주대학 논문집』4, 1985, 11쪽·27쪽)

그가 얼마나 효를 강조하며 살았는가를 알 수 있게 한다. 그러나 이 '효'
는 단순히 부모에게 효도하는 것으로만 그치지 않고, 이것이 나아가서
임금과 국가에는 '충忠'의 형태로 나타나게 된다.

  양산보는 『주역周易』에 매우 밝았으며, 또 한편으로는 주돈이周敦頤의
「태극도설太極圖說」을 옆에 붙여 놓고 생활하였다고 한다. 김인후 역시 나
름대로의 「태극도설」을 펼친 바가 있는 사람이다. 때문에 소쇄원도 태
극도설에서 말하는 태극이 천지만물 생성의 근본이라는 논리에 의해 조
영되었으리라고 본다.2)

  한편 양산보는 절제된 도학자로서의 모습만 보인 것이 아니고, 노장
적인 면도 다분히 가지고 있음을 알 수 있다. 현재 양산보의 시작詩作은
면앙정 현판에 걸려 있는 두 수 밖에 남아 있지 않지만, 이를 미루어 살
펴보건대, 그의 시세계는 성리학자만의 그것을 넘어서 노장적인 면도 갖
고 있어서, 사상이 한군데 얽매여 있지 않았음을 알 수 있다. 이는 인위
적으로 또는 제도적으로 절제된 생활이 아니라 성정자체가 자연스러움
을 따랐기 때문에 가능하다고 본다. 소쇄원도 이 사상에 의해서 축조되
었는데, 지극히 자연스러움을 강조하였으며 그 속에서 자연을 닮으려하
는 도학자의 정신을 구현하였다.

  소쇄원에 있는 복숭아언덕桃塢이나 거북바위鰲巖 등은 바로 신선의 세
계를 원림 안으로 끌어들인 것이다. 대봉대 역시 봉鳳을 기다리는 곳으
로, 진인이 나타나기를 기다리는 사상은 앞에 심어진 벽오동 및 대나무
와 함께 짝을 이루고 있다. 이것은 양산보 만의 특징이 아니라, 조선시

---

 2) 유준영은 「한국 전통건축의 기호학적 해석」에서 김수증金壽增(1624~1701)이 곡운구
   곡에 세운 화음동정사를 상수역학적인 구도로 이해하고 있다. 즉 성리학의 자연
   관과 형이상학을 이기理氣에 기초한 음양오행사상을 통해 송대에 와서 더욱 발전
   한 상수이론으로 펼친 것으로 보고 있다. (유준영, 「한국 전통건축의 기호학적 해
   석」『미술사학』 2집, 미술사학연구회, 1990), 이러한 시도는 처음 이루어진 것으
   로 보인다.

대 유학자들이 가지고 있는 보편적 사상이었다고 본다.

소쇄원의 경물과 이곳에서 표방하는 정신이 집약되어 있다고 여기는 〈소쇄원48영〉은 원림의 초기모습을 가장 잘 표현하고 있는데, 이것은 소쇄원의 경물을 계획적으로 읊고 있는 연작제영이다. 〈48영〉을 제작한 김인후는 호남의 대표적 도학자로서, 소쇄원의 승경을 단순히 나열하여 음영만 하지 않고, 이러한 뛰어난 경물을 통해서 자신들이 추구하는 도학을 원림 속에 펼치고자 하였다고 본다. 그래서 마지막에는 그것을 담벽에 모두 써놓고 후학들에게 경계가 되게 하였다.

이 〈48영〉은 소쇄원을 대표하는 시가 되어 소쇄원의 경물을 통해서 도를 드러내고자 하는 면이 곳곳에 보인다. 그러기 때문에 장구한 세월동안을 담에 걸려서 오는 사람마다 옷깃을 여미고 마음가짐을 바로하게 하는 시가 될 수 있었다. 그저 일반 자연 경물을 읊은 시에 지나지 않았다면 후대까지도 그렇게까지 경모의 대상이 되지는 않았으리라고 본다. 이 〈48영〉은 김인후의 작품이지만, 여기에는 그의 사상뿐만 아니라, 바로 양산보의 사상도 투영된 것이라고 추정할 수 있다.

〈48영〉을 좀 더 관찰하면, 이 제영을 음영할 때의 입수점은 〈소정빙란小亭憑欄〉이 됨을 알 수 있다. 이곳에서 소쇄원의 관람은 시작되며, 소쇄원의 모든 모습을 관망할 수 있다. '소정小亭'으로도 표현되는 '소쇄정瀟灑亭'은 현재 대봉대의 위에 세워져서 '대봉대待鳳臺'라는 현판이 걸려있다. 그러나 대봉대는 다만 축대의 이름이고, 그 위에 세워진 정자의 원래 이름은 '소쇄정'임을 알아야 한다. 이 정자는 초정草亭의 상태이며, 내원에서 처음 맞이하는 정자로서, 이곳에 앉아보면 원림의 모든 모습이 한 눈에 들어온다. 이는 바로 소쇄원의 중심점이 소쇄정임을 표현하는 말이라고 하겠다. 입수점은 바로 소쇄원의 중심이고, 소쇄정은 바로 우주의 중심인 것이다. 모든 자연은 중심을 향해서 순환하는데, 소쇄원의 경물 음영도 소쇄정을 중심으로 순환하는 시점을 가진다. 1영이 〈소정빙란〉이

어서 전체를 관망하는 자리임에 비해, 마지막 48영은 〈장원제영長垣題詠〉
으로, 전체를 갈무리하는 자리이다. 즉 지금까지 읊었던 제영들을 종합
하는 자리이다. 그리고 소쇄원의 경물이 영원하길 바라는 자리이기도 하
다. 이때 담은 모든 것을 감싸는 기능을 한다.

소쇄원은 계류를 중심으로 조영된 원림이다. 이곳 계류에서는 그저
관망의 장소가 아니라, 직접 자연을 향유하며 성정을 함양해가는 곳이
다. 소쇄원의 각 건물들은 계류를 향해서 지어져 있으며, 여기에서 많은
활동들이 이루어졌다. 계류 가에는 탑암·상암·광석이라고 불리는 바위
들이 있는데, 탑암에서는 고요히 앉아있기도 하고, 또 상암에서는 신선
들처럼 바둑을 두기도 하며, 광석에서는 누워서 달이 떠오른 모습을 감
상하기도 한다. 또한 물레방아를 설치하여 떨어지는 물줄기를 바라보기
도 하고, 휘도는 물에서는 난정의 곡수연을 베풀기도 한다. 한편 조담에
서는 목욕도 할 수 있었으니, 그야말로 증석曾晳의 즐거움을 누리는 곳이
되었다. 이와 같이 계류는 풍류적인 생활을 영위하는 공간이기도 하다.

소쇄원에 조영된 건축물은 자연과 합일사상을 가지고 있다. 소쇄원에
는 그동안 500년 가까운 세월을 지내면서 많은 건축물과 조경물이 세워
졌다 사라지기도 하여왔다. 현재 소쇄원은 자연적인 요소와 인공적인 요
소가 자연스럽게 어우러져 있으면서 자연이 인공물을 압박하지도 아니
하고, 인공물이 자연을 거스르지도 않는다. 중국의 거대한 원림이 자연
을 최대한 치장하여 다른 사람들에게는 위압감을 주는 특징이 있고, 일
본의 정원이 한정된 공간 속에서 인공적 미를 최대한 발휘한 특징이 있
는 반면에, 소쇄원은 자연 속에서 자연과의 합일을 추구하는 특징이 있
다. 원림 내의 담이나 계단은 기하학적인 모양이라고 하더라도 자연의
지형을 그대로 이용하고 있어서 절제되고 정돈된 모습을 보인다. 한국의
원림은 자연의 미를 그대로 살리는 데 그 특징이 있다. 자연과의 합일을
추구하고 그 속에서 이理를 찾아가는 것이다.

소쇄원 안의 각 건물은 당堂과 각閣, 그리고 정亭의 일반적 형태를 잘 드러내고 있다. 소쇄원의 대표적 건물인 제월당과 광풍각은 방을 하나 두고 마루가 위주인 건물이며, 사방의 조망이 가능하면서 사시사철 기거가 가능한 호남지역 누정의 일반적인 특징을 가지고 있다. 소쇄원 안에는 현재 제월당과 광풍각의 건물이 있고, 또 대봉대 위에 소정이 있다. 이 이름들에서 알 수 있듯이 광풍각과 제월당, 또는 소쇄정은 마음에 티끌 한 점 없는 맑음을 유지하고자 하는 사상이 담겨 있다. 원래 이 말은 황정견黃庭堅이 주돈이를 평해서 '광풍제월光風霽月과 같다'고 함에서 나온 말이라고 한다. 이와 함께 원림 이름도 '소쇄원'이며, 양산보의 호도 '소쇄처사'이고, 처음 세운 정자 이름도 '소쇄정'이라고 하였다. 이는 맑고 깨끗하게 살고자 하는 마음을 읽을 수 있는 이름들이다.

이외에도 소쇄원에 축조된 두 개의 방지方池도 소쇄원이 표방하는 사상이 무엇인지를 가늠할 수 있게 한다. 소쇄원에는 네모난 연못이 두 개 있다. 우리나라에 있는 연못을 보면 대부분 네모반듯한 형태를 가지고 있다. 그것도 하나를 두는 경우와 두 개를 두는 경우가 있는데, 두 개를 두는 경우에는 두 개가 바로 이어져 있는 경우와 두 개가 동등한 크기로 있는 경우, 그리고 상지와 하지 개념으로 있는 경우 등 다양하다. 우리나라의 경우 대단히 자연친화적임을 강조하여 곡선이 위주로 되어 있는데, 특별하게도 네모난 연못의 형태나 계단을 두는 형태 등은 기하학적인 특색이 있다. 한중일 가운데 우리나라에만 주로 유행하고 있는 방지는 아무래도 그것이 특별한 뜻을 함의하고 있을 것이라고 생각한다.

즉 상지上池의 경우는 주자의 성리학 사상이 들어오면서 들어온 형식으로, 연못을 통해 자신을 비추어 보는 매개물로 작용하는 연못이다. 주희의 〈관서유감觀書有感〉이란 시에서 "반이랑 네모진 연못 거울같이 열렸으니半畝方塘一鑑開"와 같이 산천자연을 다 비출 수 있는 그런 연못, 깨끗한 물이 쉴새없이 흘러들어와 맑음을 유지하는 연못을 보면서 성정을 함양

소쇄원의 방지

해가는 장소이다. 연못은 바로 자신을 비추어보고 수양하는 거울과 같은 존재이다.

그리고 또 하나 있는 하지下池는 연꽃을 심어서 주돈이의 애련설을 관조하는 연못이다. 양산보는 애련설을 좋아하여 항상 옆에 붙여놓고 살았다고 한다. 흙탕물 속에서 피어나더라도 물들지 않고 더욱 고매한 향을 풍기는 연꽃은 군자를 상징하며, 대부분의 유자들은 이처럼 군자가 되고자 했다.

소쇄원이 담고 있는 사상은 후대에 가서는 약간의 변화가 나타나기도 한다. 후대에 제영된 〈30영〉에서는 30가지의 경점을 제목으로 하면서도 정작 내용은 그 제목에 담겨있는 관념적인 의미를 읊는 경우가 대부분이었다. 이는 조상의 유업을 좀 더 잘 지켜가기 위한 노력에 의했음을 짐작할 수 있다. 이를 통해서 조선 유학자의 사상적 변화과정을 살필 수 있다. 기존의 은일사상이나 도학사상이 사라진 것은 아니지만, 여기에 신선사상이 많이 가미되고 있다. 물론 초기에도 이러한 사상이 없었던 것은 아니나, 후기로 갈수록 도학적인 사상의 심화보다는 선계를 희구하는 사상이 더 깊숙이 자리하게 된다. 즉 〈30영〉 중에서 대봉대待鳳臺·봉황암鳳凰巖·영지동靈芝洞·장자담莊子潭·오암정鰲巖井·황금정黃金亭 등은 신선사상이 배어있는 제목들이다. 이는 사회가 어지러움에 처할수록 더 많이 나타나는 현상이다. 유자들은 혼탁한 세상일수록 이상세계를 꿈꾸게 되고, 그러다보니 소쇄원과 같이 깊숙한 곳에 위치한 원림은 별천지로 인식되기도 한다. 그러나 이는 도교에서 추구하는 신선과는 약간 성질을 달리한 유가적 신선사상의 지향이라고 해야 할 것이다.

한편 소쇄원에는 여러 가지 나무나 화초가 많이 식재되어 있는데, 이것들도 원림의 이미지를 드러내는 데에 큰 몫을 하고 있다. 그중 대나무는 원림의 이미지를 더욱 소쇄하게 해주는 역할을 하고 있다. 대나무는 그 곧고 푸름 때문에 지조와 절개의 이미지를 갖는다. 그리고 서걱거리는 댓잎소리는 원림의 정경을 더욱 맑은 느낌이 들도록 한다. 현재 소쇄원에는 주변에 대밭이 어우러져 있는데, 전시기를 걸쳐 대나무에 대한 시문이 나타나고 있다. 대나무에 이는 바람소리와 그 푸르름, 그리고 옥돌과 같이 푸른빛을 띠고 빽빽이 서 있는 줄기들은 시상을 풍부하게 해주기에 충분하다.

또한 소쇄원에는 단이나 대를 많이 만들었으며, 이러한 단이나 대에는 나름대로의 의미가 함축되어 있다. 도오·매대·애양단·대봉대 등과 같이 소쇄원 내원의 형태를 보면 층층으로 단이 쌓아져 있음을 본다. 이것은 우리나라의 지형이 대부분 산지라서 그곳에 건물을 축조할 경우 토사의 유실을 막기 위한 방편으로 계단형태를 사용하였음을 추측하게 한다. 직선형 단 쌓음은 우리나라에만 있는 고유형식으로 곡선을 지향하는 우리민족에게 있어서는 특이한 현상이다. 그러나 이런 반듯반듯한 층계

옥돌처럼 서있는 소쇄원의 대나무

식 단은 전혀 자연과 이질감을 준다거나 인위적인 냄새를 풍기지 않고, 자연 속에서 질서정연함을 부여한다. 소쇄원에는 몇 단계의 층계가 있는데, 가장 높은 단 위에 제월당이 자리하고 있고, 그 옆으로 매대가 있다. 매대에서 달을 맞이한다고 〈48영〉에 나와 있다. 매화와 달은 우리나라 사람들이 즐겨 시화로 사용하던 소재이다. 광풍각의 뒤편으로는 하나의 단이 있는데, '도오桃塢'라고 한다. 조그만 언덕에 복숭아나무를 심어서 무릉도원을 소쇄원 안으로 끌어들이고 있다. 또한 애양단과 대봉대도 있는데, 애양단의 경우는 충효정신을 상징하고, 대봉대의 경우는 참다운 군자를 기다리는 곳이다. 이것은 소쇄원이 단순한 음풍농월의 장소가 아니라, 도를 실현해가는 장소로써 구축되었음을 나타낸다.

이처럼 소쇄원을 조영할 때의 사상은 원림의 건축물이나 조경물에 투영되어서 여실히 드러나고 있다. 이를 통해서 원림 조영 사상은 한 가지로만 오롯하지 않고, 또한 후대로 갈수록 복합적으로 작용함을 알 수 있

다. 이것이 자연을 좋아하는 조선 성리학자들의 보편적인 사고방식이었
음을 짐작할 수 있다.

## 3. 역사적 특성 및 의의

소쇄원이 갖는 가장 큰 특징은 초축기부터 현재까지 거의 500년에 가
까운 긴 역사를 가지고 있으며, 그 사이에 주인도 바뀌지 않은 상태로
문화 활동이 이어져 왔다는 점이다. 주변의 많은 누정이나 원림들이 몇
대를 지내지 못하고 없어지거나 주인이 바뀌어간 상황에서 소쇄원만은
변함없이 오늘날까지 유지되고 있다.

소쇄원의 조영은 호남 역사에 있어서 큰 의미를 갖는다. 이곳에 원림
이 세워지면서 호남지역 인물들의 소통과 교유의 장이 마련되었다. 즉
무등산 자락에 소쇄원을 경영하고부터 주위에 사람들이 모여들게 되었
고, 주변에 또 다른 누정들도 경영되기에 이르렀다. 소쇄원 주변에는 많
은 누정들이 있어서 예로부터 정자골이라 불릴 만큼 그 숫자가 대단히
많다. 즉 증암천을 중심으로 그 주변에 세워진 정자들이 별처럼 널려있
다고 해서 정자골이라고 한다. 이러한 현상은 소쇄원의 개축시기부터 근
대까지 계속 이어지고 있다. 왜 이러한 현상이 일어나는 것인가. 그 이
유 중의 하나는 무등산의 아름다운 풍광과 증암천·반석천 등을 비롯한
계곡의 수려한 경관이 큰 요소로 작용하였고, 또 하나의 이유는 훌륭한
인물이 기거했던 곳이라는 인식이 사람들의 마음속에 자리하고 있었기
때문이라고 본다. 그래서 이와 비슷한 뜻을 품은 사람들이 여기에 계속
몰려들게 되고, 그러면서 인적 연결망이 아주 잘 형성되기에 이르렀다.

소쇄원은 한 세대 또는 한 사람의 활동에만 그치지 아니하고, 대를
이어서 교유활동이 이루어져오고 있으며, 주인만이 향유한 공간이 아니
라, 주변의 명망있는 사람들의 교유처 역할도 하였다. 때문에 소쇄원의

각 시대별 교유인물을 고찰해보면 이 지역 사람들의 동향을 알 수 있고, 또한 소쇄원에서 한 활동들을 고찰해봄으로 인해서 이 지역이 당면한 현황들이 무엇이었는가도 알 수 있다. 소쇄원의 흥쇠가 바로 지역사회의 발전과 밀접한 관련이 있다는 사실도 알게 된다.

이처럼 유구한 역사를 가진 소쇄원에서는 그동안 다양한 문화 활동들이 있었다. 교유 인물들이 서로 시를 수창함으로써 시단이 형성된 점을 들 수 있다. 소쇄원시단을 구성하는 인물들은 대부분이 지연·학연·혈연으로 맺어져 있으며, 이것이 대대로 근대에까지 이어져왔다는 점이 또 하나의 특징이다. 이러한 탄탄한 인적 연결은 하나의 교유망을 형성함에 있어서 절대적 기본요소가 되는 것으로, 소쇄원시단이나 식영정시단 또는 면앙정시단 등이 바로 그러한 기반 위에 세워졌다. 이러한 교유망을 형성한 사람들의 특징은 어느 한 누정·원림에만 드나들지 않고, 주변에 있는 식영정이나 면앙정, 환벽당 등을 함께 돌아다니면서 시문을 남기는 등, 지역문화를 선도하였다는 데에 있다.

소쇄원의 경우 주인을 중심으로 뜻을 같이한 명망名望있는 인사들이 찾아들어 인적 교유망이 형성되고 활성화되었다. 이렇게 소쇄원이 호남 인물 교유공간의 산실역할을 하면서 이 지역은 호남문화 발전의 축에 서게 되었다. 이러한 교유의 장은 단지 음풍농월만 위한 곳은 아니었다. 즉 그곳에서는 학문을 연찬하였고, 후배들을 길러내는 역할을 하였다. 정자에 방이 있다는 사실은 사시사철 기거가 가능했음을 의미하며, 그곳에서 후학들을 지도하는 행위도 하였음을 뜻한다. 즉 강학의 공간으로, 시회의 장소로, 또는 자신의 수양처로서 누정이나 원림이 이용되었는데, 이러한 기능은 후대로 갈수록 더욱 분명해진다. 훌륭한 조상이 머문 곳이기 때문에 그 정신을 이어받고자 하여 방일하려는 마음을 다잡고 수양을 하며, 후손들에게 그 정신을 일깨워서 잊히지 않도록 한 공간이다.

한편 소쇄원에 면면히 흐르고 있는 효사상과 절의정신은 주변 지역의 문인들에게도 귀감이 되었으며, 경모의 대상이 되었다. 이것은 조선시대 성리학자들이 내세운 덕목으로, 이러한 사상이 원림에도 녹아있어서 이곳을 왕래한 사람들에게 많은 영향을 끼치게 되었다. 양산보는 효를 실천하고 절의를 지킨 사람으로 후대에까지 각인되어서 영향을 미치고 있는 것이다. 그래서 이곳을 왕래한 사람들은 선현의 흔적을 보고 마음을 다잡아가곤 하였다.

소쇄원을 왕래한 사람들은 이 지역 문인들이 주가 되긴 하지만, 이밖에도 관리로 부임한 사람들이 소쇄원을 출입하여 시문을 남긴 경우가 대단히 많다. 또한 여기에 간과할 수 없는 것이 유람자들도 많이 찾아들었다는 점이다. 이것은 소쇄원이 지역문화의 중심지로서의 역할을 하였음을 알게 해준다.

소쇄원이 호남지방의 학풍을 일으키는 중심점이 되어 온 사실도 대단히 중요하다. 18세기에 들어서서 호남뿐만이 아니라 지방은 정치·문화적인 면에서 더욱 중앙으로부터 소외되고 있었다. 그래서 호남지방에서는 학풍의 상징적인 인물인 김인후를 내세워 문묘에 배향하고자 하는 운동을 벌이게 되었다. 그런데 그 중심에 소쇄원가의 후손이 서 있었다. 소쇄원에서의 이러한 운동은 이미 앞대에서도 이루어진 적이 있으니, 양택지의 김장생 문묘배향 운동이 그것이다.3) 이것은 소쇄원이 지역문화를 주도하는 역할을 했음을 의미한다고 해도 틀리지 않는다. 비록 양학연 당대에는 성사되지 못했지만, 호남 유생들의 꾸준한 노력의 발판을 마련하게 됨으로써 결국에는 일이 성사되기에 이르렀다.

---

3) 문묘배향 운동은 조선 중기 사림의 정계 진출과 함께 활발히 진행되었다. 이는 도학을 밝히고, 사풍士風을 일으키며, 사회적으로 도통의 정당성을 공인받고, 집권의 명분을 제공받는 길이었다. 때문에 이러한 운동은 사림에 의해 주도되고, 사림 정치 기간에만 그 전개가 가능하다. 이러한 문묘제도는 조선후기에 이르러 당쟁이 격화됨에 따라 더욱 크게 작용하였다. (최근묵, 「우암송시열의 문묘 및 서원종사」『백제연구』15집, 충남대학교 백제연구소, 1984, 180~182쪽)

　또한 양산보의 후손들이 맺고 있던 학맥이나 교유했던 인물들을 보면 소쇄원을 포함한 이 지역이 지향했던 정치노선의 변화과정을 살필 수 있다. 즉 이것은 소쇄원만의 문제가 아닌 것이다. 소쇄원의 초기 구성인은 당파가 생겨나기 이전의 인물이어서 교유인물이나 학맥이 자유롭다. 그러나 파당이 생기고부터는 소쇄원가의 후손들은 서인의 편에 서게 되었고, 서인이 다시 노소로 분열될 때에는 결국 노론의 입장에 서게 되었다. 이는 정치적인 실세와도 밀접한 관련이 있으며, 소쇄원도 중앙의 정치노선에서 벗어나지 않았음을 의미한다.

　이처럼 소쇄원가 후손들이 대를 이어서 활동한 내역을 살펴보면, 당대마다 지역사회에서 추구했던 사상은 어떤 것이며, 무엇을 지향했으며, 쟁점은 무엇이었는지를 알 수 있다. 즉 소쇄원을 통해서 지역사회의 당면한 문제와 그 해결방법들을 이해할 수 있다.

# 결 론

소쇄원이 오늘날까지 온전히 남아 있으면서, 시대를 초월하여 많은 사람들로부터 공감을 받을 수 있었던 까닭은 원림을 처음 조영한 사람이 어떤 철학을 가지고 축조築造하였는가도 중요하지만, 이를 오늘날까지 지켜내고자 했던 후손들의 노력도 간과할 수 없다. 소쇄원에 담긴 사상을 끊임없이 되새기고, 선대의 빛나는 흔적이 사라져버리지 않도록 노력한 것은 전적으로 후손들의 몫이기 때문이다. 그래서 본고에서는 소쇄원의 역사가 전개되어 온 과정 속에서 어떤 인문 활동들이 펼쳐졌는가를 살펴보고, 그것이 어떤 의의를 갖는가를 규명해 보았다.

소쇄원은 오랜 세월동안 지역을 대표하는 문화공간으로 자리 잡아왔다. 그렇기 때문에 이곳에서 이루어진 인문 활동을 살펴봄으로써 당시 지역의 문화 현상을 파악할 수 있다. 또한 긴 역사를 가진 원림으로 대표성도 띠어서 우리나라의 원림문화를 이해하는 데에도 전범이 된다.

양산보의 원림 조영 활동은 세상이 잘못되어 감을 일찍이 간파한 후 관직에 대한 뜻을 접고 평생 은거를 목적으로 시작되었다. 그는 자신만이 아니라 김인후나 송순의 도움을 받아 그들과 함께 원림을 구축하고,

이곳을 도학의 실천장으로 가꾸어갔다. 그러자 그와 뜻을 같이한 선비들이 모여들게 되었고, 이때 왕래한 인물들은 서로 인적 연결망을 형성하여 자손 대대로 영향을 끼치게 되었다. 양산보가 지은 〈효부〉나 〈애일가〉 등은 소쇄원이 후손들에게까지 지속적으로 효를 표방하는 곳으로 인식하게 만들었으며, 김인후가 지은 〈소쇄원48영〉은 원림 속에서 道를 추구해가는 공간이 되도록 하여 후대에까지 경모敬慕의 대상이 되게 하였다.

그의 두 아들은 부친의 유업을 이어서 소쇄원에 많은 인물을 불러 모았으며, 아버지 대보다 더 활발한 교유 활동을 펼쳤다. 양자징은 김인후의 적전제자嫡傳弟子이자 사위이며, 효행으로 천거되어 거창·석성현감을 역임하였다. 그는 동생인 양자정과 함께 원림을 지키며 소쇄원이 문화 창출의 중심에 우뚝 설 수 있도록 하였다. 그들은 한편으로는 창평학구당을 일구어 창평 고을이 인재가 많이 나는 곳으로 명성을 얻게 하는 토대를 마련하였다. 그러나 소쇄원은 정유재란을 겪으면서 모두 불에 타거나 무너지게 되었으며, 이때 재건의 책임을 손자인 양천운이 맡게 되었다. 양천운은 그동안 맺어온 탄탄한 인맥人脈 덕분에 비교적 빠른 시일에 광풍각을 중수하고 상량문을 남겼다. 그러나 이후 소쇄원에서의 활동은 극도로 침체되었으며, 제5대인 양진태 대에 와서야 중흥기를 맞이하게 되었다.

양진태는 아들 및 조카들과 함께 우선 선조들의 행적을 모으고 정리하는 작업을 진행하였다. 이를 위해 먼저 양산보와 양자징의 행장과 묘문墓文을 석학들에게 받아서 「소쇄원사실」의 기틀을 다졌으며, 이어서 양천운의 행장과 묘문을 받는 등 선조들의 행적을 계속 모아서 후대에 전해지도록 하였다. 또한 그동안 소쇄원에서 수창했던 시문을 모아 책으로 출간할 수 있는 바탕을 만들었다. 그리고 〈소쇄원도〉를 그려서 시대가 흘러가도 원림의 원 모습을 살필 수 있게 하고, 이에 준해서 원림을 지켜갈 수 있도록 하였다. 이밖에도 소쇄원의 경점을 30군데로 정해놓고 그 의미를 읊어서 원림을 드러내고 알리고자 하였으며, '제명록題名錄'을 만들어놓고 시회를 열어 이름난 문사文士들이 문예활동을 활발하게 하면서 제명록에 시와 이름을 기록할 수 있도록 하였다. 또한 족보族譜를 만들어서 종족의 계보를 밝히는 작업도 하였다.

한편 이 무렵 소쇄원을 장손長孫이 지켜가도록 고정화시킨 작업도 추진되었으니, 이 시기에 양자를 들여서 대를 잇는 일이 합법화되었기 때문이다. 이에 양택지梁擇之를 제6대 종손으로 입계入系시키고, 그를 중심으로 소쇄원에 한차례 크게 중수활동이 일어났다. 또한 이때에는 외부에까지 소쇄원이 널리 알려져서 유람차遊覽次 방문하는 사람도 많게 되었으며, 교유의 폭도 확대되어 지역권을 초월하게 되었다. 이밖에도 송시열의 문하에 드나들면서 소쇄원에 현재 걸려 있는 큰 글씨들을 받아온 점도 특기할 사실이다.

소쇄원이 1700년 중반에 들어서서는 내부에서의 활동보다는 대외활동이 더 많이 드러나고 있음이 특징이다. 양학연梁學淵과 양학겸梁學謙을 중심으로 활발한 활동들이 펼쳐졌는데, 이들은 먼저 『소쇄원사실』을 책자로 인출印出해내고, 족보도 판각해 내었다. 책을 판각할 수 있었다는 것은 소쇄원의 재정적인 밑받침이 그만큼 두터웠음을 뜻한다고 해도 되겠다. 소쇄원은 이미 향촌 명문가로서 지역문화를 주도해나가는 입장에 있었다.

그 예로써 양학연이 가장 먼저 김인후를 문묘文廟에 배향하자고 상소를 올린 일을 들 수 있다. 이것이 밑바탕이 되어 결국 김인후는 호남인물로는 유일하게 문묘에 배향되었다. 또한 병자호란을 겪고 그 사실 전말을 기록한 『병자창의록丙子倡義錄』을 교정하는 일도 양학연이 주동이 되어 실행하였는데, 이때 할아버지인 양천운의 이름도 올라 가문을 빛내는 일이 되었다.

　소쇄원이 근현대기에 접어들어서는 침체기沈滯期를 맞이한다. 일제침
략기를 맞이하여서는 원림이 남의 손에 넘어갔다가 되찾아오는 상황에
까지 가게 되었는데, 시대적인 상황도 있었지만, 주인의 단명短命과 부재
不在가 큰 원인이었다. 그 결과로 소쇄원을 출입하는 인사들도 그 수가
훨씬 줄어들었고, 또한 오래 머물지 않아서 문예활동도 현저하게 미약해
졌다. 이는 소쇄원의 경제적 기반이 전보다 훨씬 약해졌음을 뜻한다고
하겠다. 토지가 다른 사람 명의로 넘어가자, 문중은 결의를 하여 원림을
되찾고자 노력하였다. 이밖에도 원림을 지키는 일에 종부宗婦의 노력도
있었음을 알 수 있었다. 이와 같이 소쇄원이 맞닥뜨렸던 사건들을 통해
서 당시 사회가 처한 상황을 엿볼 수 있다.

　한편 소쇄원을 왕래하였던 인물들은 대부분 소쇄원과 한 지역에 거주
하는 사람들이거나 친인척간, 또는 학적 관계가 있는 사람들이 대부분이
었다. 이밖에도 임직에 있는 인근 고을 수령들이 왕래를 하였으며, 여행
객이 다녀간 경우도 있었다. 이는 소쇄원이 지역을 대표하는 공간으로
항상 열려있었으며, 많은 사람들에게 공감을 받는 바가 되었음을 의미한
다. 초기에 이곳을 드나든 사람들은 당시 이름난 문인들이었는데, 호남
지역의 인물이 가장 두각을 드러낸 때이기도 하다. 후대로 갈수록 이 지
역의 인물이 빛을 발하지 못하였는데, 소쇄원을 왕래하는 사람들도 그리
명망있는 인물이 보이지 않는다. 이처럼 원림에 출입한 인물을 통해 소
쇄원의 역량도 알 수 있다.

　초기에 소쇄원을 가장 많이 출입한 사람은 김인후라고 할 수 있다.
그는 호남 유학의 도맥道脈이라고 할 정도로 학덕이 뛰어난 사람으로, 소
쇄원이 후대에까지 계속 빛이 나게 하는 원동력이 된 인물이다. 송순·고
경명·임억령 등도 소쇄원을 자주 왕래하며 주옥같은 시문을 남겨서 소
쇄원의 문학 더욱 풍부하게 하였다. 중기에 가서는 김창흡金昌翕이나 조
정만趙正萬의 출입으로 소쇄원은 다시 한 번 문예부흥文藝復興을 일으켰을

뿐만 아니라, 서봉령徐鳳翎 등의 붓 끝에 의해 절의가 살아있는 곳이라는 인식이 굳게 자리하게 되었다.

소쇄원에서 이루어진 원림문학을 살펴보면, 원림이 처음 조영될 무렵의 시문의 주제는 주로 자연의 경관을 읊은 내용이 많지만, 점차 인간과의 관계를 읊고 있는 내용이 많이 보이며, 후대로 갈수록 앞사람의 행적을 회고懷古하고, 자신을 되돌아보는 내용이 많아지고 있음을 알 수 있다.

본 연구에서는 소쇄원의 인문 활동에 대하여 그 특성을 문학과 철학, 그리고 역사적인 면에서 살펴보았다. 소쇄원에서 이루어진 문학은 거의 500년간에 걸쳐 집적된 것이어서 원림문학의 흐름과 주제의 변화 과정 등을 담고 있다. 그리고 원림에는 조영자造營者 뿐만 아니라 수성자守成者나 조력자助力者들의 철학과 사상이 담겨 있어서 경물 하나하나가 깊은 의미를 내포하고 있다. 또한 긴 역사를 가진 소쇄원은 그동안 지역사회 속에서 함께 역할을 하였기 때문에 지역의 역사를 반영하고 있다. 앞으로는 이러한 특징을 살려서 좀 더 적극적으로 문화유산을 보호하고, 현대에 맞게 활용해 나갈 필요성이 있다.

그동안의 연구가 주로 형태적인 면에서만 이루어지고 있었는데, 이번 연구에서는 원림에 내재된 가치를 드러내는 일에 역점을 두었다. 소쇄원의 인문적인 특성이 제대로 드러났을 때 문화재에 대한 바른 이해가 이루어질 것이며, 올바른 시각이 갖추어졌을 때 바람직한 발전방안도 나올 수 있다.

그러나 너무 소쇄원에만 한정하여 연구하다보니 우리나라 전체 원림에서의 인문 활동을 연구하는 데까지는 나아가지 못했다. 앞으로는 지금까지의 연구를 토대로 하여 한국 원림문화의 특징을 도출해내고, 나아가서 주변국가의 원림문화와 비교를 통해서 한국적인 특징을 밝혀내는 데까지 연구를 확대해가고자 한다.

# 찾아보기

## ㅈ

# 참고문헌

## 1. 자료편

경주정씨, 『月城世稿』, 1893.

고경명, 『遊瑞石錄』, 1631.

고경명, 『霽峯集』, 한국문집총간 42, 서울: 민족문화추진회, 1617.

고부천, 『月峰集』, 광주: 낭주인쇄사, 1978.

고용후, 『晴沙集』, 장성군: 도선사, 1978.

고한주, 『畏堂遺稿』, 1958.

기로장, 『莊軒遺稿』, 1972.

기언관, 『菊泉齋遺稿』, 광주, 1987.

김대기, 『晩德集』, 1917.

김만식, 『蘭室遺稿』, 1965.

김성원, 『棲霞堂遺稿』, 1984.

김인후, 『河西先生續集』, 고창: 김상규, 1940.

김인후, 『河西全集』, 장성: 필암서원, 1993.

김창흡, 『三淵集』, 표점영인 한국문집총간, 서울: 경인문화사, v.165,166,167.

박민순, 『九溪遺稿』, 영광: 구계정사, 1980.

박신극, 『節窩集』, 전라남도: 한국고문연구회편, 1987.

박중회, 『素隱集』, 한국역대문집총서, 서울: 경인문화사, v.673.

서봉령, 『梅墅先生遺稿』, 1916.

소쇄원, 『瀟灑園事實』, 담양: 소쇄원, 1755, 1903.

『瀟灑園詩選』, 소쇄원시선편찬위원회, 1995.

송병선, 『淵齋先生文集』, 1906.

송순, 『俛仰集』, 담양: 면앙정, 1978.

송환기, 『性潭先生集』, 한국문집총간, 서울: 민족문화추진회, 1891.

심육, 『樗村先生遺稿』, 한국문집총간 207~208, 서울: 민족문화추진회, 1938.

양경지, 『方菴遺稿』, 전라남도: 한국고문서연구회, 1987.

양응수, 『白水先生文集』, 한국역대문집총서, 서울: 경인문화사, v.1651~1656.

양재경, 『希庵遺稿』, 1955.

양종호, 『石樵文集』, 서울: 철암사, 1993.

양주환 외,『學求堂畓土事實謄本』

양팽손후손가,『梁氏寶藏』, 1914.

양회갑,『正齋集』, 화순: 죽림정사, 1965.

여창현,『雲沙遺稿』, 1979.

연담 유일,『蓮潭大師林下錄』권2,『한국불교전서』제10책, 서울: 동국대학교출판
　　　부, 1990.

연일 정씨,『延日鄭氏簫隱公派譜』

오준선,『後石先生文集』, 서울: 경인문화사, 1990.

유도관,『崑坡遺稿』, 전라남도: 한국고문연구회, 1987.

유도익,『玉山遺稿』, 전라남도: 한국고문연구회, 1987.

유승,『玄岡遺稿』, 광주: 호남문화사, 2000.

유진태,『儒州世積』, 전라남도: 한국고문연구회, 1987.

이단상,『靜觀齋集』, 한국문집총간, 서울: 민족문화추진회, 1682.

이돈식,『農隱遺稿』, 능주, 1933.

이은상,『東里集』, 한국문집총간, 서울: 민족문화추진회, 1702.

이하곤,『頭陀草』, 표점영인 한국문집총간, 서울: 경인문화사, v.191.

이희풍,『松坡遺稿』, 1907.

임억령,『石川詩集』, 한국문집총간 27, 서울: 민족문화추진회, 1572.

정민하,『簫隱詩稿』, 담양: 계당, 1968.

정운오,『碧棲遺稿』, 담양: 계당, 1980.

『濟州梁氏族譜』, 1888.

조우식,『省菴集』, 1940.

조정만,『寤齋集』

조한빈,『溪陰集』

조홍립,『國譯數竹集』, 담양: 담양문화원, 2000.

조희일,『竹陰集』, 표점영인 한국문집총간, 서울: 경인문화사, v.83.

『昌平學求堂案』, 서울: 영창문화사, 1986.

『昌平鄕校誌』, 담양: 창평향교, 1997.

최민열,『宗陽遺稿』

최항,『太虛亭集』, 표점영인 한국문집총간, 서울: 경인문화사, 1996.

하윤구·하영청,『錦沙·屛巖遺集』, 서울: 경인문화사, 1977.

## 2. 연구저서

김덕진, 『소쇄원 사람들』, 서울: 다홀미디어, 2007.
박선홍, 『무등산』, 전남매일출판국, 1976 서울: 다지리, 2003.
박준규, 『호남시단의 연구』, 광주: 전남대학교출판부, 1998, 2007.
사라알란 저·오만종 역, 『공자와 노자 그들은 물에서 무엇을 보았는가』, 서울:
　　　예문서원, 1999.
안진오, 『호남유학의 탐구』, 광주: 심미안, 2007.
유영봉, 『안평대군에게 바친 시』, 서울: 도서출판다운샘, 2004.
이수건, 『한국의 성씨와 족보』, 서울대학교출판부, 2003.
임안홍 저·이상임 역, 『유가의 효도사상』, 서울: 에디터, 2002.
정기호, 『소쇄원 긴담에 걸린 노래』, 서울: 태림문화사, 1998.
정익섭, 『호남가단연구』, 서울: 진명문화사, 1975.
천득염, 『한국의 명원 소쇄원』, 서울: 도서출판 발언, 1999.
허경진, 『대전지역 누정문학연구』, 서울: 태학사, 1998.

## 3. 연구논문

강영조, 「소쇄원48영에 보는 경관체험과 평가의 원천」, 『한국정원학회지』 19집,
　　　한국정원학회, 2001.
권수용, 「『소쇄원사실』을 통한 소쇄원연구」, 전남대학교대학원 석사학위논문,
　　　2005.
권차경·강영조, 「조선시대 민간정원 지당형태의 통시적 분석」, 『한국조경학회지
　　　』28권, 한국조경학회, 2000.
김대현, 「方菴 梁敬之의<瀟灑園30詠>연구」, 『한국언어문학』 제45집, 한국언어
　　　문학회, 2000.
김동수, 「전남지방 누정 조사보고」, 『호남문화연구』 14집, 호남문화연구소,
　　　1985.
김문기, 「주자<무이구곡가>의 수용과 구곡시의 전개」, 한국유교학회 주최 학
　　　술대회 발표논문, 1991.
김신중, 「전남의 누정제영연구」, 『호남문화연구』 24집, 호남문화연구소, 1996.
김태희, 「소쇄원의 가단형성과 48영소고」, 『동국어문학』 제8집, 동국어문학회,
　　　1996.
김 현, 「소쇄원도와 시문분석을 통한 소쇄원의 경관특성에 관한 연구」, 성균관

대학교대학원 학위논문, 1993.

김효진, 「한국의 계단식 정원에 관한 연구」, 전남대학교 대학원 석사학위논문, 1986.

박거루, 「자연과 조선선비의 올곧음 스민 소쇄원」『도시문제』 31, 1996.

박기용, 「거창지방 누정문학연구」『진주문화』 15집, 1999.

박명희, 「하서 김인후의 소쇄원48영고」『우리말글』 25집, 우리말글학회, 2002.

박욱규, 「소쇄원48영의 자연관 수용양상」, 서강정보대학논문집 17권, 1998.

박익수, 「소쇄원의 경관분석에 대한 연구」『산업기술연구논문집』 8집, 2000.

박준규, 「한국의 누정고」『호남문화연구』 17집, 호남문화연구소, 1987.

_____, 「조선조 전기 전남의 누정시단 연구」, 『호남문화연구』 24집, 호남문화연구소, 1996.

배상현, 「예와 소학에 대한 고구」『동국대학교 경주대학 논문집』 4집, 1985.

서동욱, 「종중과 종손간의 분쟁에 관한 소고」, 『사회과학연구』 6집, 대구대학교 사회과학연구소, 1999.

성범중, 「16, 17세기 호남지방 원림문학의 지향과 그 변이」『한국한시연구』 14집, 한국한시학회, 2006.

안장리, 「비해당 48영시의 팔경시적 특성」『연민학회지』, 연민학회, 1997.

오용원, 「안동지방 누정문학연구」『어문학』 83집, 2004.

오종일, 「소쇄원 양산보의 의리사상」, 소쇄처사 탄신500주년 기념 학술대회, 전남대학교, 2003.

유영봉, 「비해당48영의 성립배경과 체재」『한문학보』 15집, 우리한문학회

유재은, 「소쇄원의 조경식물에 대한 고찰」『자연과학논문집』 18집, 자연과학연구소, 1999.

유준영, 「한국 전통건축의 기호학적 해석」『미술사학』 2집, 미술사학연구회, 1990.

윤병희, 「조선 중종조 사풍과 『소학』」『역사학보』 103집, 역사학회, 1984.

이민홍, 「<무이도가> 수용을 통해본 사림파문학의 일양상」, 『한국한문학연구』 6집, 한국한문학회, 1982.

이성주, 「담헌 이하곤 문학의 연구」, 성균관대학교 대학원 박사학위논문, 1994.

이승수, 「김창흡의 생애와 시세계의 변모」『한양어문연구』 9집, 1991.

이종건, 「소쇄원 사십팔영고」, 마산대학 논문집 제6권, 1984.

이충기, 「별서 소쇄원의 선적 공간분석에 관한 연구」, 연세대학교 산업대학원석사학위 논문, 1997.

이향준, 「양산보의 瀟灑氣象論」『호남문화연구』 33집, 호남문화연구소, 2003.

임형택, 「이조전기의 사대부문학」『한국문학사의시각』, 창작과비평사, 1984.

전형택, 「17세기 담양의 향회와 향소」『한국사연구』64집, 1989.

정동오, 「양산보의 소쇄원에 대하여」『한국조경학회지』 2권, 한국조경학회, 1973.

_____, 「조선시대의 정원에 관한 연구」『한국조경학회지』 3집, 한국조경학회, 1974.

_____, 「소쇄원의 조경식물」『호남문화연구』 9집, 호남문화연구소, 1977.

_____, 「한국정원의 지당형태 및 구성에 대하여」『한국조경학회지』 11권, 한국조경학회, 1978.

정용수, 「합천지역의 누정문학고」『석당논총』 21집, 1995.

천득염·한승훈, 「소쇄원도와 48영을 통하여 본 소쇄원의 구성요소」『건축역사연구』, 1994.

천득염 외, 「누정의 건축적 특성에 관한 의미론적 고찰」『호남문화연구』24집, 호남문화연구소, 1996.

최근묵, 「우암송시열의 문묘 및 서원종사」『백제연구』15집, 충남대학교 백제연구소, 1984.

최재율, 「전남지방 누정의 성격과 기능」『호남문화연구』 24집, 호남문화연구소, 1996.

한재수, 「별서 소쇄원에 표상된 자연현상과 건축미학적 체계에 대한 연구」『대한건축학회지』 125호, 대한건축학회, 1985.

호남문화연구소, 「전남지방누정조사보고서Ⅰ~Ⅶ」, 『호남문화연구』 14~20집, 1985~1991.

황민선, 「누정연작제영 <식영정20영> 연구」, 전남대학교대학원 석사학위논문, 2006.

## 4. 기타자료

『湖南昌平誌』

하상래가문소장, <고문서편지>

「무등산권 시가유적의 복원 보존 및 관광자원화 방안의 연구」, 광주: 전남대학교 인문과학연구소, 1998.

「소쇄원 및 주변 보존 종합계획 연구보고서」, 담양군, 1999.

「광주호 주변 무등산권 문화유산 기초조사 보고서」, 광주 북구, 2000.

## 권수용

1965년 전남 곡성 출생
전남대학교 국어국문학과 졸업
전남대학교 대학원 문화재학협동과정 졸업
호남한문학연구소 전임연구원

■ 주요 논저

『소쇄원사실』을 통한 소쇄원연구
담양지역 학구당의 역사와 그 의미
16세기 호남 무등산권 원림문화
광주 풍영정의 문화사적 의의 등

## 소쇄원의 역사와 인문활동 연구

초판 인쇄 : 2009년 11월 10일
초판 발행 : 2009년 11월 20일

지은이 : 권 수 용
펴낸이 : 한 정 희
편  집 : 문 영 주
펴낸곳 : 경인문화사

주  소 : 서울특별시 마포구 마포동 324-3
전  화 : 02-718-4831~2
팩  스 : 02-703-9711
이메일 : kyunginp@chol.com
홈페이지 : 한국학서적.kr
         http://www.kyunginp.co.kr

가격 : 21,000원
ISBN : 978-89-499-0669-0   94910